D1201344

Pour la première fois, l'histoire d'un parti politique canadien et de ses relations avec le Québec, dans lesquelles Maurice Duplessis devient un personnage quasi central. On assiste aux multiples efforts du parti conservateur pour gagner le Québec, à ses difficultés à recruter des hommes de premier plan, aux embûches dont les libéraux jalonnent sa route... et on retrouve des personnages aussi connus qu'Arthur Sauvé, Frédéric et Noël Dorion, Léon Balcer, Onésime Gagnon, Pierre Sévigny, Jean-Noël Tremblay...

LES TRIBULATIONS
DES CONSERVATEURS AU QUÉBEC

Marc LA TERREUR

LES TRIBULATIONS DES CONSERVATEURS AU QUÉBEC

de Bennett à Diefenbaker

LES PRESSES DE L'UNIVERSITÉ LAVAL
QUÉBEC, 1973

Remerciements

Nous remercions MM. Normand Hudon, Jacques Gagnier et Robert La Palme de nous avoir aimablement autorisés à reproduire les caricatures que leur avaient inspirées, en leur temps, les événements relatés dans cet ouvrage. Nos remerciements vont également aux journaux d'où ces caricatures ont été extraites.

Par ailleurs, nous avons reproduit d'autres caricatures dont les auteurs n'ont pu être identifiés. Que ces derniers veuillent bien, eux aussi, trouver ici l'expression de notre reconnaissance. — LES ÉDITEURS.

Dépôt légal (Québec), 4e trimestre 1973
ISBN 0-7746-6664-1

AVANT-PROPOS

LE PARTI politique canadien que l'on appelle communément conservateur a porté officiellement plusieurs noms. De ses origines à octobre 1917, c'est le parti *libéral-conservateur*, du nom des deux groupes politiques qui ont fait alliance au milieu du XIXe siècle. « Libéraux-conservateurs » et des libéraux de langue anglaise forment un gouvernement d'union, à l'automne de 1917, pour appliquer la loi de conscription, et le résultat de cet amalgame devient le parti *unioniste*. La fin de la guerre provoque le retour aux délimitations traditionnelles et, en juillet 1920, l'élément « libéral-conservateur » de la coalition prend le vocable compliqué de *National Liberal and Conservative Party*. Les résultats électoraux ne répondant pas à un titre aussi pompeux, on revient à l'ancien nom de *libéral-conservateur* en 1922 et on le garde jusqu'en 1938. À cette date, on le baptise *National Conservative*, appellation qu'il conserve jusqu'à décembre 1942 alors qu'il devient le parti *progressiste-conservateur* à la demande expresse de John Bracken. Ces multiples changements nominaux altèrent cependant bien peu la physionomie de ce groupement politique généralement protectionniste, attaché à l'entreprise privée et à la Grande-Bretagne.

Il est assez paradoxal que l'historiographie canadienne n'ait jamais abordé systématiquement l'histoire des partis politiques. Sous ce rapport, cependant, les conservateurs sont peut-être encore moins démunis que les libéraux. John R. Williams, en 1956, a publié son étude du parti conservateur de 1920 à 1949 et, en 1967, John L. Granatstein a produit sa remarquable analyse des vicissitudes de ce parti de 1939 à 1945. Ces deux ouvrages s'attachent à la dimension nationale du parti. Quant à nous, nous avons voulu nous arrêter à un aspect particulier de son histoire, celui de ses relations avec le Québec. C'est une histoire remplie d'intérêt, faisant penser aux péripéties d'une aventure amoureuse mal conduite : cajoleries et propositions du soupirant, acceptation momentanée de ses avances, rupture fracassante, froideur suivie de retrouvailles provisoires et autre rupture. L'intérêt plus que l'amour semble prévaloir, le cœur de la dulcinée québécoise appartenant au libéral et le dépit la poussant parfois, mais pas pour longtemps, dans les bras du conservateur.

Cette étude a commencé par un rapport présenté à la commission Laurendeau-Dunton en 1965. Nous n'avions pu, alors, consulter le fonds R. B. Bennett et le temps mis à notre disposition ne nous avait pas permis d'approfondir le problème comme nous l'aurions voulu. C'est ce que nous voulons maintenant corriger en étudiant les relations entre le parti conservateur fédéral et la province de Québec de 1927 à 1963, c'est-à-dire depuis le choix comme chef national de R. B. Bennett à la défaite finale de John Diefenbaker. Les données statistiques que nous produisons en appendice s'attachent à ces années ; cependant, notre étude historique, comme telle, se termine vraiment en 1957, la documentation de première main se faisant plus rare à mesure que l'on considère les problèmes d'actualité.

Nous avons quand même voulu nous rendre à 1963, car il nous est apparu que l'ouvrage, autrement, se terminerait de façon trop abrupte et empêcherait de mettre en regard les administrations de Bennett et de Diefenbaker. Mais c'est avec crainte, voire avec scrupule, que nous avons survolé les années 1957 à 1963. De la certitude relative que possède l'historien qui interroge des documents d'archives, nous sommes passé au récit forcément superficiel, basé sur les comptes rendus contemporains, un peu comme le journaliste qui fournit sa copie quotidienne.

Nous voulons souligner la largeur de vues des officiers du parti conservateur, qui nous ont donné complet accès à ses archives et qui nous ont accordé toute liberté de recherche et d'expression. En particulier, nous voulons remercier l'honorable Richard A. Bell, ancien directeur national du parti, qui nous a fait bénéficier de son imposante documentation et de son savoir encore plus imposant. Notre gratitude s'adresse. aussi, à des collègues de l'université Laval, MM. Bruno Lafleur, Jean-Charles Bonenfant, Jean Hamelin, Nive Voisine qui, à un moment ou l'autre, nous ont grandement aidé de leurs conseils. Nous remercions, enfin, le Conseil des Arts du Canada et le ministère des Affaires culturelles du Québec qui ont subventionné une partie de notre recherche.

Il va sans dire que toute erreur d'interprétation, toute lacune ou omission, sont entièrement imputables à l'auteur.

M. L. T.

INTRODUCTION

C'EST en octobre 1927 que Richard Bedford Bennett assuma la direction du parti conservateur canadien. Le congrès qui le choisit, à Winnipeg, avait été soigneusement préparé par les conservateurs du Québec qui tenaient réunion sur réunion, depuis le mois de juin, pour désigner leurs délégués et pour adopter les résolutions qu'ils voulaient faire inscrire au programme de leur parti. En septembre, un climat d'euphorie était venu baigner ces préparatifs : Howard Ferguson, le premier ministre conservateur de l'Ontario, révoquait le fameux règlement scolaire XVII, source de rancœur et de ressentiment pour tous les francophones. Il demeurait des différences d'opinion parmi les 267 délégués québécois mais, au moment de leur départ de Montréal dans deux trains spéciaux du Canadien Pacifique, le samedi 8 octobre, l'unanimité semblait régner et l'enthousiasme apparaissait débordant[1].

Ces délégués, qui paient eux-mêmes leurs frais de voyage[2], sont enchantés de rencontrer un personnel et des menus bilingues dans ces trains[3]. Le dimanche matin, les deux convois font escale à Chapleau — nom prédestiné ! — pour permettre aux passagers d'assister à la messe. Quelques-uns trouvent même le temps d'aller déposer des fleurs sur la tombe de Louis Hémon, inhumé dans le cimetière de ce petit

1. *La Presse*, 10 octobre 1927.
2. *Idem*, 14 octobre 1927.
3. *Idem*, 10 octobre 1927.

centre minier [4]. Discussions marquées d'optimisme, polissage des résolutions que l'on présentera, entente sur les votes que l'on donnera marquent ce voyage de quarante-quatre heures. Nul doute que l'on commente aussi l'histoire du parti, qui n'avait connu qu'avanies et déboires au Québec depuis des décennies : c'est une façon de justifier le bien-fondé des remèdes que l'on veut proposer.

Le parti libéral-conservateur est, à l'origine, une association de politiciens anglophones et de politiciens francophones dirigés, d'une part, par John A. Macdonald et, d'autre part, par George-Étienne Cartier. On retrouve une coopération étroite, quotidienne, entre les deux éléments ethniques de ce groupement ou, à tout le moins, au niveau de sa très haute direction. Le décès de Cartier, en 1873, vient rompre cet équilibre et, depuis lors, aucun francophone n'a jamais « revêtu son manteau », pour employer l'expression consacrée. En toute justice, disons que les conservateurs d'expression française n'ont même jamais pu s'entendre entre eux sur le choix d'un porte-parole qui tenterait de jouer, auprès d'un leader anglophone, le rôle de Cartier auprès de Macdonald. En outre, la mort de ce dernier en 1891 et le prestige grandissant de Laurier relèguent les conservateurs à l'arrière-plan dans le Québec ; leur victoire aux élections générales de 1911 est rendue possible par la trouée que le mouvement nationaliste a effectuée dans le fief de Laurier. On peut alors croire à une résurrection québécoise du parti conservateur. Mais la guerre fait ressortir l'impérialisme redondant des « tories » et le vote de la conscription donne le coup de grâce au reste de sympathie que pouvait encore nourrir le Québec francophone à l'endroit d'un parti politique qui faisait fi de toutes ses aspirations. Les élections de 1917, 1921, 1925 et 1926 traduisent en termes clairs ce sentiment quand aucun conservateur de langue française ne parvient à se faire élire, dans l'entière province de Québec,

4. *Loco cit.*

au cours de ces quatre consultations générales. Et ce, malgré la mise sur pied d'une aile québécoise autonome du parti en 1925. On peut résumer ainsi la situation : sans presse véritable, sans organisation, miné par les dissensions internes, sans défense contre la formidable machine libérale qui ne veut pas permettre au peuple d'oublier la conscription, le parti conservateur (fédéral et provincial) fait figure de moribond au Québec.

Et pourtant, ces 267 délégués qui s'en vont allégrement donner un remplaçant à Arthur Meighen ne cachent pas leur optimisme. Un sentiment nationaliste anime les francophones bien décidés, cette fois, à faire valoir leurs opinions [5]. Armand Lavergne et Arthur Sauvé peuvent être considérés, à des titres différents, comme leurs représentants.

Lavergne a fait accepter, par le comité de Québec, une série de résolutions fort teintées de nationalisme : réforme du Sénat, bilinguisme dans les services du gouvernement fédéral, immigration sélective et, surtout, règlement des relations impériales. Comme l'on peut s'y attendre de la part d'un ancien lieutenant de Bourassa, cette dernière résolution est explicite [6] :

> Que tout en réaffirmant le loyalisme inaltérable du Canada envers la Couronne britannique et tout en étant prêt comme par le passé à défendre l'allégeance britannique de la terre canadienne contre tout envahisseur, le Canada ne soit appelé à participer à aucune des guerres de la Grande-Bretagne sans le consentement exprès du peuple et du parlement canadien, et par seuls enrôlements volontaires ; et que la conscription ne puisse être mise en force que pour la seule défense territoriale du Canada.

Le comité de Montréal a catégoriquement refusé d'endosser aucune de ces résolutions jugées trop radicales [7] et d'ailleurs,

5. *Loco cit.*

6. *Le Devoir*, 10 octobre 1927.

7. *La Presse*, 12 octobre 1927.

à notre connaissance, elles ne furent même pas présentées au congrès.

Quant à Arthur Sauvé, ses opinions n'étaient pas aussi tranchées que celles de Lavergne, mais leur caractère franchement québécois sautait aux yeux. De plus, la position de Sauvé au sein du parti manquait de lustre. Il avait subi une écrasante défaite aux mains de Taschereau le 16 mai. Traditionnellement conservateurs et trouvant trop radicales les théories de progrès social de Sauvé, les intérêts financiers avaient appuyé les libéraux. Après les élections, Sauvé démissionna en acceptant de conserver son poste jusqu'à la réunion d'un congrès provincial qui lui donnerait un remplaçant. Mais il ne cacha pas qu'il blâmait au sein du parti conservateur « certains éléments dont il souffrait depuis trop longtemps ». Et il explicita sa pensée [8] :

> Une fraction du parti conservateur fédéral a toujours été hostile à ma direction. On m'accuse de nationalisme. Le nationalisme que j'ai prêché et pratiqué est celui de Cartier, c'est le conservatisme intégral et foncièrement national...

Comme on peut le deviner, un chef démissionnaire qui dit de dures vérités à son parti n'a pas grande influence aux conseils intimes de celui-ci. Les vœux de Lavergne et de Sauvé, cause de friction entre les délégués du Québec eux-mêmes, reçurent un accueil froid au comité des résolutions du congrès. Accueil tellement froid que leurs solutions, jugées trop radicales, ne furent pas présentées en réunion plénière [9]. Lavergne réussit cependant à greffer la question d'égalité ethnique et de bilinguisme sur celle des ressources naturelles des provinces. Selon lui, les conservateurs du Québec voyaient le salut de la Confédération dans leur parti, et lui-même n'était « ni Canadien français, ni Canadien anglais [mais] un Canadien de langue française ». Le grand-maître orangiste J. W. Edwards, député de Frontenac, ob-

---

8. Cité par Robert RUMILLY, *Histoire de la province de Québec*, t. XXIX, p. 98.
9. *La Presse*, 12 octobre 1927.

nubilé par l'influence de Rome au point de l'avoir déjà décelée derrière Arthur Meighen, répliqua que « le drapeau anglais et la langue anglaise doivent être reconnus comme les marques distinctives de la race canadienne [10] ». On adopta un compromis équivoque sur cette question d'égalité ethnique, et Lavergne put naïvement conclure, sans trop de fondement, qu'en « ces trois jours, les conservateurs du Québec ont fait plus pour la protection des droits des minorités que les libéraux en 15 ans [11] ».

Le choix du chef ne s'effectua pas, non plus, selon les prévisions et désirs des Québécois. Un an auparavant, certains d'entre eux auraient voulu garder Arthur Meighen comme leader national [12], mais on avait ensuite établi un front commun. Au premier tour de scrutin, les votes du Québec iront à C. H. Cahan : on sait que cet anglophone de Montréal, respecté par Bourassa, ami des Canadiens français, ne peut être élu, mais on veut rendre hommage à sa bonne foi et à sa sincérité. Ensuite, les Québécois vont se ranger derrière Howard Ferguson. Ce dernier, premier ministre de l'Ontario, n'est pas candidat mais on estime qu'il ne refusera pas de se « laisser » choisir par le congrès [13].

Les événements ne se déroulèrent pas aussi harmonieusement. Arthur Meighen, en s'adressant à l'assemblée, vint défendre la doctrine quasi nationaliste qu'il avait prêchée, deux ans plus tôt, à Hamilton. Les Québécois ne purent contenir leur enthousiasme. « Les chapeaux, les mouchoirs en l'air, des bras et des mains frénétiques, leurs visages irradiés comme jamais, les délégués de Québec donnèrent à maintes reprises le signal des applaudissements [14]... » L'élément im-

10. *La Presse*, 13 octobre 1927.

11. *Idem*, 15 octobre 1927.

12. Lavergne était de ce nombre. *Le Devoir*, 12 octobre 1926.

13. *Idem*, 10 octobre 1927.

14. *La Presse*, 11 octobre 1927. Cette manifestation à l'endroit de Meighen fut plutôt le fruit d'un savant noyautage de l'assemblée, prémédité avant même le départ de Montréal, que l'expression d'un sentiment général. C'est ce que se plurent à souligner, le lendemain, certains conservateurs du Québec. Voir *la Presse*, 12 octobre 1927.

périaliste du parti fut choqué par ce discours, et son champion, nul autre que Howard Ferguson, vint répudier avec véhémence la pernicieuse doctrine élaborée par Meighen. La délégation québécoise, et nombre de délégués ontariens, conspuèrent Ferguson, lui crièrent de se taire, de s'asseoir et, de fait, l'empêchèrent de parler [15]. Les discours de Meighen et de Ferguson scindèrent le congrès et, de plus, anéantirent sans retour les chances que chacun aurait pu conserver de gagner les suffrages d'une majorité des délégués [16].

Malgré cet incident, la délégation du Québec s'en tint à C. H. Cahan. Mais il ne pouvait être accepté ni par l'Ouest ni par les milieux financiers ontariens [17]. Ce fut R. B. Bennett, éminent avocat et financier de grande classe, qui l'emporta ; assez facilement d'ailleurs, sans courtiser le Québec d'aucune façon [18]. Et les conservateurs québécois acceptèrent de bonne grâce, semble-t-il, le nouveau chef [19].

Un observateur impartial, avant la tenue du congrès, avait voulu diagnostiquer les maux dont souffrait le parti conservateur et proposer des remèdes susceptibles de le guérir [20]. Partant du principe que le Canada était « un État fédéral, fondé sur neuf provinces et deux races, les unes et les autres autonomes [21] », il constatait ensuite que « la vieille équipe du parti conservateur fédéral est ruinée, finie, réduite à la plus

---

15. *La Presse*, 11 octobre 1927.

16. John R. WILLIAMS, *The Conservative Party of Canada : 1920-1949*, pp. 107-108 ; Roger GRAHAM, *Arthur Meighen*, t. II, pp. 493-498.

17. Parce qu'il venait du Québec, dira-t-on plus tard. *Le Devoir*, 20 octobre 1934. On peut ajouter que Cahan aurait eu 67 ans à la fin d'octobre 1927 tandis que Bennett venait d'atteindre 57 ans.

18. Sur les conventions conservatrices, on peut consulter avec grand profit Ruth M. BELL, *Conservative Party National Conventions, 1927-1956 : Organization and Procedure*. On peut également lire Marc LA TERREUR, « Quand les bleus se donnent un chef », *le Magazine Maclean*, vol. 7, nº 9 (sept. 1967), pp. 16 ; 30 ; 35-36 ; 38 ; 40.

19. *La Presse*, 15 octobre 1927.

20. Jacques DUMONT, « Méditation pour jeunes politiques », *l'Action canadienne-française*, vol. XVII (1927), pp. 28-40 ; 100-111 ; 170-178 ; 217-227.

21. DUMONT, *loco cit.*, p. 31. Jacques Dumont est un pseudonyme d'Esdras Minville.

complète impuissance[22] ». Les raisons de cette chute étaient simples. L'impérialisme et l'attitude négative à l'endroit des minorités canadiennes-françaises ont détruit ce parti, qui n'est plus celui de Macdonald et Cartier mais une formation strictement ontarienne. Il faut que les jeunes conservateurs du Québec prennent en mains la situation, secouent la dictature torontoise et l'influence orangiste, établissent une politique qui convienne à la fois à l'est et à l'ouest du pays et battent le parti libéral « sur le terrain proprement national[23] ». Il leur conseille de faire adopter un programme lucide et réaliste, capable de plaire au Québec : pas de participation à la guerre sauf pour la défense du territoire canadien, respect de la constitution et des minorités, arrêt de l'influence américaine, réglementation de l'immigration, bilinguisme dans les services fédéraux, abolition de la préférence tarifaire en faveur de la Grande-Bretagne, construction du canal de la Baie Georgienne, organisation du crédit rural et refonte du système bancaire. Ces recommandations influencèrent certainement les opinions nationalistes que l'on retrouvait déjà au sein du parti.

Mais les conservateurs provinciaux devaient parer au plus urgent et tenter de rétablir la paix sacrée dans leur propre maison ; pour ce faire, ils remplacèrent Arthur Sauvé par Camillien Houde, ce qui eut l'heur d'apaiser — mais non d'effacer — les discordes familiales. Quant à Bennett, un homme habitué à réussir dans ses entreprises, il se mit résolument à la tâche. Ses contributions financières renflouèrent la caisse électorale et permirent de mettre sur pied une organisation centrale efficace[24]. Il s'efforça, de plus,

22. *Ibid.*, p. 32.

23. *Ibid.*, p. 106.

24. On ne peut déterminer exactement le montant d'argent dépensé par Bennett pour venir en aide au parti qu'il dirigeait. Un échange de correspondance avec sir George Perley, en 1929, indique que Bennett s'était engagé à donner, chaque mois, $2,500 à l'organisation centrale conservatrice. On constate, cependant, que la contribution de Bennett est de $57,117.70 de septembre 1929 à février 1930, ce qui dépasse largement la somme mensuelle promise. AUNB, Fonds R. B. Bennett. Vol.

de comprendre pourquoi une population aussi « undoubtedly conservative in the very best and truest sense of the term » que celle du Québec appuyait aussi régulièrement les libéraux[25].

Armand Lavergne se chargea de lui expliquer[26], assez brutalement, les mesures à prendre pour ramener le Québec dans le giron conservateur. Le parti ne pouvait escompter aucun gain au Québec s'il ne se déclarait « officialy [*sic*], clearly and immediatly [*sic*] » en faveur du contrôle absolu par le Canada de la navigation sur le Saint-Laurent et les Grands Lacs, et s'il ne se déclarait en faveur de la rétrocession, par le gouvernement fédéral, de leurs ressources naturelles aux provinces des Prairies avec garanties scolaires aux minorités francophones dans ces provinces. Lavergne ajoutait :

> Unless the party is decided to state it's [*sic*] position now and openly, on those lines, we can entertain no hope. And I believe that I express the opinion of nine tenths of the people of Quebec in saying that we not only could expect no progress, but could not see our way clear to support any contrary doctrine... This country is bilingual, whether we like it or not, and it will remain such...
>
> ... it is up to the leader of the conservative party... to state the true doctrine of Canadianism, to proclaim the sacred principles of Confederation...
>
> It is about time we should cease talking catholic and protestant [*sic*], English and French, to become Canadians. It strikes me it is your part to say so and fearlessly so.

Bennett, l'œil fixé sur les prochaines élections fédérales, est prêt à écouter toutes les réclamations sans, toutefois, aller

---

989. Correspondance échangée entre Bennett et Perley à l'automne de 1929 et au début de 1930. Par ailleurs, un calcul sommaire donne à croire que Bennett aurait dépensé plusieurs millions de dollars pour son parti durant les années qu'il l'a conduit. Le 3 mars 1937, il déclare avoir versé $600,000 en impôts depuis 1927, ce qui donne une idée de l'importance de sa fortune. Or, durant ces dix ans, dit-il, *tous ses revenus*, plus $145,000, sont allés au parti conservateur. Bennett à A. W. Reid, 3 mars 1937 (« personal »), AUNB, Fonds R. B. Bennett, vol. 990. Copie.

25. Bennett à Aimé Dion, 25 mai 1928. Cité par Dion à Bennett, 15 janvier 1934, Fonds Bennett, vol. 564. P-304.

26. Armand Lavergne à Bennett, 27 nov. 1928, Fonds Bennett, vol. 484.

jusqu'à s'engager de façon trop expresse sur le terrain semé d'écueils du nationalisme québécois. En excellents rapports déjà avec les milieux financiers de Montréal, il cherche à se faire connaître dans le reste de la province qu'il parcourt en 1928. Il insiste sur une sage politique de protection pendant que la presse libérale lui reproche son impérialisme passé. N'appartient-il pas, en effet, « à la famille des tories qui, durant la guerre, auraient vendu la dernière chemise canadienne au moindre signe d'une puissance extérieure[27] » ? C'est déjà la campagne électorale de 1930 qui se dessine.

27. *Le Soleil*, cité par RUMILLY, *Histoire de la province de Québec*, t. XXX, p. 107.

CHAPITRE PREMIER

EUPHORIE ET PREMIÈRES DÉSILLUSIONS, 1930-1931

L'ON peut dire, sans crainte d'erreur, que le parti conservateur avait résolument tenté de reprendre vigueur depuis 1927. Sur le plan national, la situation pouvait paraître satisfaisante. Grâce à l'argent de Bennett et au travail du général McRae, l'organisation centrale fonctionnait à plein rendement, imprimant et distribuant une abondante littérature aux quatre coins du pays. Organisateurs locaux et militants se rendaient compte que leurs dirigeants étaient à l'œuvre bien avant l'ouverture de la campagne électorale, ce qui était assez nouveau[1]. Par contre, la « machine » libérale semblait amorphe. Dépendante des provinces alors que seules celles du Québec et de l'Île-du-Prince-Édouard étaient encore libérales, sans encouragement explicite de la part du premier ministre Mackenzie King, cette organisation n'en manifestait pas moins un optimisme assez voisin de l'insouciance[2].

---

1. A.D. MCRAE (selon toute vraisemblance), *Confidential Memorandum for My Good Friends, the Chief and the Chief Whip*, 6 janv. 1930, AUNB, Fonds R.B. Bennett, vol. 989; John R. WILLIAMS, *The Conservative Party of Canada: 1920-1949*, pp. 124-125.
2. H. Blair NEATBY, *William Lyon Mackenzie King, 1924-1932: The Lonely Heights*, pp. 327-328; 330-332; 339; J. Murray BECK, *Pendulum of Power: Canada's Federal Elections*, p. 197.

Au Québec, on déployait des efforts sérieux pour effectuer au moins une brèche dans la forteresse libérale. Ainsi, Bennett avait cessé de s'opposer, au parlement, aux requêtes de crédit pour l'amélioration du port de Québec[3]. Le parti, d'autre part, avait quelques journaux à sa disposition. *Le Miroir* et *le Goglu*, contrôlés et subventionnés par les conservateurs, bataillaient à Montréal[4]. À Québec, *le Journal* avait remplacé *le Combat*: dirigé par Thomas Maher et Louis Francœur, cet hebdomadaire qui tirait à 15,000 exemplaires[5] faisait flèche de tout bois et pouvait même rendre des points au *Soleil*. Cette faculté de contrôler ou de fonder des journaux laisse voir que l'argent ne faisait pas défaut. Il est, bien entendu, impossible d'établir quelle somme d'argent le parti conservateur engagea dans la campagne de 1930, mais il apparaît clairement que «le nerf de la guerre» n'entrava aucunement ses efforts électoraux[6], pas plus d'ailleurs que ceux de leurs adversaires[7]. Journaux et argent ne pouvaient cependant effacer les rivalités personnelles, toujours nombreuses, chez les politiciens québécois.

Camillien Houde, le nouveau chef du parti conservateur provincial, espérait abattre le régime Taschereau et, dans cette tâche, recevait l'assistance du *Star* de lord Atholstan.

---

3. À la demande de Maurice Dupré, paraît-il. RUMILLY, *Histoire de la province de Québec*, t. XXX, p. 76.

4. Adrien Arcand à Bennett («Confidential»), 22 mai 1930. Fonds Bennett, vol. 484. O-246 ; A. D. Morgan à Bennett, 26 mai 1930, Fonds Bennett, vol. 484. O-246. On laisse même entendre que le parti conservateur a dépensé $27,000 en faveur du *Goglu* : A. W. Reid à Bennett, 14 mai 1936, Fonds Bennett, vol. 990.

5. André BEAULIEU et Jean HAMELIN, *les Journaux du Québec de 1764 à 1964*, p. 197.

6. On peut glaner, ici et là, quelques bribes de renseignements. Le Canadien Pacifique fournit $50,000 à la caisse électorale conservatrice: John L. GRANATSTEIN, *The Politics of Survival: The Conservative Party of Canada, 1939-1945*, p. 13, n. 7. Quant à R. B. Bennett, il ne fit que récuser comme «no correct» le fait qu'il eût déboursé, lui-même, la somme de $750,000 lors de cette élection : Bennett à F. W. Turnbull, 14 octobre 1932, Fonds Bennett, vol. 493. M-514. Copie. Dans le district de Québec, deux organisateurs, ayant dépensé l'argent mis à leur disposition par la caisse centrale, y allèrent d'un emprunt personnel de $25,000 pour fins électorales : voir dossier J. H. Price dans Fonds Bennett, vol. 990.

7. NEATBY, *op. cit.*, p. 332.

Ceci représentait une aide indirecte pour Bennett mais, en même temps, creusait un fossé entre Houde et l'aile nationaliste de son parti, où l'on retrouvait Lavergne, Antoine Rivard, Aimé Dion, Noël Dorion et beaucoup d'autres. Ceux-ci voyaient d'un mauvais œil tout contrôle exercé par les milieux financiers, représentés par J.-H. Fortier. Haute finance et lord Atholstan avaient une saveur trop impérialiste. Par ailleurs, ce groupement nationaliste vigoureux dénonçait ouvertement le gouvernement conservateur de la Saskatchewan, dirigé par J. T. M. Anderson, qui persécutait la minorité canadienne-française de cette province. On réclamait une condamnation publique et officielle d'Anderson. Le parti repoussa la motion de censure et Armand Lavergne quitta l'exécutif conservateur du district de Québec[8]. On avait là un premier secteur de dissension qui laissait Houde à mi-chemin entre les conservateurs fédéraux et l'aile nationaliste de son groupement provincial.

Bennett voulut rétablir l'unité de ses troupes québécoises avant les élections fédérales et la manœuvre capitale consistait à enrégimenter Houde pour recevoir l'appui de sa tonitruante éloquence. Une ouverture discrète de Bennett, en avril 1930, laissa Houde imperturbable[9]. Et le « p'tit gars de Sainte-Marie » n'était qu'un des éléments d'un problème compliqué. Au centre se trouvait lord Atholstan abhorré par les francophones et fort peu aimé par les anglophones. Même J. W. (Jack) McConnell et sir Herbert Holt ne pouvaient s'entendre avec lui. Mais l'influence de lord Atholstan et de son journal constituait un apport précieux durant une campagne électorale et il fallait composer avec les préjugés, les caprices et les antipathies du vieillard[10]. Bennett rencon-

---

8. Il en profita pour condamner les deux partis. « Il y a trente ans, dit-il, que les rouges sont à la crèche et ils en ont évidemment le goût : malgré le long jeûne, les bleus n'en ont point perdu le goût. Les deux partis ressemblent aux deux jambes de la même culotte. » *Le Devoir*, 23 janvier 1930.

9. Bennett à Camillien Houde, 7 avril 1930, Fonds Bennett, vol. 986. **Télégramme** ; Houde à Bennett, 16 avril 1930, Fonds Bennett, vol. 986.

10. C. F. Wright à Bennett, mai 1930, Fonds Bennett, vol. 484. O-246.

tra Atholstan et dut écouter — on le suppose aisément — la nomenclature de ses griefs contre Patenaude et contre J.-H. Rainville, et ses éloges à l'endroit de C. H. Cahan. Il semble bien que Bennett et Atholstan trouvèrent des terrains d'entente, l'un d'eux étant que Patenaude ne jouerait aucun rôle dans la prochaine élection[11].

Quoi qu'il en fût, J.-H. Rainville dirigea l'organisation conservatrice dans toute la province, tandis que Thomas Maher se chargea du district de Québec. Il ne fallait pas que le nom de l'organisateur national, McRae, soit prononcé auprès des francophones qui exécraient la simple mention du mot « général », si l'on en croit sir George Perley[12], un ancien ministre du Cabinet Borden. Malgré tout, la situation générale était meilleure au Québec qu'à aucun moment depuis 1911. Dans l'ensemble du pays, il ne fait pas de doute que les conservateurs misaient sur l'élection de 1930, car les débuts de dépression et les erreurs du gouvernement King[13] leur permettaient de nourrir des espoirs certains.

La crise qui s'amorça en 1929, crise à la fois de surproduction et de crédit, atteignit les pays producteurs, dont le Canada. Les exportations canadiennes, formées surtout de blé, de papier et de métaux non ferreux, diminuèrent de moitié entre 1928 et 1932. Évidemment, cette restriction du marché extérieur provoqua la chute de la production agricole et industrielle laquelle, à son tour, entraîna une baisse des prix et des salaires. Manque d'argent et augmentation du chômage apparurent, de façon sensible, dès le début de l'hiver de 1930, mais sans inquiéter outre mesure le premier

11. Bennett à Wright (« Confidential »), 23 mai 1930, Fonds Bennett, vol. 484. O-246.

12. Perley à Bennett, 18 mai 1930, Fonds Bennett, vol. 989.

13. On pense, en particulier, à la malheureuse phrase de King qui déclara, à la Chambre des Communes, que le gouvernement fédéral ne donnerait pas « une vieille pièce de cinq cents » pour venir en aide à une province dirigée par une administration conservatrice. Voir *Débats de la Chambre des Communes*, 3 avril 1930. Les conservateurs étaient alors au pouvoir dans cinq des neuf provinces et Bennett put écrire, dès le 7 avril : « there is a feeling of great resentment... for he spoke of public monies as they were personal property for distribution as he himself might think desirable from political view point ». Bennett à J. T. M. Anderson, 7 avril 1930, Fonds Bennett, vol. 566, Provincial Governments. P-307.

ministre du Canada qui croyait, à ce moment, que la dépression atteignait son point culminant[14]. Il n'en décida pas moins de faire des élections. King et Charles Dunning, ministre des Finances, manœuvrèrent alors de façon astucieuse. Le discours du budget, prononcé par Dunning, annonça un accroissement de la préférence tarifaire envers les produits britanniques et un durcissement appréciable des tarifs vis-à-vis des États-Unis. Ce budget aurait fort bien pu être présenté par R. B. Bennett lui-même, tellement il s'apparentait à la doctrine économique du leader conservateur. Le budget Dunning renversait toute une tradition politique : les libéraux se tournaient vers la Grande-Bretagne et pouvaient ainsi enlever aux tories leur monopole d'impérialisme anglo-saxon. Force sera donc à Bennett d'adopter une politique de nationalisme économique. King se réjouissait à l'avance[15] des résultats de ce coup de jarnac qui nuirait aux espoirs des conservateurs, surtout en Ontario. Ce revirement tarifaire des libéraux constitua le premier article de leur programme électoral. Le second se présenta sous la forme du dossier des neuf années de l'administration King, administration marquée par la réduction des impôts et par la prospérité générale du pays. Comme troisième thème, on exploita la conférence impériale qui devait se dérouler en septembre 1930, mais sous un angle inattendu : seul le parti libéral, selon King, possédait des politiciens assez compétents pour y représenter le Canada. On joua sans trop de retenue cette carte au Québec. Est-ce que les francophones ne voulaient pas voir Ernest Lapointe les représenter à Londres ? Est-ce que ce disciple de Laurier, leur porte-parole au sein d'un parti voué à la consolidation d'une autonomie canadienne complète, ne les représenterait pas plus sûrement que l'impérialiste Bennett[16] ?

14. NEATBY, *op. cit.*, p. 321.
15. BECK, *op. cit.*, pp. 192-193.
16. *The Canadian Annual Review of Public Affairs, 1929-1930*, pp. 87-88. Dorénavant citée comme *Can. Ann. Rev.*, suivie de l'année de publication.

Et la presse libérale passa tout naturellement à sa rengaine favorite : la conscription et l'impérialisme. « M. Bennett est celui-là qui envoyait fouiller vos maisons, vous arrachait vos fils pour les envoyer sur les champs de bataille, après vous avoir odieusement trompés avec les cartes de service national[17]. » On demande aux Québécois de se rappeler que ce sont les conservateurs qui « en 1917 et en 1918, sont venus dans nos campagnes, l'arme à la main, pour arracher nos fils de cultivateurs à leur père, qui en avait besoin, pour les conduire à la caserne ou sur les champs de bataille[18] », que ce sont les tories qui ont prêté « le secours du Canada jusqu'au dernier sou et jusqu'à la dernière goutte de sang »..., qui ont imposé la conscription « en dépit des protestations des libéraux[19] ».

Il va sans dire que les orateurs présentaient les mêmes arguments à la population. Le Solliciteur général, Lucien Cannon, aurait dépeint Bennett auprès de ses électeurs comme « a fanatic, an enemy of our race and of our religion, ... who has paved the way for conscription and deceived the people of Canada[20] »... Mais, Dieu merci ! ces ogres conservateurs ont été répudiés « pour leurs extravagances impérialistes, leur servilité devant les désirs de Londres, leur ultra-loyalisme et leur esprit rétrograde[21] ». Selon C. G. (Chubby) Power, député et organisateur libéral, les Québécois réagirent avec moins d'enthousiasme que jadis à ce genre de dénonciation[22], ce qui peut nous rassurer sur le degré d'évolution politique de l'électorat. Mais la tentative

17. *Le Soleil*, 9 juillet 1930. Cité par RUMILLY, *Histoire de la province de Québec*, t. XXXI, p. 229.

18. *Le Soleil*, 17 juillet 1930. Cité par RUMILLY, *idem*, pp. 233-234.

19. *Le Soleil*, 24 juillet 1930. « En dépit des protestations des libéraux »... : on est ici en présence du genre de propagande utilisé depuis 1917 et qui réussit à faire oublier à la population québécoise le rôle joué par les anglophones libéraux dans le gouvernement d'Union qui appliqua la conscription en 1917 et 1918.

20. J.-L.-A. Tanguay à Bennett, juillet 1930, Fonds Bennett, vol. 483. O-246.

21. *Le Soleil*, 26 juin 1930.

22. Norman WARD, édit., *A Party Politician : the Memoirs of Chubby Power*, pp. 116 ; 118-119.

farfelue de *la Presse*, à la toute veille du scrutin, d'inventer l'imminence d'un conflit en Égypte et d'y accoler la participation obligatoire du Canada que préconiserait Bennett[23], nous laisse supposer que l'organisation libérale n'avait pas évolué au même rythme. Et, pour ajouter encore à l'épouvantail Bennett, on le représenta comme un séide d'Anderson, celui-là même qui avait enlevé les crucifix des écoles de la Saskatchewan et qui, dans cette province, avait interdit aux religieuses le port du costume conventuel.

Voilà qui ramène Bennett à la défensive dans le Québec. Il se défend d'être un ennemi des Canadiens français[24] et repousse avec véhémence les allégations libérales — propagées dans le Québec — voulant qu'il soit disposé à dépêcher des troupes canadiennes aux Indes[25] ; du même souffle, il nie catégoriquement les insinuations de Taschereau sur l'appui accordé aux menées d'Anderson en Saskatchewan[26]. L'optimisme des conservateurs, d'ailleurs, ne semble pas exagéré, en ce qui concerne le Québec. Le grand organisateur, le général McRae, ne prévoit pas de changements dans cette province aux élections du 28 juillet, même s'il entrevoit la possibilité de quelques gains[27]. L'une des raisons de ce pessimisme est sans doute le manque de chaleur de Bennett, qui « holds himself aloof from the crowd, gives the impression of a certain intellectual arrogance » ; une autre serait la médiocrité et le manque de combativité de la plupart de ses lieutenants[28] ; un troisième handicap est la

23. RUMILLY, *op. cit.*, pp. 238-239.

24. *The Chronicle-Telegraph*, 14 juillet 1930.

25. *The Gazette*, 14 juillet 1930 ; *The Chronicle-Telegraph*, 27 juin 1930 ; C. H. Cahan se sent obligé, lui aussi, de donner la même assurance : *The Gazette*, 26 juillet 1930.

26. *The Chronicle-Telegraph*, 27 juin 1930 ; sur ce point encore, Cahan prend la peine d'homologuer la réputation de son chef : *The Gazette*, 22 juillet 1930.

27. A Politician with a Notebook, « Inside Stuff », *Maclean's Magazine*, 1er mai 1930, p. 16 ; le sénateur P.-E. Blondin, lui, encourage Bennett en lui parlant d'un « extraordinary change in Quebec, in your favour, so much so, that it is hard to say what not to expect ». Blondin à Bennett, 3 juin 1930, Fonds Bennett, vol. 484. O-246.

28. A Politician with a Notebook, « An Election in July », *Maclean's Magazine*, 15 avril 1930, p. 32.

froideur de Camillien Houde qui refuse de se laisser entraîner à la remorque de Bennett, malgré les approches de J.-H. Rainville. La raison : il ne voit pas ce que l'opposition provinciale pourrait y gagner[29].

Bennett, toutefois, possède un optimisme débordant et une énergie extraordinaire. Il refuse de concéder la partie, car il sait pertinemment qu'il possède des atouts en main. La dépression — qui touche le Québec comme le reste du pays — est un cheval de bataille formidable en 1930. King présente le budget Dunning comme une panacée aux maux économiques dont souffre le pays et il met en comparaison le dossier de son gouvernement avec les aléas d'un possible ministère conservateur[30]. C'est l'essentiel de son programme : pour lui, chômage et crise n'existent pas, ou si peu. Mais plus avance la campagne, plus King doit déchanter pour, enfin, promettre à tout gouvernement provincial nécessiteux l'assistance de l'administration fédérale[31]. En fait, King est sur la défensive et, au lieu d'expliquer calmement les trois articles de son programme, il s'esquinte à répondre aux attaques des premiers ministres provinciaux conservateurs et à ridiculiser les promesses de Bennett.

Quant à ce dernier, il réaffirme sa foi au Commonwealth, mais il lance bien haut son fameux « Canada First » qui signifie simplement qu'il faut penser au Canada en premier lieu, si l'on veut sortir des affres de la crise. Il prêche, dans un torrent d'éloquence, son nationalisme économique et il crée l'impression de pouvoir résoudre les problèmes du chômage.

---

29. *Le Devoir*, 13 mai 1930.

30. Au Québec, King fait entendre une note additionnelle : il aime cette province, il veut continuer de la servir dans la tradition de Laurier, dont il est le disciple. *The Gazette*, 23 juillet 1930.

31. BECK, *op. cit.*, p. 195. À ce sujet, madame Thérèse Casgrain, épouse d'un député libéral, raconte l'anecdote suivante... « À la Baie Saint-Paul, Lucien Cannon, ministre fédéral venu prêter main forte à Pierre (son mari), dut, lui aussi, parler devant une assemblée orageuse. Il avait en face de lui un vieillard édenté qui l'interrompait sans cesse. Cannon, impatienté, lui lança : « Mon ami, pour être plus intelligible, allez donc vous faire poser des dents. » Avec humour, le vieux répondit : « À quoi ça sert, on n'a rien à manger. » Thérèse F. CASGRAIN, *Une femme chez les hommes*, p. 115.

« Mackenzie King promises you conferences ; I promise you action. He promises consideration of the problem of unemployment ; I promise to end unemployment[32]. » Pour relancer l'économie, il faut protéger et subventionner l'agriculture canadienne, en particulier le bétail et l'industrie laitière ; il faut stabiliser l'économie par la restriction des tarifs et développer un système d'échange préférentiel à l'intérieur du Commonwealth ; il faut améliorer le système de transport canadien et entreprendre un gigantesque programme de construction qui enrayera le chômage : construction du chemin de fer de la Baie d'Hudson, de la route transcanadienne et canalisation du Saint-Laurent[33] ; pour couronner le tout, les conservateurs mettront sur pied un plan national de pension pour vieillards[34].

Mais le thème majeur, au Québec, demeure le beurre de la Nouvelle-Zélande. En 1926, le gouvernement King avait signé un accord commercial en vertu duquel la Nouvelle-Zélande achetait du papier au Canada et lui vendait du beurre. Les deux articles jouissant de tarifs préférentiels, de telles quantités de beurre néo-zélandais entrèrent au pays que le prix des produits laitiers canadiens fléchit de façon appréciable. En 1930, les stations radiophoniques québécoises regorgent de discussions sur le beurre de la Nouvelle-Zélande, qui revêt alors l'importance populaire de la question constitutionnelle en 1926. Et, cette fois, les libéraux sont acculés au mur et peuvent à peine parer les attaques des conservateurs, qui reçoivent l'assistance de l'Union catholique des cultivateurs. Les fermiers des Cantons de l'Est et de la région de Québec, aux prises directement avec la concurrence du beurre néo-zélandais, n'écoutent même pas les soi-disant statistiques favorables que leur débitent les avocats libéraux[35]. On préfère entendre Bennett, à

32. *Ottawa Journal*, 11 juillet 1930. Rapporté par NEATBY, *op. cit.*, p. 334.

33. A Politician with a Notebook, « Now it Can Be Told », *Maclean's Magazine*, 1er août 1930, pp. 9 ; 42 ; 48.

34. *The Chronicle-Telegraph*, 30 juillet 1930.

35. RUMILLY, *op. cit.*, pp. 232–235.

Ormstown, déclarer que l'agriculteur canadien doit, en tout premier lieu, occuper le marché de son propre pays et qu'il faut donc modifier les tarifs de façon à lui permettre de concurrencer les produits importés[36]. Le beurre néo-zélandais devient vraiment « as big as a house in the eyes of the Quebec farmers », s'il faut en croire un candidat libéral[37].

De plus, le dynamisme de Bennett entraîne tout. De valeureux lieutenants propagent au Québec son message d'optimisme. Armand Lavergne, Maurice Dupré, Alfred Duranleau, Arthur Sauvé, Onésime Gagnon et toute une phalange de bons candidats présentent une solution de rechange à la population. En outre, l'organisation conservatrice, pour une fois, est à la taille de la machine libérale qui, sûre de son succès, se repose un peu sur ses lauriers. J.-H. Rainville à Montréal et Thomas Maher à Québec travaillent à l'unisson. La propagande s'en va, par la poste, vers 200,000 foyers québécois ; dans chaque bureau de scrutin, des représentants du parti font du prosélytisme[38]. Le succès escompté dans les autres provinces décuple l'énergie des conservateurs québécois.

Leurs espoirs, cette fois, ne furent pas déçus ; au contraire, ils dépassèrent leurs plus optimistes prévisions[39]. Ils avaient fait élire 137 députés, dont 24 au Québec. Seize de ces vingt-quatre députés québécois étaient de langue française. Depuis près de vingt ans, aucun francophone conservateur n'avait été élu à la Chambre des Communes au cours d'une élection générale. Depuis 1891, le Québec n'avait pas envoyé à Ottawa autant de députés « strictement » conservateurs. Ces résultats étaient à peine croyables, si l'on songe que les conservateurs n'avaient fait aucun effort particulier pour plaire au Québec. On allait jusqu'à prétendre qu'ils l'avaient délibérément

36. *Can. Ann. Rev., 1929-1930*, p. 98.

37. « The General Election », *Round Table*, déc. 1930, p. 169. Dans BECK, *op. cit.*, p. 200.

38. Richard DE BRISAY, « Nationalism Wins », *Canadian Forum*, sept. 1930, p. 431.

39. George F. Wright à Bennett, 10 août 1930, Fonds Bennett, vol. 194. Elections 1930.

négligé, convaincus qu'ils ne pouvaient y faire de gains[40]. Mais on affirma que ce succès ne signifiait nullement que le Québec avait été converti au conservatisme : la province était toujours hostile à ce parti, mais elle avait réagi contre les conditions économiques qui prévalaient par une sorte de vote de protestation[41]. En d'autres milieux, on expliquera la victoire conservatrice au Québec par l'appui de l'Église qui voulait renforcer un second parti dans cette province, par l'efficacité de l'organisation conservatrice, par l'impopularité du beurre de la Nouvelle-Zélande, par la retraite de Meighen et, enfin, par la popularité du slogan « Canada d'abord[42] ». Une chose est certaine : au Québec, les conservateurs effectuèrent leurs gains dans les régions rurales, surtout dans les Cantons de l'Est, même s'il convient de rappeler que les électeurs de langue française continuent de vouloir s'identifier au parti libéral[43]. Ceci peut indiquer que la dépression et le beurre de la Nouvelle-Zélande avaient affecté les régions rurales.

Certains virent dans ces résultats une répétition de la victoire nationaliste de 1911[44]. D'autres mirent sérieusement en doute l'intelligence de l'électeur canadien. « For the first time in my life, écrivit l'éminent John W. Dafoe, I am a little ashamed of my country[45]. » Quoi qu'il en soit, les

---

40. A Politician with a Notebook, « Now It Can Be Told », *Maclean's Magazine*, 1er août 1930, pp. 9 ; 42 ; 48.

41. *The Chronicle-Telegraph*, 30 juillet 1930.

42. DE BRISAY, *op. cit.*, p. 431. Un député élu en 1930, J.-A. Barrette, donne l'efficacité de l'organisation conservatrice comme grande responsable de la victoire. Barrette à Bennett, 18 janvier 1933, Fonds Bennett, vol. 483. M-255.

43. Escott M. REID, « Canadian Political Parties : A Study of the Economic and Racial Bases of Conservatism and Liberalism in 1930 », *University of Toronto Studies*, vol. VI (1933), pp. 7-40.

44. Grant DEXTER, « And They Welcome Mr. Bracken », *Toronto Daily Star*, 29 avril 1944. Ces quatre articles, publiés à l'origine dans la *Winnipeg Free Press*, furent réunis en brochure par la National Liberal Federation of Canada. Fait assez étrange, le général McRae, lui, avait cru un moment à la résurrection du mouvement nationaliste, mais avec Bourassa à la tête de libéraux québécois. McRae à Bennett, 14 juin 1930, Fonds Bennett, vol. 986.

45. Dans BECK, *op. cit.*, p. 201.

conservateurs étaient au pouvoir et c'est par milliers que s'empilaient les messages de félicitations sur le bureau de Bennett. Un ancien collègue devenu juge, Albert Sévigny, se disait « greatly pleased of your victory[46] ». Armand Lavergne câblait triomphalement que « Quebec stands for Canada First[47] ». Le nouveau premier ministre savourait sa victoire, se reposait de ses 14,000 milles et de ses 105 discours[48], mais devait en même temps songer à la formation de son Cabinet.

* * *

La province de Québec, il va sans dire, se préoccupait de sa représentation au sein du ministère Bennett. Les spéculations allaient bon train, faisant état de la nécessité de donner satisfaction aux éléments linguistiques et religieux et, surtout, de ne pas léser Québec au profit de Montréal, ou vice versa. Les noms plus souvent mentionnés étaient ceux d'Alfred Duranleau, Arthur Sauvé, C. H. Cahan pour la région métropolitaine, de Maurice Dupré, Armand Lavergne, Onésime Gagnon pour la région québécoise.

Le problème ne paraît pas avoir été trop ardu dans la région de Montréal, parce que C. H. Cahan ne fit pas réellement preuve d'intransigeance. Il semble qu'au début des tractations on lui ait offert la présidence des Communes. J.-H. Rainville, alors, aurait proposé que Sauvé et Duranleau reçoivent respectivement le ministère des Postes et celui de la Marine ; puis, Dupré serait secrétaire d'État, et Leslie Bell (de Montréal) ou Lavergne deviendrait Solliciteur général. Et, ajoutait Rainville, Bennett pourrait laisser entendre que, plus tard, le ministère des Finances échoirait à un Québécois. Enfin, les ports nationaux et les travaux de canalisation pourraient passer des Travaux publics à la Marine, ce qui conférerait plus de lustre au ministère de Duranleau[49]. Quoi

46. Albert Sévigny à Bennett (télégramme), 29 juillet 1930, Fonds Bennett, vol. 194. Elections 1930.
47. Lavergne à Bennett (télégramme), 29 juillet 1930, Fonds Bennett, vol. 194. Elections 1930.
48. RUMILLY, *op. cit.*, p. 239.
49. Jos. (Joseph-H. Rainville ?) à Bennett, 1930, Fonds Bennett, vol. 101, pp. 66239ss.

qu'il en soit, Cahan ne pouvait se contenter de la présidence des Communes et, sans trop d'enthousiasme, il accepta le Secrétariat d'État[50]. Cahan, Sauvé et Duranleau représenteraient donc la région montréalaise et sir George Perley, député d'Argenteuil, l'élément anglophone de la province. Sauvé, qui connaissait les susceptibilités des Québécois, voulait donner un ministère très important à ce district et pensait que les Travaux publics leur plairaient[51].

La représentation québécoise dut certainement causer des maux de tête au chef du parti conservateur. John H. Price, financier influent, souffle à Bennett, en termes à peine voilés, qu'il serait disponible et pourrait se faire élire dans Lévis (à condition, bien sûr, que l'on trouve une sinécure à l'actuel député, le docteur Fortin) ; parmi les élus, les seuls ministrables — et encore met-il des réserves — sont Onésime Gagnon et Maurice Dupré[52].

Dupré est recommandé par diverses personnes. D'abord par son associé professionnel, Onésime Gagnon, qui veut lui faire octroyer un important ministère. « The press are behind Dupré and very strongly recommend him[53]. » L'influent sénateur Webster fait entendre le même son de cloche et parle d'un « consensus of opinion » en faveur de Dupré. Comment pourrait-il en être autrement, après l'éloge dithyrambique du sénateur ? Dupré est bilingue, a étudié à Oxford : il est donc « highly educated » ; il est bien vu de l'Église catholique, sa famille possède d'excellentes relations et il ne s'est jamais fourvoyé avec les nationalistes. Enfin, les sénateurs Chapais, Blondin et L'Espérance le considèrent hautement[54].

---

50. Cahan à Bennett (télégramme), 7 août 1930, Fonds Bennett, vol. 101, p. 67265.
51. Arthur Sauvé à Bennett (« Personal »), 6 août 1930, Fonds Bennett, vol. 101, p. 66815.
52. John H. Price à Bennett, 29 juillet 1930, Fonds Bennett, vol. 194. Elections 1930. Il est intéressant de noter que Fortin, en 1931, offrira de démissionner en faveur de Price qui pourrait devenir ministre des Finances. Voir le volume 101 du Fonds Bennett à ce sujet.
53. Gagnon à Bennett (télégramme), 4 août 1930, Fonds Bennett, vol. 101, p. 67000.
54. L. C. Webster à Bennett, 1er août 1930, Fonds Bennett, vol. 101, pp. 66925-66926.

Armand Lavergne, lui, avait beaucoup plus d'appuis populaires que Dupré. L'association conservatrice du district de Québec[55], neuf ex-candidats du même district[56], le comité conservateur de Chicoutimi[57], Alleyn Taschereau[58] : tous recommandent fortement le député de Montmagny. Mme Lavergne elle-même écrit à Bennett et lui dit qu'elle a dû empêcher des délégations de partisans de faire pression pour que son mari accédât au ministère. Et elle ne manque pas, du même coup, de discréditer Dupré, le candidat des organisateurs Lucien Moraud et Thomas Maher qui n'ont que patronage en vue[59]. Arthur Sauvé lui-même serait en faveur de Lavergne « in view of justice for him, his district and also of political opportunity[60] ».

Margré ces représentations, Bennett porta son choix sur Dupré qui devint Solliciteur général. À dire le vrai, le district de Québec aurait dû au moins avoir un ministère de plus grande importance. Gagnon ne cache pas son désappointement[61]. Quant à Dupré, il nageait dans l'euphorie. C'était un homme honnête, mais un partisan assez obséquieux et, disons-le, assez pompeux. Au soir de son élection, il télégraphia à Bennett : « May I offer you Quebec West the old fortress of Sir Wilfrid Laurier[62]. » À un autre moment, il écrira à son « dear Chief » (c'est ainsi qu'il appelait toujours Bennett qu'il idolâtrait) pour lui raconter qu'il reçoit à dîner, certain soir, douze personnes et qu'il doit se limiter à ce nombre, faute

55. J.-Achille Jolicœur, secrétaire, à R. B. Bennett (télégramme), 31 juillet 1930, Fonds Bennett, vol. 101, p. 66879.

56. Pétition transmise à Bennett, 30 juillet 1930, Fonds Bennett, vol. 101, p. 66864. Parmi les signataires, on retrouve Henri et J.-Achille Jolicœur, Roméo et Hormidas Langlais, Valmore de Billy, J.-Adhémar Gagnon, etc.

57. J.-C. Gagné à Bennett, 3 août 1930, Fonds Bennett, vol. 101, p. 66978.

58. Alleyn Taschereau à Bennett, 30 juillet 1930, Fonds Bennett, vol. 101, p. 66861.

59. Georgette R. Lavergne à Bennett (« Personal »), 1er août 1930, Fonds Bennett, vol. 101, pp. 66923-66924.

60. Sauvé à Bennett (« Personal »), 6 août 1930, Fonds Bennett, vol. 101, pp. 66815-66816.

61. Onésime Gagnon à Bennett (télégramme), 6 août 1930, Fonds Bennett, vol. 101, p. 67184.

62. Dupré à Bennett (télégramme), 29 juillet 1930, Fonds Bennett, vol. 194. Elections 1930.

d'ustensiles. Une fois devenu ministre, il s'agenouille presque pour demander à Bennett la permission d'aller passer une fin de semaine à Québec[63]. Lorsqu'il est nommé conseiller du roi, il remercie en ces termes le premier ministre[64] :

> I want to express my dear gratitude for your having appointed your humble servant one of His Majesty's Counsels learned in the law. Indeed your great kindness only, not my merits, could have prompted the bestowing of such an honour upon my undeserving shoulders.

Ainsi, Lavergne était évincé au profit de Dupré. En guise de compensation, Bennett lui offre la vice-présidence des Communes. Or, Lavergne avait déjà manifesté l'intention de refuser cette sinécure et il ne cache pas sa déception de ne pas faire partie du ministère[65]. Toutefois il rentre dans le rang, sous la tutelle en quelque sorte de Dupré, et il accepte, à la surprise de certains, la vice-présidence des Communes, un véritable bâillon pour ce rude jouteur verbal[66]. À tout prendre, les trois représentants canadiens-français au sein du Cabinet ne manquent pas de valeur personnelle, mais l'on trouve que le premier ministre aurait facilement pu en désigner un quatrième. Il reste à espérer que le degré de leur influence fera contrepoids à leur insuffisance numérique. Mais, signe avant-coureur, il fallut insister pour qu'un ministre canadien-français accompagnât Bennett à la conférence impériale qui se déroulait à Londres. Et ce ministre fut Dupré qui, effectivement, n'était que Solliciteur général, mais qui possédait le mérite indéniable d'avoir étudié à Oxford.

* * *

Les conservateurs québécois sont surpris de se voir au pouvoir, mais ils retrouvent rapidement leurs esprits. Tous

63. Dupré à Bennett (« Strictly private »), 18 décembre 1931, Fonds Bennett, vol. 485.
64. Le même au même, 13 mars 1931, Fonds Bennett, vol. 485. M-293.
65. *Le Devoir*, 8 août 1930.
66. *Débats de la Chambre des Communes, 1930*, vol. 1, pp. 60 ; 171-177 ; 208-209. Un vieil adversaire de Lavergne, *le Soleil*, pourra alors intituler un éditorial : « Sur le déclin, il tombe dans la crèche. »

sont remplis d'admiration, surtout Dupré, pour ce chef dont l'énergie se prolonge au-delà de la campagne électorale et dont l'extraordinaire capacité de travail attaque à la fois tous les problèmes ; mais cette admiration envers « our dear respected chief[67] » se mêle d'une certaine appréhension et d'un certain malaise. Des susceptibilités ont été froissées lors de la formation du Cabinet et divers indices laissent croire que l'administration des faveurs gouvernementales ne peut apaiser les désirs et les ambitions de chacun.

À Montréal, il semble que les députés élus président à la distribution du patronage sans que les ministres du district (aucun ne représente une circonscription de l'île de Montréal, notons-le) aient leur mot à dire. Par voie de conséquence, Perley, Sauvé et Duranleau doivent répondre devant la population de nominations ou d'octrois de contrats pour lesquels ils n'ont pas été consultés. Cette façon de procéder indigne Arthur Sauvé[68]. Dans le district de Québec les partisans conservateurs critiquent, à l'unanimité, le manque apparent de coopération qui existe entre les ministres de la province de Québec[69]. La situation se ramène à ceci : les ministres ne possèdent pas l'influence à laquelle ils croient prétendre et les partisans mettent leur inertie sur le compte de leur mésentente.

Quant aux députés, ils déplorent, eux aussi, leur manque d'influence. Les subsides fédéraux destinés à remédier au chômage sont distribués par le gouvernement provincial d'Alexandre Taschereau qui refuse systématiquement d'embaucher des conservateurs dans ces travaux dits « de secours[70] ». On imagine le mécontentement que cette pratique provoque parmi les partisans, surtout dans les régions

67. Armand Lavergne (au nom des députés québécois) à R. B. Bennett, 20 septembre 1930, Fonds Bennett, vol. 484 ; au sujet de cette admiration vouée à Bennett au début de son régime, voir les déclarations de Lavergne dans *le Devoir*, 9 mars 1931, ainsi que *Débats de la Chambre des Communes, 1931*, vol. 1, pp. 177-181.

68. Sauvé à sir George Perley, 9 octobre 1930, Fonds Bennett, vol. 484.

69. Thomas Maher à R. B. Bennett, 11 mai 1931, Fonds Bennett, vol. 480.

70. Lavergne à Bennett, 22 sept. 1931, Fonds Bennett, vol. 484. M-285.

rurales qui ont appuyé les candidats de Bennett aux dernières élections et qui se voient maintenant lésées par ces libéraux dont ils subissent l'ostracisme depuis 1897. Les députés sont vilipendés par leurs partisans et ils réclament à grands cris le contrôle absolu de «l'administration totale du patronage dans leurs comtés respectifs[71]». Ils doutent de la bienveillance des ministres à leur endroit car, à un certain moment, ils parlent de rencontrer Bennett seul. Le député de Compton, Samuel Gobeil, prévient le premier ministre de la manœuvre et ajoute que ses collègues canadiens-français, loyaux envers leur chef à une exception près, manquent cependant de discipline[72]. On ignore si la rencontre eut lieu ; cependant, vers la même époque, dix députés conservateurs du Québec présentent à Bennett la requête suivante[73] :

> Ils expriment leur confiance au Premier Ministre et le prient respectueusement d'exercer sa haute influence auprès des ministres de son cabinet afin que l'opinion des députés prévale dans leurs comtés respectifs et ils croient que si cette politique n'est pas suivie, il leur sera difficile de conserver la confiance de leurs électeurs.

Leur manque d'influence se révèle surtout, selon eux, dans les nominations gouvernementales. Le groupe de partisans de Patenaude — laissé à l'écart au moment de l'élection — préside maintenant aux nominations dans la région de Montréal et oublie régulièrement les fidèles du parti. C'est ce qui se produit quand l'avocat Saint-Germain est préféré, comme juge, à Joseph Sylvestre. «Nos véritables amis, ceux qui ont fait plus que leur part, sont non seulement méconnus, mais méprisés», écrit Lavergne à Sylvestre, en guise de consolation[74]. À Québec, la commission du Havre, dont le secrétaire est un libéral du nom de Mountain,

71. C.-N. Dorion à Bennett, 23 juin 1931, Fonds Bennett, vol. 564. Dorion agit comme porte-parole, en cette occasion, des députés Lavergne, Sullivan, Baribeau, Laflèche, Tétreault, Barrette, Laurin, Fortin et Bélec.

72. Samuel Gobeil à Bennett, 12 juin 1931, Fonds Bennett, vol. 483. M-285.

73. C.-N. Dorion à Bennett, 23 juin 1931, Fonds Bennett, vol. 564.

74. Lavergne à Jos. Sylvestre, C. R., 9 novembre 1931, Archives du Québec, Fonds Lavergne, AP-L19a-1. Copie.

favorise ouvertement les adversaires du gouvernement, ce qui suscite les récriminations du club conservateur de Québec-Est et de quelques députés [75]. S'agit-il de nommer un directeur du Canadien National alors que tous les députés, sauf un, patronnent P.-A. Boutin ? C'est Lucien Moraud, l'ami de Maurice Dupré, qui l'emporte et les députés expriment leur « state of dissatisfaction and sorrow as their demands or suggestions seem to be entirely ignored [76] ».

Un autre sujet de doléances, même dans les mois qui suivent le triomphe électoral, réside dans le manque d'organisation du parti. On sait que J.-H. Rainville a été nommé à la présidence de la Commission du Port de Montréal. Même si l'on se réjouit de voir un francophone accéder à cette haute position pour la première fois depuis 1873 [77], on constate le vide créé dans l'organisation québécoise par ce départ. Sauvé, ministre des Postes, dit ignorer s'il existe, oui ou non, une organisation conservatrice à Montréal [78]. Durant l'hiver de 1931, de concert, semble-t-il, avec ses collègues, il décide que l'organisation reposerait entre les mains des ministres fédéraux [79] et il apparaît clairement que les forces conservatrices vont assister Houde dans sa croisade contre Taschereau [80]. On parle d'union intime, de fusion des deux bureaux montréalais — l'un fédéral, l'autre provincial ; on parle d'organisation unique, sous la direction d'Armand Crépeau, député de Sherbrooke à l'Assemblée législative, qui serait secondé par Lucien Moraud, Thomas Maher,

---

75. Club Conservateur de Québec-Est à Bennett, 16 novembre 1931, Fonds Bennett, vol. 441. Dept. of Marine. D-284. 1930-31. Les députés qui signent la protestation sont Armand Lavergne, C.-N. Dorion, Émile Fortin et Pierre Bertrand, M. P. P.

76. Lavergne (au nom des députés québécois) à Bennett, 20 sept. 1930, Fonds Bennett, vol. 484.

77. Les anglophones montréalais ne participaient cependant pas à cette joie. Voir RUMILLY, *op. cit.*, pp. 241-242 ; 245.

78. Sauvé à Perley, 9 oct. 1930, Fonds Bennett, vol. 484.

79. *The Gazette*, 6 février 1931.

80. *The Gazette*, 23 février 1931 ; *le Devoir*, 23 février 1931.

Maurice Duplessis, etc. [81]. Le projet semble être resté à l'état de vœu ou d'ébauche car, en juin 1931, des députés demandent collectivement à Bennett de nommer un successeur à Rainville après avoir consulté les députés, ministres et sénateurs conservateurs du Québec. Et ils ajoutent que « le fait de laisser la direction administrative du parti sous le contrôle exclusif d'un groupe de financiers sans influence et sans prestige sur l'électorat, est de nature à faire perdre aux députés, la confiance de leurs commettants [82] ».

Il va sans dire que les partisans maugréent. L'organisateur du district de Québec, Thomas Maher, s'est imposé la tâche de visiter tout son territoire, au printemps de 1931, de réunir les chefs conservateurs locaux et de leur demander de commenter en toute franchise la situation qui leur était faite depuis la victoire de juillet 1930. Maher est estomaqué lorsqu'il communique à Bennett les résultats de son enquête. On récrimine contre la distribution du patronage dans chaque portion du district : à certains endroits — Matane et l'Islet sont donnés en exemples — on ne veut même pas entendre les mots « conservateurs » ou « quartiers généraux du parti ». Maher admet la justesse des griefs et en fait porter l'odieux — suivant en cela les partisans — sur la Commission du Service civil et sur son représentant « who « runs » the Province of Quebec as if he were a dictator elected unanimously by our people ». On propose de soulever le problème aux Communes.

> Whatever might be the outcome, whether it be a change of commissioners, a reform of some sort, or the fundamental alteration of that board's traditions, a debate undertaken by one of our statesmen seems the best and most efficient way of rescuing the Quebec members. Our people fail to grasp how and why their cherished ideal of responsible government fails to work adequatly with our party in office. To put it grossly, they ask us everywhere the same question : « why do we elect members to Parliament. Is it only to make speeches ? The Liberals, in

81. *The Gazette*, 7 mars 1931.

82. C.-N. Dorion à Bennett, 23 juin 1931, Fonds Bennett, vol. 564.

their days, acted as they thought fit and did not bother with those undemocratic commissions. How is it that our friends cannot act in like fashion ? »

Comme on le constate, l'euphorie québécoise qui suit l'élection de Bennett se révèle éphémère. L'avenir du parti est en jeu, si l'on continue de descendre la pente à ce rythme, conclut Maher[83]. Lavergne n'est pas plus optimiste et la raison de cette baisse de popularité réside dans l'administration du patronage[84].

We are losing Quebec... And if we lose Quebec, we shall lose office and Canada will suffer. The administration of patronage in every department is appalling. The unemployment funds, through Taschereau, I fear will bring us disaster. I do not know what to say as information or advice, but, if the situation does not change, we shall be in a terrible situation at the next election.

Le pessimisme de Maher et de Lavergne allait être justifié concrètement par les élections provinciales d'août 1931.

* * *

Ces élections ont lieu le 24 août. Depuis environ trois mois, les préparatifs vont bon train chez les conservateurs de Camillien Houde. Un groupe de députés fédéraux réclament l'assistance du parti fédéral pour déloger le régime d'Alexandre Taschereau[85] et, alors, se dessine un semblant d'alliance entre l'aile provinciale et l'aile nationale du parti, ce qui peut expliquer que Houde soit « apparently backed by more extensive funds and a more efficient organization than Arthur Sauvé had ever had at his disposal[86] ». La personnalité de Houde, ses succès passés, son éloquence virulente, ses exposés vengeurs des scandales de la vétuste adminis-

83. Thomas Maher à Bennett (« Personal & Confidential »), 11 mai 1931, Fonds Bennett, vol. 480.

84. Lavergne à Bennett (« Private »), 28 sept. 1931, Fonds Bennett, vol. 484. M-285.

85. C.-N. Dorion (agissant comme secrétaire) à Bennett, 23 juin 1931, Fonds Bennett, vol. 564.

86. *Can. Ann. Rev., 1932*, p. 165.

tration Taschereau, excitent l'intérêt. Les observateurs fédéraux pensent que, si le gouvernement d'Ottawa se jette à fond de train derrière Houde, on obtiendra l'indice réel de la popularité au Québec du groupe Bennett[87].

Mais il ne faut pas mésestimer l'astuce de Taschereau. Les conservateurs veulent l'atteindre, indirectement du moins, par la création d'une commission qui enquêterait sur la contrebande de boissons alcoolisées dans le Golfe Saint-Laurent. Une telle enquête impliquerait nombre d'organisateurs libéraux et même le Club de Réforme de Québec. Pour des raisons que l'on ignore, l'enquête reste secrète : les libéraux sont narquois et, écrit Thomas Maher[88], « many of our friends are discouraged at what they put as the « mysterious inaction of the Cabinet » ». Qui plus est, les libéraux passent à l'attaque et intentent des poursuites judiciaires contre les deux principaux organisateurs conservateurs de la région de Québec, Lucien Moraud et Thomas Maher, et contre *le Journal* et son directeur, Louis Francœur. La manœuvre consiste à associer tous ces noms bien connus du public à celui d'un courtier en banqueroute, à la réputation douteuse, puis de retarder le procès jusqu'après les élections provinciales. Le coup atteint son but et ébranle les conservateurs[89]. Cependant, ils se ressaisissent et enlèvent aux libéraux le siège des Trois-Rivières, le 10 août, ce qui ranime le courage des oppositionnistes[90] et cimente l'union « sacrée » des fédéraux et des provinciaux sur le plan électoral.

Car la participation des conservateurs fédéraux à l'élection provinciale du 24 août ne peut être mise en doute. Samuel Gobeil et John Hackett, deux députés à la Chambre des Communes, accompagnent Camillien Houde dans Mégan-

87. A Politician with a Notebook, « Backstage at Ottawa », *Maclean's Magazine*, 15 avril 1931, pp. 78-79.

88. Maher à Bennett (« Personal & Confidential »), 11 mai 1931, Fonds Bennett, vol. 480.

89. Maurice Dupré à Bennett (« Personal »), 26 mai 1931, Fonds Bennett, vol. 485.

90. *Can. Ann. Rev.*, *1932*, pp. 36 ; 165.

tic[91] ; les ministres Duranleau[92], Sauvé[93] et Dupré[94] prêtent publiquement leur assistance à des candidats houdistes. N'est-il pas jusqu'à Bennett lui-même qui envoie un télégramme d'appui au chef conservateur provincial[95], consacrant ainsi ce qu'Ernest Lapointe appelle une « union illégitime[96] » ? *Le Journal* peut écrire que « dans Québec, politique provinciale et politique fédérale sont étroitement unies[97] ». Les motifs qui dictent cette participation, selon les libéraux, sont assez clairs : Bennett s'allie à Houde pour pouvoir réaliser la canalisation du Saint-Laurent et vendre ainsi les intérêts québécois[98]. Néanmoins, il n'apparaît pas que la participation des conservateurs fédéraux, même si elle est officielle, soit entière. John Hackett, député de Stanstead, peut affirmer que « the Party in the Province is at least unanimous[99] », mais un candidat conservateur dans Montmorency déplore que Maurice Dupré et Lucien Moraud travaillent contre lui[100], tandis qu'un observateur fait remarquer à Bennett que « no evidence of real cooperation was seen[101] ». Pour sa part, Maurice Duplessis, tout en paraissant sur la même estrade que le député conservateur fédéral Bourgeois[102], se déclare indépendant de Bennett et de

91. *Le Devoir*, 25 juillet 1931.
92. *Idem*, 31 juillet 1931.
93. *The Gazette*, 17 août 1931.
94. *Loco cit.*
95. *Idem*, 14 août 1931.
96. *Le Devoir*, 22 août 1931. Sur le déroulement de cette campagne électorale, on peut lire RUMILLY, *Histoire de la province de Québec*, t. XXXII, pp. 186-203 et *Can. Ann. Rev., 1932*, pp. 165-168.
97. *Le Journal*, 15 août 1931. Antonio Barrette, qui a participé à cette élection dans la région de Joliette, donne une version bien différente quand il écrit que « les conservateurs fédéraux avaient appuyé en sous-main bon nombre de candidats libéraux... ». Antonio BARRETTE, *Mémoires*, p. 12.
98. RUMILLY, *op. cit.*, pp. 197-200.
99. Hackett à Bennett, 14 août 1931, Fonds Bennett, vol. 564. P-304.
100. Aimé Dion à Bennett (télégramme), 13 août 1931, Fonds Bennett, vol. 564. P-304. De fait, Dion devra se retirer en faveur de Louis Francœur.
101. Ivan-A. Sabourin à Bennett (« Confidential »), 13 sept. 1931, Fonds Bennett, vol. 480.
102. RUMILLY, *op. cit.*, p. 196.

Taschereau car, lui, il est un «libéral-conservateur... de l'école des Cartier-Macdonald[103]».

Le parti de Houde, à qui l'on concédait même des chances de victoire et qui créait une impression considérable dans la province[104], subit une extraordinaire défaite, ne remportant que onze sièges contre les soixante-dix-neuf de Taschereau. Le manque de réalisme et la démagogie de Houde, la corruption pratiquée par les libéraux durant la dernière phase de la campagne[105], furent les causes de ce résultat. Quant à Henri Bourassa, il attribua, en grande partie, l'échec de Houde (que l'on appelait «libérateur» et «second Mussolini») à l'impopularité des tories d'Ottawa[106].

Tous ne partagent pas l'opinion du directeur du *Devoir*. Lavergne assure Bennett que le prestige du premier ministre n'a pas diminué «in Montmagny at least[107]», tandis que Duranleau mentionne que les trois ministres canadiens-français ont fait élire des conservateurs, au provincial, dans leurs comtés respectifs. Et il ajoute[108] que

> the consensus of opinion is that the result cannot be taken in any way, shape or form as a reflection against the Federal Government. As a matter of fact, our opponents during the last days of the campaign had ceased entirely to mention the Federal Government and the head of the Government in their speeches. Attacking Bennett was not popular.

Quoi qu'il en soit, la période d'euphorie chez les conservateurs est bel et bien révolue. Houde, sans siège à l'Assemblée législative, fait désigner C. E. Gault pour diriger l'opposition parlementaire. C'est un affront direct à Maurice Duplessis à qui Houde veut barrer le chemin. Mais Duplessis refuse de s'associer à son parti dans les contestations massives de soixante-trois sièges gagnés par les libéraux.

---

103. *Le Devoir*, 6 août 1931.
104. *Can. Ann. Rev., 1932*, p. 166.
105. *Loco cit.*
106. *Le Devoir*, 26 août 1931.
107. Lavergne à Bennett, 22 septembre 1931, Fonds Bennett, vol. 484. M-285. 1931.
108. Duranleau à Bennett, 28 août 1931, Fonds Bennett, vol. 483. M-259.

Arthur Sauvé, le prédécesseur de Houde, approuve la position prise par Duplessis[109] et le député provincial Smart, un personnage influent, répudie Houde et Gault[110]. Lavergne, lui, affirme que les conservateurs du Québec ont besoin d'un « man in authority with *some prestige*[111] ».

Même si l'on vante excessivement les mérites du gouvernement Bennett[112], les critiques apparaissent. Il est même question, en décembre 1931, de réunir tous les députés conservateurs et les candidats défaits aux élections de 1930 et 1931 « pour discuter des moyens à prendre pour faire reconnaître l'importance de la province de Québec dans le domaine fédéral[113] ». Les conservateurs provinciaux pratiquent une sérieuse introspection[114] mais, pour l'instant, on ne conteste pas ouvertement le leadership de Camillien Houde[115]. Leurs collègues fédéraux, eux, pensent déjà avec nostalgie aux jours d'euphorie qui ont suivi leur triomphe de l'été précédent.

---

109. Sauvé à Bennett, 24 sept. 1931, Fonds Bennett, vol. 991.
110. *Can. Ann. Rev., 1932*, p. 171.
111. Lavergne à Bennett, 16 sept. 1931, Fonds Bennett, vol. 484. Les italiques sont de Lavergne.
112. *Le Journal*, 1er août 1931 et 5 sept. 1931.
113. *Le Devoir*, 21 déc. 1931.
114. *The Gazette*, 26 et 27 août 1931 ; *idem*, 28 sept. 1931.
115. *Le Devoir*, 16 sept. 1931 ; *Can. Ann. Rev., 1932*, p. 168.

CHAPITRE DEUXIÈME

LE GOUVERNEMENT BENNETT ET LES ASPIRATIONS DES CANADIENS FRANÇAIS

L'ADMINISTRATION conservatrice de 1930-1935 a laissé des souvenirs assez amers aux Canadiens français du Québec. Aux difficultés économiques suscitées par la dépression, on ajoute l'autoritarisme de Bennett, le manque d'influence de la députation et des ministres francophones pour conclure que ce gouvernement a été néfaste.

Avant de tenter d'analyser les relations de Bennett avec les Canadiens français, il convient de rappeler que tout premier ministre du Canada est en butte à deux groupes extrêmes de pression : d'un côté, les nationalistes du Québec réclament l'intensification du bilinguisme dans les services du gouvernement fédéral, les droits à l'instruction française dans les autres provinces, etc. ; de l'autre côté, diverses associations religieuses ou civiques insistent pour que le Canada soit anglais, protestant de préférence, et elles condescendent à permettre l'usage du français dans la province de Québec. R. B. Bennett, comme ses prédécesseurs, dut subir ce feu croisé.

Pour commencer, l'administration conservatrice d'Ottawa ressentit, jusqu'à un certain point, les contrecoups de la législation scolaire édictée par le gouvernement Anderson de la Saskatchewan. La défense de porter le costume religieux dans les écoles publiques, les réglementations draconiennes contre l'enseignement du français dans ces mêmes écoles, tout cela était fait en vue de l'intérêt public et de l'harmonie générale, soutenait le gouvernement provincial[1]. Mais, en 1931, Anderson rendit encore plus sévère la loi régissant l'enseignement du français, ce qui ne plaisait certainement pas à Bennett[2]. Ce dernier, pour effacer la mauvaise impression que ce geste créait, nomma au Sénat un francophone de la Saskatchewan. Par ailleurs, il semble qu'Anderson ait agi, en toute cette affaire, malgré les efforts de dissuasion déployés par Bennett qui, lui, était parfaitement conscient du tort irréparable que cette législation causait à son administration auprès de l'électorat francophone et catholique de tout le pays[3].

À de nombreuses reprises, par ailleurs, Bennett fut aux prises avec des requêtes dénonçant ce que l'on appelait le bilinguisme dans les formules émanant du gouvernement fédéral[4]. Cette opposition venait principalement de la Saskatchewan et son porte-parole aux Communes était F. W. Turnbull, député de Regina, qui était, disait-il, opposé à toute tentative « to make French the official Language of this country[5] ». Il informait Bennett que le *Regina Leader* menait une campagne virulente contre la circulation de mandats de poste bilingues dans les régions où l'on ne parlait qu'anglais, et il donnait à entendre que cette prise de position répondait

1. J. T. M. Anderson à sir George Perley, 12 décembre 1930, Fonds Bennett, vol. 566.
2. A. W. Merriam à M. A. Macpherson (télégramme chiffré), 5 mars 1931, Fonds Bennett, vol. 567. P-307. Copie.
3. Joseph Bernier à Bennett (« Pers. et Conf. »), 5 mars 1931, Fonds Bennett, vol. 566. P-307, 1930-1931. L'on peut ajouter que la population catholique de la Saskatchewan fut responsable de la défaite du gouvernement Anderson aux élections de 1934. Voir J. F. Bryant à Bennett (« Personal »), 20 juin 1934, Fonds Bennett, vol. 567. P-307, 1934 ; Bennett au sénateur Marcotte (« Personal »), 25 juin 1934, Fonds Bennett, vol. 567. P-307, 1934. Copie.
4. Voir les nombreuses pétitions du Ku Klux Klan et des loges orangistes dans le Fonds Bennett, vol. 98. B-200. Bilingualism. 1930-1931.
5. F. W. Turnbull à Bennett (« Personal »), 25 août 1933, Fonds Bennett, vol. 493. M-514. 1933-34-35.

aux vues de la population [6]. Qui en douterait, lorsque l'on sait qu'un groupe de citoyens achetait systématiquement ses mandats de poste aux bureaux du Canadien Pacifique, pour ne pas subir les affres de devoir contempler un texte bilingue [7] ? Qui en douterait, en voyant un vétéran annuler une police d'assurance qu'il détenait parce que le ministère des Pensions et de la Santé nationale lui avait expédié un reçu bilingue [8] ? Pour ces gens, l'impression de formules dans les deux langues officielles est une violation de la constitution, une menace à l'avenir du Canada comme pays britannique [9], une indication explicite que le Québec dirige le reste du Canada sous un gouvernement conservateur comme sous une administration libérale [10].

Il ne faut pas s'étonner, alors, des réactions suscitées par la création d'une commission nationale de la radiodiffusion qui instaure une programmation relativement bilingue. Le centre de l'opposition se trouve encore en Saskatchewan. On concède qu'il soit nécessaire d'avoir des émissions françaises dans l'est du pays ; mais, pendant ces périodes, pourquoi ne diffuserait-on pas des émissions régionales dans l'Ouest, pour épargner « all the cost of transmission from Montreal to Winnipeg [11] » ? Turnbull ira plus loin dans ses suggestions : que l'on annonce, en anglais seulement, ce qui prend origine hors du Québec et que l'on ait la faculté, au niveau régional, de diffuser des matières d'intérêt local *pendant que* l'on donne en français l'annonce d'une émission en provenance du Québec. Suprême magnanimité, on tolérerait « an oc-

---

6. Le même au même (« Personal »), 8 juin 1932, Fonds Bennett, vol. 493. M-514. 1930-31-32.
7. Le même au même (« Personal »), 25 août 1933, Fonds Bennett, vol. 493. M-514. 1933-34-35.
8. F. W. Turnbull à Murray McLaren (« Personal »), 25 août 1933, Fonds Bennett, vol. 493. M-514. 1933-34-35.
9. Provincial Grand Lodge of Alberta, par W. L. Hall, à Bennett, 16 mars 1932, Fonds Bennett, p. 65344.
10. Turnbull à Bennett (« Personal »), 29 juillet 1933, Fonds Bennett, vol. 493. M-514. 1933-34-35.
11. *Loco cit.*

casional item in French as an act of grace to the French people if announced in advance », comme l'on tolérerait des émissions musicales en français, même si les loges d'Orange protestent parce qu'une province dont la population française n'est que de 8.7% est « pestered with bi-lingual radio programmes[12] ». Le mot d'ordre est « One Language — the English language. One School — the Public School » et on n'admettra pas la domination de cette province française et catholique qui n'a pas voulu participer à l'effort de guerre de 1914-1918 et dont les autorités religieuses font fi des lois civiles en matière de mariage et de divorce. Non ! « The Orange Order is opposed to bilingualism and will continue to fight for the supremacy of the English language — the only official language in Canada[13]. »

De plus, des députés conservateurs anglophones semblent partager ces vues — que l'on peut qualifier, à tout le moins, de rétrogrades — et se demandent pourquoi les francophones auraient plus de droits, au Canada, que les Allemands, les Polonais ou les doukhobors[14]. La position du premier ministre, en plus d'une occasion, fut pénible. Chacun de ses gestes, chacune de ses nominations étaient surveillés d'une part par les francophones qui voulaient promouvoir les intérêts des leurs et, d'autre part, par cette minorité extrémiste qui redoutait bien à tort la domination du Québec. Il y eut quelques petites escarmouches, préludes seulement de la bataille de la monnaie bilingue.

L'une de ces escarmouches gravita autour de la conférence impériale, tenue à Ottawa du 21 juillet au 20 août 1932, et qui donna lieu à des préparatifs fiévreux au Canada. Bennett trouvait enfin une scène à la mesure de son énergie et des hommes à la taille de ses capacités. Tout fut minutieusement réglé pour que cette historique réunion pût apporter au

12. *French Intrusion Must Cease*, tract orangiste, 1934. Dans Fonds Bennett, p. 65547.
13. Tract orangiste, 1934, dans Fonds Bennett, pp. 65504 ; 65483.
14. Onésime Gagnon à Bennett (« Confidential »), 14 avril 1934, Fonds Bennett, pp. 65657-65661.

moins des éléments de solutions aux problèmes économiques du pays. Inadvertance ou habitude acquise, «pas un Canadien français ne figure sur la première liste de 64 conseillers, techniciens et secrétaires canadiens[15]». On s'offusque. Le vice-président des Communes, Armand Lavergne, attache le grelot dans une missive à Bennett[16], puis dans une lettre ouverte qui est publiée dans *le Devoir*, le jour même de l'ouverture à Ottawa de la Conférence[17].

«Il convient de dire, écrit-il, que jamais, sous aucun gouvernement, notre race n'a eu aussi peu d'influence.» Lapointe, porte-parole des Canadiens français dans le gouvernement King, valait mieux, ajoute-t-il, «que nos trois ministres [qui devraient sortir] de la torpeur des grasses prébendes». *Le Soleil, le Canada, le Droit* emboîtent le pas et Arthur Sauvé adresse une sorte de supplique offusquée au premier ministre[18]. La défense de Bennett — telle que contenue dans deux lettres écrites à Lavergne le même jour — est remarquablement faible. Selon lui, la conférence emploie cinq sténographes de langue française et cinq francophones comme conseillers (ajoutés à la toute dernière minute!), tandis qu'un autre francophone est responsable du comité de réception. Dans cette lettre officielle, le premier ministre conclut naïvement que «you will agree that this is a very fair proportion[19]». Mais, dans son autre missive qui prend l'allure d'une semonce, Bennett reproche à Lavergne d'avoir «needlessly given us a great deal of trouble and worry at a time when we should be assisted and not hindered by our friends». Il laisse entendre que l'on a demandé aux différents ministères de suggérer les noms de fonctionnaires fran-

---

15. RUMILLY, *Histoire de la province de Québec*, t. XXXIII, p. 88.
16. Nous n'avons retrouvé que la réponse de Bennett à cette lettre du 17 juillet 1932. Bennett à Lavergne («Personal»), 27 juillet 1932, Archives du Québec, Fonds Lavergne. AP-L19a-1.
17. Armand LAVERGNE, «La dégringolade continue», *le Devoir*, 21 juillet 1932.
18. Sauvé à Bennett, avant le 28 juillet 1932, Fonds Bennett, vol. 484. M-278.
19. Bennett à Lavergne («Personal»), 27 juillet 1932, Fonds Lavergne, AP-L19a-1.

cophones qualifiés pour participer à cette conférence. Et il termine de façon assez sèche[20] :

> In my poor judgment nothing has been more injurious to the cause you hold so dear than to take the attitude you have taken. I feel that at this particular time my burdens have been needlessly added to, for to those who have been associated with me in connection with the work of the Conference, I have from time to time pointed out the desirability, nay the necessity, of placing on Committees Canadians speaking French when it was possible to find one who was willing to undertake the duties of a particular position.
>
> I think you will agree that to place in any particular position one who was not qualified merely because he was of French origin, would be at variance with all our views of what is right.

Les Canadiens français mesurent leur infériorité à Ottawa au moment même où la dépression touche le Québec comme les autres provinces. On se croit lésé par la politique agricole fédérale, mais c'est un conservateur anglophone des Cantons de l'Est, F. H. Pickel, qui dénonce l'apathie gouvernementale[21]. Il faut une atteinte plus sentimentale pour provoquer l'ire des Canadiens français. Elle survient, d'ailleurs, en 1934, lorsque le gouvernement propose de centraliser tout le travail de traduction au secrétariat d'État. Le projet Cahan suscite une levée de boucliers. Les lettres de protestations affluent, venant d'individus, de la Société Saint-Jean-Baptiste ou de l'Ordre de Jacques-Cartier ; les députés francophones protestent vigoureusement auprès de Bennett[22] ; C.-N. Dorion, pour sa part, va jusqu'à prévenir Dupré qu'il va voter contre ce projet de loi[23]. Quant à Lavergne, après avoir signé avec ses collègues la pétition contre la mesure présentée par Cahan, il se ravise[24] :

---

20. Bennett à Lavergne (« Personal »), 27 juillet 1932, Fonds Lavergne, AP-L19a-1.
21. *Le Devoir*, 9 février 1933 ; *Débats de la Chambre des Communes, 1933*, pp.1904–1908.
22. Les députés qui protestent ainsi sont : Laflèche, Duguay, Baribeau, Belec, Larue, Gobeil, Arsenault, Dorion, Lavergne, Gagnon. Pétition à Bennett, 31 janvier 1934, Fonds Bennett, vol. 669. Department of Secretary of State. D-440. T. 1933-34-35.
23. C.-N. Dorion à Maurice Dupré, 1er février 1934, Fonds Bennett, vol. 669. Copie.
24. Lavergne à Thomas (?) Tremblay, 5 mars 1934, Fonds Lavergne, AP-L19a-1. Copie.

> Non seulement le bill Cahan n'est pas mauvais, mais c'est un des meilleurs qui ait été promulgué.
>
> ....
>
> Tout le fond de l'affaire me paraît être une campagne de calomnies et de fausses représentations menée par certains messieurs de la Chambre, grassement payés, et qui en plus d'être grassement payés, font la grasse matinée.

Le projet fut finalement voté au milieu d'un tumulte indescriptible à la Chambre des Communes[25]. Mais la représentation canadienne-française à la Conférence impériale et l'opposition au projet de centraliser les services de traduction n'étaient que peccadilles en regard de deux problèmes majeurs de l'époque : le rôle des francophones à Ottawa et l'émission de la monnaie bilingue.

Pour commencer, l'on trouve que trois ministres canadiens-français ne donnent pas une juste représentation de la population francophone. Bennett ajouta bien un ministre de langue française mais ce, à la toute veille des élections de 1935, et encore était-ce un ministre sans portefeuille. Le premier ministre ne voyait rien d'anormal dans cette situation car, selon lui, il devait choisir ses ministres parmi les peu nombreux Canadiens français élus en 1930. King, ajoutera-t-il, ne donne en 1935 que quatre ministères aux francophones du Québec, alors qu'il possède une soixantaine de députés de cette langue. D'ailleurs, toujours selon Bennett, on l'a même accusé de donner une trop forte représentation ministérielle à cette province[26]. Évidemment, le Québec a ressenti cette insuffisance numérique au sein du Cabinet, mais il a encore plus déploré son infériorité dans la fonction publique elle-même.

Les cas particuliers sont nombreux. Il y a celui d'un sous-ministre de la Marine qui, normalement, devrait être un francophone. Le poste est vacant en 1931 et la députation québécoise réclame du premier ministre cette nomination.

---

25. *Can. Ann. Rev.*, *1934*, pp. 94-95.

26. Bennett à R. Morand, 6 novembre 1935, Fonds Bennett, vol. 989. Notable Persons File. Il ne semble pas que cette lettre ait été expédiée.

Elle la réclame encore en 1934[27]. Le cas de J. H. Bender, candidat à une importante fonction à la Banque du Canada, est aussi révélateur. Les ministres du Québec lui sont tous favorables, la nomination semble chose faite et, pourtant, les choses traînent en longueur pendant des mois. Il semble qu'il en soit toujours ainsi lors de la nomination d'un francophone et un ministre s'en plaint amèrement[28].

> For this we are, every day, insulted, despised, and treated as renegades, traitors and good for nothing... I regret to feel bound to tell you that the habitual delay in appointing French-Canadians [*sic*] is greatly resented and severely criticized in Quebec.

L'on reproche à Bennett, en général, de ne pas donner aux francophones, dans la fonction publique, le nombre d'emplois que leur importance justifie. C'est le tiers des positions pour leurs compatriotes qu'exigent en 1931 « les Honorables Députés » du Québec qui « ne cesseront de réclamer que lorsqu'ils auront obtenu pleine et entière justice[29] ». L'année suivante, un ministre fait remarquer à Bennett que la proportion des Canadiens français dans l'administration a décru au lieu d'augmenter[30] ; le vice-président des Communes arrive presque à la même conclusion que les journaux libéraux, celle de constater qu'il n'y a plus qu'un seul sous-ministre de langue française[31], et il donne clairement à comprendre qu'il est à la veille de dénoncer publiquement cet état de choses[32]. Bennett, cependant, ne voit pas les choses du même œil. Selon lui, il y a treize francophones qui détiennent le titre ou

27. Procès-verbal d'un caucus des députés conservateurs du Québec, 13 mars 1934, Fonds Bennett, vol. 476. O-174. 1933-34-35.
28. Arthur Sauvé à Bennett, 8 février 1935, Fonds Bennett, vol. 991. Notable Persons File.
29. J.-A. Barrette (porte-parole de la députation) à Bennett, 6 mai 1931, Fonds Bennett, vol. 480. O-154. 1930-1931.
30. Sauvé à Bennett, 30 novembre 1932, Fonds Bennett, vol. 991. Notable Persons File.
31. Lavergne à Bennett (Personnelle et confidentielle), 14 juillet 1932, Fonds Bennett, vol. 484.
32. Lavergne à Dupré, cité dans Dupré à Bennett (« Personal and Confidential »), 19 novembre 1932, Fonds Bennett, vol. 485.

occupent le rang de sous-ministre mais, lorsqu'il vient à les énumérer, il n'en trouve que sept[33]. À la fin de 1934, la situation n'a encore subi aucune amélioration notable, au dire d'Arthur Sauvé[34]. Cette baisse du nombre des sous-ministres et hauts fonctionnaires trouve son écho dans la presse et les revues[35], tandis que certains conservateurs ne se gênent pas pour élever la voix. « Nous avons perdu, dit le député J.-A. Barrette, en grande partie l'héritage politique que nous avait légué Sir Georges[*sic*]-Étienne Cartier, cette égalité dans l'influence politique, dans le fonctionnarisme et le partage des subsides[36]. » Un sénateur conservateur, le docteur Paquet, se permet de dire[37] :

> J'ai un grave reproche à faire à mes chefs et je ne m'en gêne pas. Les Canadiens de langue française n'ont pas reçu du gouvernement conservateur d'Ottawa la part qui leur revenait dans l'administration. Les Canadiens français ont rétrogradé dans le domaine fédéral, le français a subi un recul considérable

Ce manque d'influence aux échelons supérieurs de l'administration fédérale peut être imputable à l'incompétence des Canadiens français. Évidemment, on ignore l'opinion franche de Bennett sur ce point, mais l'un de ses conseillers et amis, sir Edward Beatty, président du Canadien Pacifique, entretenait de sérieux doutes sur les capacités administratives, financières et même juridiques des Canadiens français de son temps[38]. Arthur Sauvé rapporte que l'on dit couramment qu'il y a peu de francophones compétents dans la fonction publique. Il ne nie pas explicitement le fait, mais en trouve

33. Bennett à Lavergne (« Personal and Confidential »), 18 juillet 1932, Fonds Bennett, vol. 484.
34. Sauvé à Bennett, 29 décembre 1934, Fonds Bennett, vol. 991. Notable Persons File.
35. Charles GAUTHIER, « Canadiens français et services fédéraux », *l'Action Nationale*, I (1933), pp. 343-347.
36. *Le Devoir*, 11 avril 1933.
37. *Idem*, 1er octobre 1933.
38. E. W. Beatty à Bennett (« Personal »), 24 avril 1934 et le même au même (« Private and Confidential »), 3 mars 1934, Fonds Bennett, Notable Persons File, vol. 981.

l'explication dans l'impossibilité pratique où se trouvent ses compatriotes d'accéder aux paliers supérieurs[39].

À certains moments, on supplie, pour ainsi dire, Bennett de remédier à cet état de choses. «The province of Quebec is dominated by ideas and sentiments and the butter may go down to 5 cents — it will not matter if you do such a chivalrous deed» (nommer un sénateur francophone originaire de l'ouest du pays), lui écrit Onésime Gagnon[40]. Pourquoi oublier ces Canadiens français qui sont ici depuis trois siècles et sujets britanniques depuis 150 ans, pourquoi les humilier ? s'écrie Arthur Sauvé qui ajoute, en guise peut-être de flatterie[41] :

> Why narrowing, lessening *the greatness, the magnitude of our devoted statesman, the leader who commands the respect, the admiration of the whole world?*

J.-A. Barrette, un nationaliste de 1911 qui a refait surface en 1930, y met moins de servilité et plus de réalisme. Lui aussi parle de l'émotivité de ses compatriotes, de leur appréciation des marques extérieures d'affection que peuvent leur décerner les leaders anglophones. Mais il affirme que Bennett n'a posé aucun geste pour démontrer qu'il avait de l'estime pour les Canadiens français, qui croient que son gouvernement n'a rien fait pour le Québec. Sa politique ferroviaire qui va à l'encontre des intérêts québécois, sa dénonciation du traité de commerce avec la France et l'aide considérable apportée aux provinces de l'Ouest, tout cela a déplu au Québec.

> We are an emotional people easily swayed by the call of the blood, much more united underneath than it appears on the surface...

---

39. Arthur Sauvé à Bennett, juillet 1932, Fonds Bennett, vol. 484. M-278.

40. Onésime Gagnon à Bennett, 22 août 1931, Fonds Bennett, vol. 483. M-265. 1930-31-32.

41. Sauvé à Bennett, juillet 1932, Fonds Bennett, vol. 484. M-278. À la veille de quitter la vie publique, Sauvé écrira au premier ministre : «Supported by irrefutable statistics I firmly believe with my most representative and most reliable compatriots — *without taking agitators in account* — that the French Canadians have not a fair representation in the public service»... Sauvé à Bennett, 29 décembre 1934, Fonds Bennett, vol. 991. Notable Persons File. Dans l'une et l'autre citations, les italiques sont de Sauvé.

> ... your French-Canadian colleagues... were not given the opportunity to do anything spectacular for our Province, which would have permitted our people to mirror in their personalities the pride of our race. Joined to that, nothing was done except speeches, to show that you appreciate our support to the extent of giving us our legitimate share of governmental honours and responsibilities.
>
> As the Prime Minister of our country our people are proud of you, but, they are less proud of the Conservative Party! They are blaming your French-Canadian colleagues and us members of Parliament for not obtaining from yourself a bigger share and a better place in the Administration.

Et, prédit Barrette, une nouvelle vague de nationalisme et de provincialisme s'élève, qui causera des ennuis très sérieux au parti conservateur[42].

* * *

Ce mécontentement général causé par l'insuffisance de la représentation francophone dans la fonction publique ternit considérablement le blason du gouvernement Bennett. Mais il fallait une controverse plus spectaculaire pour cristalliser l'opinion: elle se produisit dans l'affaire de la monnaie bilingue. Dès 1931, les pétitions commencèrent d'affluer à Ottawa sur cette question. L'Association catholique des voyageurs de commerce du Canada, diverses commanderies de l'Ordre de Jacques-Cartier, les sociétés Saint-Jean-Baptiste recommandèrent instamment que la nouvelle émission de monnaie soit bilingue, tandis que les loges d'Orange multiplièrent les requêtes dans le sens contraire[43].

Oscar Boulanger, député libéral de Bellechasse, présenta une résolution pour que le papier-monnaie canadien soit désormais bilingue. Armand Lavergne, conservateur et vice-président de la Chambre, inspirait et appuyait Boulanger[44]. Un vice de procédure empêcha la motion d'être inscrite au feuilleton. Tenace, le député de Bellechasse présenta à

---

42. J.-A. Barrette à Bennett, 18 janvier 1933, Fonds Bennett, vol. 483. M-255.
43. Consulter, sur ce point, le Fonds Bennett, vol. 98. B-200. 1932.
44. RUMILLY, *op. cit.*, pp. 78-79.

nouveau sa résolution — dans les formes cette fois — le 30 janvier 1933. Un conservateur francophone, Samuel Gobeil, proposa l'ajournement du débat — ce qui équivalait à renvoyer la discussion aux calendes grecques — et les Communes l'appuyèrent par 69 voix contre 41[45].

La rumeur prétendit que Gobeil n'avait pas, dans ces circonstances, agi de sa propre initiative[46], et Lavergne écrivit que c'était « à la demande d'un très haut conservateur », et sans se rendre compte qu'il « tuait » ainsi le projet de loi, que le député de Compton avait posé un tel geste[47]. Bennett, lui, expliqua ainsi la demande d'ajournement. Boulanger prononçait son discours en français, langue que plusieurs conservateurs ne comprenaient pas. Force leur étant donc d'attendre la traduction écrite des débats pour faire l'analyse de ses propos, ils insistèrent pour que l'on remît à plus tard cette discussion. Comme Gobeil prenait place près du fauteuil du président de la Chambre, c'est à lui que l'on demanda tout bonnement de proposer l'ajournement[48]. En guise de défense, le pauvre Gobeil trouva à rétorquer que Boulanger aurait bien pu présenter sa motion lorsque les libéraux étaient au pouvoir[49].

Moins d'un mois plus tard, soit le 27 février 1933, la résolution sur la monnaie bilingue revint une autre fois devant la Chambre des Communes. Le vote — question de procédure encore — devait être pris avant la fin de la séance, c'est-à-dire avant 11 heures. Sinon, c'était le renvoi automatique à la session suivante. Les conservateurs canadiens-français rivalisèrent d'éloquence. C'est à qui prononcerait les éloges les plus dithyrambiques de la beauté de la langue française et du caractère bilingue du Canada. Samuel Gobeil,

45. *Can. Ann. Rev.*, *1933*, p. 93.
46. Georgette R. Lavergne à Bennett, 20 février 1933, Fonds Bennett, vol. 98. B-200. 1933.
47. Armand LAVERGNE, « Ce qui s'est passé », *le Devoir*, 25 septembre 1933.
48. Bennett à Georgette R. Lavergne (« Personal »), 27 mars 1933, Fonds Bennett, vol. 98. B-200. 1933. Copie.
49. *Le Devoir*, 11 septembre 1933.

Maurice Dupré, Charles-N. Dorion, Charles Bourgeois couvrirent de fleurs la motion Boulanger. C'est à dix heures vingt qu'Onésime Gagnon commença son discours, pour arrêter à onze heures moins cinq minutes. Le fanatique Turnbull, député conservateur de Regina, n'avait que cinq minutes d'éloquence à gaspiller pour enterrer le projet de loi « on the ground that it was calculated to create racial friction[50] ». Les conservateurs canadiens-français étaient cependant les grands responsables de cette loufoquerie[51].

Et on les jugea sévèrement. On parla de « quelques députés canadiens-français qui, sous le regard amusé et probablement dégoûté de leurs collègues anglophones, ont passé leur temps à se chamailler, à débiter des palabres de hustings, à se chercher de vulgaires querelles de partisans[52] ». On s'insurgea contre le sort réservé au français au Canada[53].

> Et pour ostraciser [*sic*] la langue française... quel motif de fond peut-on invoquer, sinon celui-ci en définitive : qu'une race entend marquer entre elle et l'autre une différence de dignité, infliger à l'autre le rang et le rôle de cadette humiliée ?

Un député anglophone du Québec se rendit compte du tort électoral que provoquerait la politique gouvernementale et il proposa à son chef de décréter qu'à l'avenir les émissions de papier-monnaie seraient bilingues[54]. Il semble que Bennett ait alors été favorable à l'instauration d'une monnaie bilingue et on lui conseilla d'en arriver tout de suite (hiver de 1933) à cette décision. De la sorte, on devancerait une nouvelle présentation de la motion Boulanger, les conservateurs québécois retireraient le crédit de cette législation et, enfin, l'hostilité envers cette mesure aurait le temps de

50. *Can. Ann. Rev., 1933*, p. 93.
51. RUMILLY, *op. cit.*, pp. 156-157.
52. Jacques BRASSIER, « Pour qu'on vive », *l'Action Nationale*, vol. 1, nº 4 (avril 1933), p. 244. Jacques Brassier est un pseudonyme de l'abbé Lionel Groulx.
53. ACTION NATIONALE, « Pour la monnaie bilingue », *l'Action Nationale*, vol. 1, nº 2 (février 1933), p. 65.
54. R. S. White à Bennett, 2 février 1933, Fonds Bennett, vol. 98. B-200. 1933.

s'atténuer avant les prochaines élections[55]. Gobeil partageait ces vues[56]. Sans que l'on sache pourquoi, Bennett ne passa pas à l'action. En décembre 1933, le parti conservateur n'avait encore pris aucune décision[57] et, en juin 1934, c'est Ernest Lapointe et les libéraux du Québec qui ramenèrent sur le tapis l'épineuse question.

L'on peut supposer que le premier ministre se sentit incapable de faire accepter sa décision à certains de ses partisans et qu'il capitula devant leur intransigeance. Un député comme G. R. Geary, de Toronto, ne voulait voir de français nulle part sur un billet de banque[58], tandis que le Québec exigeait que le papier-monnaie soit bilingue[59]. Le ministre des Finances, Edgar Rhodes, fit accepter un compromis : il y aurait des billets de banque libellés en anglais et d'autres libellés en français. L'amendement Lapointe fut défait, quatre conservateurs du Québec seulement se séparant de leur parti sur cette question. L'élément nationaliste du parti conservateur essuyait une défaite et Armand Lavergne écrivit, avec justesse : « Le parti libéral, officiellement, par la voix de son chef, s'est prononcé en faveur du bilinguisme ; et le parti conservateur, officiellement, par son chef, s'est prononcé contre[60]. »

Mais l'élément réellement partisan se déclare satisfait. *Le Journal*, organe de Dupré[61], trouve que justice est rendue à la minorité canadienne-française[62] ; Thomas Chapais, historien qui eût dû savoir mieux, parle « d'œuvre de justice, de paix et

55. P. G. Davies à Bennett, 20 mars 1933, Fonds Bennett, pp. 65542-4.
56. Gobeil à Bennett (« Personal »), 21 mars 1933, Fonds Bennett, vol. 98. B-200. 1933.
57. Le même au même, 15 déc. 1933, Fonds Bennett, vol. 98. B-200. 1933. Copie.
58. *Le Devoir*, 6 juin 1934.
59. Même Maurice Dupré. Mais, lui, il voulait que les conservateurs prennent l'initiative de cette mesure au lieu de céder aux pressions de l'opinion : les gains politiques seraient, de la sorte, plus appréciables. Dupré à Bennett, 13 février 1934, Fonds Bennett, vol. 98. B-200. 1934.
60. Armand LAVERGNE, « Ils nous ont eus », *le Devoir*, 21 juillet 1934.
61. Dupré à R. J. Manion, mai 1939, Archives du Canada, Fonds R. J. Manion, M.G. 27, vol. 5.
62. *Le Journal*, 28 juin 1934.

de concorde nationale [63] ». Duranleau, pour qui tout ce qui est bleu est bon, défend Bennett et son parti : « ... s'il est un parti politique qui puisse réclamer d'avoir bien servi la cause de l'unité canadienne en satisfaisant aux revendications légitimes de l'élément français, c'est bien le parti conservateur [64] ». Mais il y a certainement un jeu de façade dans cette expression de sérénité après l'accomplissement d'un devoir public. Un ministre, au moins, s'interroge sur le bien-fondé de cette attitude de la députation conservatrice québécoise et sur les résultats électoraux de toute cette affaire. C'est Maurice Dupré.

Il écrit — à notre connaissance — à quatre personnages, et leur demande leurs impressions sur l'état d'esprit des gens depuis le débat et le vote sur la monnaie bilingue. Ces personnages sont l'abbé Marcoux, du collège de Lévis, les juges Albert Sévigny et sir Mathias Tellier, et l'avocat Antoine Rivard. L'abbé Marcoux est satisfait de la tournure des événements, mais incite les conservateurs à se créer des journaux [65] ; Sévigny, qui a appuyé la conscription en 1917 et est devenu juge par la suite, ne se prononce pas sur le fond de la question ; mais il prévoit la défaite conservatrice et, pour ces raisons, conseille à Dupré de se faire nommer sénateur [66]. L'éminent homme qu'est Tellier, foncièrement honnête, dit à Dupré que les conservateurs n'avaient qu'à « décréter le billet bilingue, sans attendre qu'il fut [*sic*] demandé [67] ». Mais la réponse la plus significative demeure sans conteste celle d'Antoine Rivard, un conservateur par tradition, mais un observateur lucide qui sait à quel palier doivent se situer les principes.

---

63. *Débats du Sénat*, éd. non revisée, 30 juin 1934, p. 709.
64. *Le Journal*, 26 juill. 1934.
65. Abbé A. Marcoux à Dupré (Confidentielle), 25 juin 1934, Archives du Canada, Fonds Maurice Dupré, M.G. 27, 111, B16, vol. 10.
66. Albert Sévigny à Maurice Dupré (Personnelle et confidentielle), 25 juin 1934, Fonds Dupré, vol. 10.
67. J.-M. Tellier à Maurice Dupré (Personnelle et confidentielle), 30 juin 1934, Fonds Dupré, vol. 10.

Selon lui, bleus comme rouges, à Québec, étaient convaincus que le projet Rhodes était mauvais et que le parti ne pouvait tirer aucun avantage de son adoption. Et ce, pour des raisons bien simples : les libéraux, qui ont pris l'initiative de cette mesure, en tireront tout le crédit ; le compromis auquel sont arrivés les conservateurs manifeste une concession faite à l'élément fanatique tory ; le fait de voir un député aussi prestigieux qu'Onésime Gagnon se séparer de son parti sur cette question indique le bien-fondé des accusations de fanatisme. En définitive, « la majorité ministérielle a sacrifié de façon presque irrémédiable les chances de réélection des ministres et des députés Canadiens Français Conservateurs » [*sic*] en montrant qu'ils ont moins d'influence « que les Turnbulls ou... autres fanatiques [68] ».

La défaite — amèrement ressentie à l'époque — de la motion Boulanger a certes exacerbé les Canadiens français. Lavergne parla de « destruction of the Dominion of Canada because the words of Sir John A. MacDonald [*sic*] have been forgotten by our public men not big enough to live up to them [69] ». Les Jeune-Canada, évoquant ce problème dans leur manifeste du 19 décembre 1932, proclamèrent [70] :

> Nous demandons aujourd'hui ce que nous exigerons demain. Ceux qui flairent le vent doivent savoir que nous ne prononçons pas des paroles en l'air : dans toutes les classes de la société française on peut discerner un frémissement d'indignation qui indique la volonté de prendre de plus en plus conscience de ses droits et de s'organiser pour les défendre.

Une question, pour nous, demeure : comment se fait-il que députés et ministres conservateurs du Québec ne purent faire triompher leurs idées auprès de leurs collègues anglophones ? Tenter de répondre à cette question nous amène à observer le comportement de ces élus québécois de 1930.

68. Antoine Rivard à Dupré (Personnelle et confidentielle), 26 juin 1934, Fonds Dupré, vol. 10.

69. Lavergne à Arthur Meighen (« Personal »), 3 juillet 1934, Fonds Lavergne, AP-L19a-1. Copie.

70. ANONYME, « Les jeunes s'en mêlent », *l'Action Nationale*, vol. 1, nº 2 (février **1933**), p. 118.

CHAPITRE TROISIÈME

BENNETT, « SES » CANADIENS FRANÇAIS ET LA DISLOCATION DU PARTI

L'UNE des pierres d'achoppement de l'administration Bennett demeure, sans contredit, le maniement des affaires politiques ou nationales du Québec. On a vu que les Québécois se sentaient lésés dans leurs aspirations légitimes, que leurs ministres déploraient leur manque d'influence, que leurs députés constataient leur inutilité et que chacun observait avec effarement la pénurie de francophones dans la fonction publique. Les explications de cette situation s'avèrent nombreuses.

Le parti conservateur, depuis 1873, c'est-à-dire depuis la mort de Cartier, n'a pas eu de chef de file québécois. Plusieurs politiciens, Hector Langevin, Adolphe Chapleau, Tom-Chase Casgrain, Frederick D. Monk, Rodolphe Monty, Gustave Monette, ont voulu revêtir le manteau de Cartier, mais l'absence d'un désir d'égalité de la part des dirigeants anglophones, les rivalités internes parmi les Canadiens français, ou encore des incompatibilités idéologiques, ont toujours empêché la concrétisation d'une direction biethnique. Le parti conservateur ne possède donc pas la tradition libérale de confier les affaires québécoises à un lieutenant de langue française d'un chef de parti anglophone. Bref, aucun conservateur ne fait contrepoids à un Laurier ou à un

Lapointe. D'ailleurs, la tentative pratiquée avec Patenaude, en 1925, n'incitait pas les conservateurs à risquer dans l'immédiat une seconde expérience semblable. Donc, au sein de ce parti qui forme le gouvernement de 1930 à 1935, on ne retrouve aucun porte-parole reconnu du Québec.

On peut, en outre, se demander comment R. B. Bennett aurait pu s'accommoder d'un associé politique francophone qui aurait possédé un certain statut particulier. Autocrate de tempérament, supérieur par ses dons et ses connaissances à la très grande majorité de ses contemporains, devenu immensément riche par son labeur et par son esprit de décision, conscient d'être marqué par le destin pour régler les problèmes économiques aigus de sa génération, celui à qui Beaverbrook disait: «you are the real leader of the Empire and England looks to you for guidance and direction [1] », celui-là ne pouvait, en toute décence, céder à quiconque l'une de ses prérogatives. Premier ministre, président du Conseil privé, secrétaire d'État aux Affaires extérieures, ministre des Finances (jusqu'en 1932), plus au fait des affaires internes de chaque ministère que son titulaire, Bennett voit tout, sait tout, prend toutes les initiatives, répond à toute question interjetée aux Communes. Il peut discourir avec autant de prolixité et d'érudition de la situation des mines de charbon du Cap-Breton que des services de traduction du Secrétariat d'État, ou que de la validité du serment d'allégeance du cabinet de Valera de l'État libre d'Irlande.

Son ancien chef, Borden, lui conseille de se faire assister, dans l'élaboration de ses politiques, par un collègue en qui il aurait confiance [2]. L'avis vient trop tard et tombe d'ailleurs dans une oreille sourde, congénitalement, à ce genre de suggestions. Ses contemporains l'avaient jaugé. Le voyant

---

1. Lord Beaverbrook à R. B. Bennett, 6 juin 1932, Fonds Bennett, vol. 982. Notable Persons File. Parlant de cette supériorité, Chubby Power déclare que c'est avec Bennett que commença au Canada le «culte de la personnalité». Et il ajoute: «there is no question that Bennett was the Conservative Party». Voir Norman WARD, éd., *A Party Politician: The Memoirs of Chubby Power*, pp. 264-265.

2. R. L. Borden à Bennett, 21 mars 1935, Fonds Bennett, vol. 982. Notable Persons File.

LE PAUVRE HOMME!

M. Richard-B. Bennett : Oune p'tite vot' si'you plaît.

Le Canada, 7 octobre 1935.

seul, dans la salle à manger du château Laurier, un malin observa que le premier ministre était en train de présider une réunion de son Cabinet! De plus, le doyen du ministère, sir George Perley, remplissait le rôle de premier ministre suppléant durant les absences de Bennett. Député d'Argenteuil, il ne comprenait aucunement les susceptibilités ou les particularités des Canadiens français. À quelqu'un qui lui demandait de faire comprendre à Bennett qu'il devait s'efforcer de dire quelques mots en français quand il prononçait une allocution au Québec, Perley répondit simplement: «Well, that won't win any votes[3]!»

C'est dans ce contexte que les ministres canadiens-français Sauvé, Duranleau et Dupré devaient œuvrer. Arthur Sauvé, député à l'Assemblée législative de Québec pendant vingt-deux ans et Chef d'opposition pendant douze ans, prétendait au titre de mentor de la députation francophone. Armand Lavergne, tête d'affiche de l'élément nationaliste, ne lui disputait pas le titre et, à un certain moment, lui demanda «une direction... comme chef de la Province[4]». C. H. Cahan, anglophone protestant, sympathique aux Canadiens français et ami de Bourassa, contestait toute prééminence à Sauvé et, entre les deux, s'ensuivit une lutte d'influence au sein du cabinet[5]. Duranleau n'avait pas de visées de direction, mais n'acceptait pas d'être subordonné à un autre Québécois, surtout pas à Sauvé qui avait été son chef sur la scène provinciale. Au demeurant, Sauvé et Duranleau se valaient: ils avaient plus de bonne volonté que de talent et leur susceptibilité ne connaissait pas de bornes. Quant à Maurice Dupré, il régnait en maître dans le district de Québec, conscient que son jeune âge (42 ans en 1930), son inexpérience (et, ajouterions-nous, son insuffisance) l'empêchaient

3. Maurice POPE, *Soldiers and Politicians: The Memoirs of Lt. Gen. Maurice A. Pope*, p. 98.

4. Lavergne à Sauvé, 21 septembre 1933. Archives du Québec, Fonds Lavergne. AP-L19a-1. Copie.

5. RUMILLY, *Histoire de la Province de Québec*, t. XXXII, pp. 56; 59.

de prétendre à un rôle de plus grande envergure. Chacun des trois ministres possédait sa coterie de députés qui recherchaient pour leur comté, leurs amis ou eux-mêmes les faveurs gouvernementales. Mais les députés se plaignaient souvent de l'inefficacité des ministres et le désenchantement et la rébellion surgissaient avec assez de régularité.

À un certain moment, les députés canadiens-français veulent rencontrer Bennett sans que leurs trois ministres assistent à la réunion, ce qui dénote et leur manque de confiance et leur absence de discipline [6]. D'ailleurs, déplorer l'inefficacité des ministres fait figure de rengaine. Le plus ouvert dans ses critiques est Armand Lavergne, qui a derrière lui une longue carrière de politicien rebelle et incapable de se soumettre aveuglément à une discipline de parti. Les désillusions arrivent tôt à Lavergne, après l'élection de 1930. Bennett lui a préféré Dupré comme ministre, Dupré, le choix des organisateurs Thomas Maher et Lucien Moraud, mais non le favori des partisans et députés conservateurs de la région de Québec [7]. Dépité, affligé en outre d'une très douloureuse maladie, Lavergne ronge son frein. Il donne clairement à comprendre, en 1931, qu'il désirerait représenter le Canada à Genève, à la Société des Nations [8]. Cet honneur lui est refusé. Dans les questions de patronage, il éprouve d'extrêmes difficultés à faire agréer ses requêtes [9], à cause, semble-t-il, de son impopularité auprès de l'organisation conservatrice de Québec. Son épouse s'en ouvre de façon assez suppliante à Bennett [10]. « Could you be *just a little nicer* to Armand — take a little interest in him ? Perhaps grant him the appointment of one of his numerous friends — ».

---

6. Samuel Gobeil à Bennett, 12 juin 1931, Fonds Bennett, vol. 483. M.-264.
7. Georgette R. Lavergne à Bennett (« Personal »), 1er août 1930, Fonds Bennett, vol. 101, pp. 66923-4.
8. Lavergne à Bennett (« Private & Confidential »), 7 novembre 1931, Fonds Bennett, vol. 484. M-285.
9. Alph. Bouffard à Bennett, 17 avril 1934, Fonds Bennett, vol. 442. Department of Marine, Québec. D-284.
10. Georgette R. Lavergne à Bennett (« Personal »), 23 novembre 1932, Fonds Bennett, vol. 484. M-285. Les italiques sont de Mme Lavergne.

Le premier ministre essaye de faire diversion, en couvrant de louanges le vice-président des Communes, en vantant ses talents et son expérience, en imputant sa mauvaise humeur et son insatisfaction à son état de santé[11].

> The condition of his health is giving all of us considerable concern. I am afraid it is reflected in his general attitude towards public questions. At times, he has caused us some little difficulty, but, I know his heart is in the right place, and he is desirous of promoting the interests of the country to which he is so warmly and firmly attached.

Mais Lavergne se rebiffe, attaque publiquement ses trois compatriotes devenus ministres : à eux trois ils ne valent pas Ernest Lapointe[12]. Selon lui, ces trois ministres (et il le dit à Bennett lui-même) sont des « second rate men » qui ont constamment tenté de diminuer son prestige et qui « set aside all my suggestions and have administered, specially in this district, the patronage in a most detrimental way... ». Ces « *minus habentes*... which are unfortunately your French speaking colleagues in the Cabinet » conduisent tout simplement le parti au désastre[13]. Règle générale, cependant, les foudres de Lavergne convergent vers Dupré qui, indirectement, l'a évincé du ministère.

Il semble bien que l'une des causes de l'hostilité de Lavergne à l'égard de Dupré soit la froideur de ce dernier à appuyer ses revendications visant à augmenter le nombre de francophones dans la fonction publique. Lavergne prévient Dupré[14] :

> I am patient beyond limits, but, if the situation does not improve before long, I shall be obliged to bring the facts to the knowledge of the

---

11. Bennett à Georgette R. Lavergne (« Personal »), 26 novembre 1932, Fonds Bennett, vol. 484. M-285. Copie.
12. J. S. O'Meara à A. W. Merriam (« Personal »), 23 juillet 1932, Fonds Bennett, vol. 98. B-200. O'Meara fait allusion à l'article publié par Lavergne dans les journaux sous le titre « La dégringolade continue ». Voir *le Devoir*, 21 juillet 1932.
13. Lavergne à Bennett (« Personal »), 29 juillet 1932, Fonds Bennett, vol. 484.
14. Lavergne à Dupré. Cité dans Dupré à Bennett (« Personal »), 19 novembre 1932, Fonds Bennett, vol. 485. Le manque de cordialité dans les relations Dupré-Lavergne est souligné par Lavergne lui-même. Voir LAVERGNE, « À propos de Russell », *le Devoir*, 16 juin 1933 ; aussi *le Devoir*, 13 mai 1933.

> House of Commons, and the public at large... I want you to understand that I do not want to make any statements against the party, but, I will certainly not subscribe under the Conservative regime to what I never accepted under Sir Wilfrid Laurier.

Les démarches de Dupré pour faire nommer Lucien Moraud au Sénat, et non Ludger Bastien, le candidat de Lavergne et des nationalistes, font déborder la coupe. Moraud, « rodant [*sic*] dans la pénombre », passe pour être l'homme des trusts et domine assez complètement Dupré, ce contre quoi fulmine Lavergne[15].

> Le peuple est indigné, et s'il (Moraud) est nommé au Sénat, il y aura sûrement des carreaux de cassés dans quelques fenêtres. Et même les beaux habits coupe Anglaise et les larges cravates à plastron, genre Oxford, ne seront pas suffisamment élégants pour réparer le tort dont nous souffririons.

Les allusions aux habitudes vestimentaires de Dupré ne suffisant pas, Lavergne y va plus vertement[16] :

> Dupré a dans ce qui lui sert de cerveau, la décision obstinée de nommer Moraud, sénateur ou juge... Comme les puissants ne comprennent pas du haut, je persiste à croire qu'il n'y a que le rondin sur le bas, pour les faire marcher.

Le « rondin » possède peu d'effets et Moraud, non Bastien, accède au Sénat. Une autre vacance se présentant, en 1934, Lavergne insistera auprès de Meighen[17] et suppliera Dupré de faire nommer Bastien[18].

> Écoutez les paroles d'un ami de toujours, et qui, vu les circonstances, voit les choses et les hommes comme de très haut, et très loin, et d'une façon forcément, absolument désintéressée. [Lavergne devait mourir moins d'un an plus tard.]

---

15. Lavergne à Arthur Sauvé (Personnelle et confidentielle), 21 septembre 1933, Fonds Lavergne, AP-L19a-1. Copie.
16. Lavergne à Léo Bérubé, 1933, Fonds Lavergne, AP-L19a-1. Copie.
17. Lavergne à Arthur Meignen (« Personal »), 16 mars 1934, Fonds Lavergne, AP-L19a-1. Copie.
18. Lavergne à Dupré (Personnelle et confidentielle), 1er mai 1934, Fonds Lavergne, AP-L19a-1. Copie.

Peine perdue, le candidat de Lavergne ne sera pas sénateur. Le cas de Lavergne représente l'exemple le plus frappant des tiraillements entre un député et ses compatriotes ministres, et peut être assimilé assez facilement aux discordes entre les ministres eux-mêmes.

Arthur Sauvé éprouve le besoin, à deux reprises, de proclamer que l'harmonie la plus complète existe parmi les ministres francophones, et que le manque d'organisation, non de coopération, cause la frustration des partisans qui ne reçoivent pas leur quote-part de « patronage [19] ». Son affirmation convainc difficilement même ses contemporains, car la rumeur veut que Sauvé et Duranleau soient à couteaux tirés et que, par leur entêtement réciproque, ils bloquent des nominations de Canadiens français, chacun tenant mordicus au candidat de son choix [20]. Des faits confirment ce jugement. En 1930, le ministre des Postes et celui de la Marine présentent chacun un favori pour remplir une quelconque position et ne veulent faire aucune concession. « I want to be modest, écrit Sauvé, but not a dummy. » Finalement, on parvient à leur faire accepter un troisième candidat [21]. L'achat, par des intérêts conservateurs, du journal *la Patrie* suscite les mêmes frictions. Sauvé recommande, on ne peut plus fortement, cette acquisition du journal des sénateurs Webster et Lespérance [22]. *Le Journal* de Québec fulmine [23]. Sauvé et Duranleau ne s'entendent pas. Le financier J. H. Bender, président de *la Patrie* et gendre du sénateur Lespérance, affirme que Sauvé espère mettre la main sur le journal

19. *The Gazette*, 6 février 1931 ; Sauvé à Bennett (« Private & Confidential »), 29 janvier 1932, Fonds Bennett, vol. 547. D-384.

20. *Le Devoir*, 17 nov. 1934 ; *idem*, 22 déc. 1934 ; J. H. Bender à R. A. Bell, janvier 1953, Archives du Canada, Fonds R. A. Bell, M.G. 27, 111, b; vol. 3, fol. 12 ; Léopold RICHER, *Nos chefs à Ottawa*, p. 108.

21. Sauvé à Bennett (« Private & Confidential »), 22 décembre 1930, Fonds Bennett, vol. 484. M-278.

22. Sauvé à Bennett (« Confidential »), 3 novembre 1931, Fonds Bennett, vol. 435. O-174 ; aussi, le même au même, 28 sept. 1932 et 17 novembre 1932, Fonds Bennett, vol. 476. O-174.

23. RUMILLY, *Histoire...*, t. XXXIII, p. 103.

« unconditionally », tandis que Duranleau ne veut pas que son rival s'approprie une telle arme de combat[24]. En fin de compte, la mésentente devient si complète que *la Presse* achète la propriété entière de *la Patrie* et que le parti conservateur perd un important instrument de propagande au Québec[25]. Duranleau, semble-t-il, ne veut pas donner à Dupré la part de patronage maritime qui revient au district de Québec[26]. Mais ses relations avec Dupré sont quand même meilleures qu'avec Sauvé, qu'il ne veut même pas voir élever au Sénat en 1934[27]. Au fond de tout ceci, le problème en semble un de prestige local, Sauvé et Duranleau voulant, chacun, paraître le potentat fédéral du Québec.

Ce manque de collaboration provoquera de nombreuses attaques à l'endroit des ministres qui disent être « every day insulted, despised and treated as renegates, traitors and good for nothing » et ce, par des compatriotes[28]. Une lettre anonyme, vilipendant les ministres canadiens-français, parvient au premier ministre ; et celui-ci, sans trop grande diplomatie, la leur transmet comme étant « a confidential communication[29] ». Un candidat défait, E. A. D. Morgan, réclame un bouleversement complet de la représentation francophone au sein du cabinet, sous prétexte que de nombreux scandales s'accumulent dans les ministères de Sauvé et de Duranleau, pendant que Dupré se couvre de ridicule en se laissant dominer par son associé professionnel (Onésime Gagnon) et en affirmant que les socialistes sont les adversaires princi-

---

24. J. H. Bender à Bennett (« Confidential »), 18 sept. 1933, Fonds Bennett, vol. 475, O-174.
25. RUMILLY, *op. cit.*, pp. 183-4 ; André BEAULIEU et Jean HAMELIN, *les Journaux du Québec de 1764 à 1964*, p. 136.
26. Onésime Gagnon à Bennett (« Confidential »), 13 mai 1932, Fonds Bennett, vol. 483. M-265.
27. Sam. Gobeil à Bennett, 10 déc. 1934, Fonds Bennett, vol. 564. P-304.
28. Sauvé à Bennett, 8 février 1935, Fonds Bennett, vol. 991.
29. Voir Fonds Bennett, vol. 481. O-154. Cons. Party. Quebec. Org. Gen. 1933-34-35 (« Confidential »). La lettre est du 25 mars 1933.

paux des libéraux[30]. Ce jugement de Morgan refléterait l'opinion de Gault, Gustave Monette et E.-L. Patenaude[31]. Le député Gobeil propose une solution radicale[32]:

> ... if they [les ministres canadiens-français] cannot work together harmoniously, let the smallest of them go, if this is not sufficient, let the second in size go, until we have big enough men to forget themselves entirely and devote their whole efforts in the interest of Canada, and the Conservative Party.

Mais les ministres, importants ou pas, demeurèrent au Cabinet malgré les attaques dirigées contre eux. P.-E. Blondin, président du Sénat, n'hésite pas à dire que «Mr. Duranleau is making a mess of the situation and thinks much to [*sic*] much of himself, and not enough of better men than he[33]». Mais le ministre de la Marine demeure imperturbable devant les attaques, viennent-elles même de journaux conservateurs[34]. Dupré, par contre, semble plus sensible aux critiques qui, d'ailleurs, sont virulentes à son endroit. On le représente comme le pantin des trusts, la marionnette de financiers discrédités, véreux, et poursuivis en justice, qui lui dictent sa ligne de conduite[35]. Nombre de conservateurs de son district rejettent Dupré. «Physically deaf, he is also intellectually excessively slow of comprehension and decision[36].» On demande, comme ministre du district de Québec, «un homme qui exprime, dans la masse, l'idéal de nos âmes

---

30. E. A. D. Morgan à Bennett, 17 nov. 1933, Fonds Bennett, vol. 481. O-154.
31. Le même au même, 9 février 1934, Fonds Bennett, vol. 481. O-154.
32. Sam. Gobeil à Bennett, 24 janv. 1931, Fonds Bennett, vol. 483. M-264.
33. P.-E. Blondin à Bennett, 16 nov. 1933, Fonds Bennett, vol. 481. O-154.
34. Duranleau à Bennett («Confidential»), 18 février 1935, Fonds Bennett, vol. 481.
35. Aimé DION, «Un consortium et les avanies à un parti respectable». «Lettre confidentielle», non datée, retrouvée dans le vol. 481 du Fonds Bennett. Cet écrit assez abracadabrant raconte les méfaits de la «clique» qui manœuvre Dupré. Il repose sur l'affirmation de principe suivante: «Un parti est comme un corps humain: un abcès dans une région quelconque de l'individu peut changer le sang vermeil et sain en un pus débilitant tout l'individu... Le parti conservateur, dans notre moitié de la province, a un abcès dangereux qu'il est grand temps d'opérer, si l'on ne veut pas être anémié et impuissant à la prochaine élection.»
36. Aimé Dion à Bennett, 15 janvier 1934, Fonds Bennett, vol. 564. P-304.

latines et le caractère de nos justes prérogatives,... ARMAND LAVERGNE[37]... ». Dupré manquait vraiment de popularité et son vernis d'Oxford, d'autre part, ne lui conférait pas d'influence particulière auprès du premier ministre. Il déplorait cette situation en disant : « My ideas were treated as the ideas of a young man without experience, of an enthusiast, of an idealist[38]. »

À tout prendre, les trois ministres canadiens-français semblent avoir consciencieusement, même si c'était de façon maladroite, tenté de remplir leur tâche en des circonstances particulièrement difficiles. Le fait qu'on ne les consulte pas ou peu[39], le fait qu'ils soient désunis, peut justifier le mot cruel de Louis Dupire à leur endroit. « Il nous fallait quatre as, écrit-il, nous avons tiré trois valets[40]. » L'impression qui se dégage de leur activité est celle que l'on retrouve en présence d'une série de coteries et de dissensions à tous les niveaux, coteries et dissensions qui déterminent les positions respectives de chaque individu face à tout problème qui se présente. L'un de ces problèmes sera le choix, en octobre 1933, d'un chef conservateur provincial au Québec.

* * *

On se souvient que le résultat des élections provinciales de 1931 avait désemparé les conservateurs dont le chef, Camillien Houde, avait été vaincu. Ce dernier désigna l'anglophone Gault pour diriger l'opposition parlementaire, évinçant par le fait même Maurice Duplessis. C'était effectuer une scission dans le parti ; et le fossé entre les deux factions s'élargit quand Houde et Thomas Maher décidèrent de contester, devant les tribunaux, l'élection de soixante-trois

37. Gustave Jobidon à Bennett (Personnelle), 19 déc. 1931, Fonds Bennett, vol. 480. O-154.

38. Maurice Dupré à Bennett (« Personal & Confidential »), 26 juin 1936, Fonds Bennett, vol. 984. Notable Persons File.

39. Arthur Sauvé à Bennett (« Private & Confidential »), 18 déc. 1931, Fonds Bennett, vol. 547. D-384.

40. *Le Devoir*, 6 juin 1934.

députés libéraux. Duplessis, ouvertement, se dissocia de ce mouvement pour le moins inusité, qui provoqua la non moins inusitée loi Dillon, « une de ces cochonneries tellement écœurantes, qu'un chef ou un parti qui la laisse passer sans protestation... est dans un état moral... défectueux[41] ». Le prestige de Camillien Houde encaissa un autre coup lorsqu'il fut défait à la mairie de Montréal, pendant que les conservateurs provinciaux analysaient maladivement les causes de leur impuissance chronique dans *le Devoir*. Les partisans de Duplessis écrivirent de nombreuses lettres pour proposer un changement de direction. Ils laissaient entendre que le député des Trois-Rivières, qui venait enfin de remplacer Gault comme chef parlementaire, serait un adversaire redoutable pour Taschereau. Quatre partisans — Pierre Bertrand, Jean Mercier, Noël Dorion et Louis Francœur — convainquirent Duplessis de convoquer un congrès en vue de l'élection d'un chef où on lui assurerait la direction permanente du parti conservateur provincial[42].

Houde décide de ne pas poser sa candidature. La députation provinciale, en très forte proportion, favorise Duplessis, et ne verrait pas d'un bon œil la tentative d'un conservateur fédéral d'accaparer le leadership provincial[43]. Arthur Sauvé prévient Bennett de l'imminence de la discorde devant cette éventualité[44]. Au cours de septembre 1933, les forces en présence s'alignent.

Armand Lavergne est convaincu de pouvoir jouer le rôle d'arbitre dès qu'Onésime Gagnon, député de Dorchester à la Chambre des Communes, annonce sa candidature. Il fonde sa conviction sur le fait qu'il n'est d'aucune coterie

41. Armand Lavergne à Camilien [*sic*] Houde, 13 septembre 1933. A. Q., Fonds Lavergne, AP-L19a-1. Copie. Sur les contestations et la loi Dillon, voir RUMILLY, *op. cit.*, pp. 8 ; 10 ; 17 ; 22.

42. RUMILLY, *op. cit.*, p. 187.

43. *Le Devoir*, 20 septembre 1933.

44. Arthur Sauvé à Bennett (télégramme), 14 septembre 1933, Fonds Bennett, vol. 564. P-304.

conservatrice [45] et qu'il propose que le congrès de Sherbrooke provoque :

« 1. Une campagne intense, au point de vue français, de notre place et de nos droits, dans la confédération ;

« 2. Des déclarations claires, nettes et précises, quant à notre politique, pour nous libérer des trusts et de l'esclavage économique [46]. »

Mais le conflit qui se dessine entre Duplessis et Gagnon risque de nécessiter plus d'un arbitre. Duplessis s'est acquis une réputation de parlementaire dynamique et efficace à Québec ; il s'est ainsi ménagé l'appui de sept des dix députés de l'Assemblée législative. Par ailleurs, les ministres fédéraux, à l'exception de Dupré, veulent garder Gagnon à Ottawa et, par conséquent, luttent ardemment en faveur du député des Trois-Rivières. Enfin, le groupe nationaliste suit fidèlement Armand Lavergne, qui voit en Gagnon le jeune député qui, dédaigneusement, a dit que « Lavergne ne comptait plus [47] », et le politicien qui placerait les conservateurs provinciaux sous la tutelle de ceux d'Ottawa. Ces forces conjuguées ne désarment pas Gagnon. L'un de ses principaux partisans, le houdiste Gault, parle d'un raz-de-marée en faveur de Gagnon et de la possibilité que Duplessis se désiste [48]. Cet optimisme est du 21 septembre. Le 28, Gagnon est convaincu de sa victoire, mais manifeste de l'inquiétude devant les agissements des ministres fédéraux et de Lavergne. Cahan « is killing me with flowers », écrit-il, alors que son but avoué est d'unir conservateurs provinciaux et fédéraux. Quant à Lavergne, il estime que Gagnon a trahi les intérêts de la race par sa tiédeur dans la question de la monnaie bilingue. Gagnon demande donc à Bennett de lui écrire, en spécifiant :

---

45. Lavergne à Sauvé (Personnelle et confidentielle), 21 septembre 1933, Fonds Lavergne, AP-L19a-1. Copie.
46. Lavergne à Camilien [*sic*] Houde, 13 septembre 1933, Fonds Lavergne, AP-L19a-1. Copie.
47. RUMILLY, *op. cit.*, pp. 81-82.
48. C. E. Gault à Bennett, 21 septembre 1933, Fonds Bennett, vol. 564. P-304.

(a) You have heard that I am accused of not having worked for bilingual currency.

(b) You know that it is untrue.

(c) You can assert that I have neglected no occasion to help the cause of bilingual currency.

Et il termine pathétiquement :

> I will never forget the kind words you said the other day, when I saw you in Ottawa — You have, no doubt, noticed that my eyes were full of tears[49].

L'opposition à Gagnon vint en grande partie du groupement fédéral. Trois députés seulement l'appuyèrent[50] et il ne récolta que 214 voix contre les 334 de Duplessis[51]. Les deux adversaires se réconcilièrent publiquement : Gagnon continuera de siéger à la Chambre des Communes et d'assister à la désintégration du parti conservateur ; le nouveau chef provincial, lui, allait avec diligence et efficacité entreprendre de démolir le gouvernement Taschereau.

* * *

Le congrès de Sherbrooke, malgré l'euphorie de façade qui le caractérisa, avait révélé au grand public les divisions qui sévissaient chez les conservateurs québécois. Or, un parti divisé est électoralement très vulnérable. Pour compenser, il aurait fallu que le gouvernement Bennett puisse présenter, au Québec, un dossier impressionnant de réalisations économiques et sociales. Les affres de la dépression rendaient utopique cette suggestion. Alors, il ne restait qu'un moyen de survivre : faire oublier et le peu de cas accordé aux revendications des francophones depuis 1930 et les multiples dissensions au sein du parti conservateur. Ce moyen, c'était une organisation politique absolument hors pair.

---

49. Gagnon à Bennett, 28 septembre 1933, Fonds Bennett, vol. 483. M-265.
50. Le même au même (« Confidential »), 26 octobre 1933, Fonds Bennett, vol. 481. O-154.
51. RUMILLY, *op. cit.*, pp. 187 ; 193 ; H. F. QUINN, *The Union Nationale : A Study in Quebec Nationalism*, p. 52.

Affirmer que les succès électoraux d'un parti politique dépendent de l'efficacité de son organisation équivaut à répéter un cliché. N'empêche que l'histoire du parti conservateur — dans les années considérées ici — corrobore la justesse de ce poncif. La victoire de 1930 peut être, en bonne partie, attribuée à l'excellente organisation mise sur pied par le général McRae, et dirigée dans la province de Québec par J.-H. Rainville. La prise du pouvoir détruisit l'organisation centrale. McRae quitta son poste, dépité, semble-t-il, de ne pas avoir reçu un poste diplomatique qu'il convoitait [52]. Rapidement, toute la structure se désagrégea.

Les bureaux du quartier général fermèrent leurs portes pour n'ouvrir qu'en mars 1935 [53]. Les organisations de comté disparurent dans leur quasi-totalité [54]. Le parti manifesta un mépris évident devant les efforts des jeunes conservateurs, un porte-parole allant jusqu'à dire à ces derniers [55] :

> No party can afford to have two organizations striving for authority within a riding. There have been tried and experienced and capable riding organizations throughout the country long before you young fellows were ever thought of... We can't disrupt the work and views of the organization simply because some of us within the party thought it a good idea to form the Federation of Young Canada Conservative Clubs... I cannot see for the life of me why you should try to force your views upon long-constituted capable authority.

Une structure bien rodée à Ottawa disparaissant après l'élection, on peut imaginer, à plus forte raison, l'incurie de l'organisation québécoise, devenue un simple club social réservé aux initiés. Dès 1931, après le départ de J.-H. Rainville, l'organisation disparut en pratique et une tentative

52. Ruth M. BELL, *Conservative Party National Conventions, 1927-1956 : Organization and Procedure*, p. 28, n. 37a. Fait à noter, McRae ne sera remplacé, comme organisateur, qu'en 1934 : Robert RUMILLY, *op. cit.*, t. XXXIV, p. 208.

53. John L. GRANATSTEIN, *The Politics of Survival : the Conservative Party of Canada, 1939-1945*, p. 7 ; John R. WILLIAMS, *The Conservative Party of Canada : 1920-1949*, [illegible] 25, n. 40 ; 129.

[illegible] IAMS, *op. cit.*, p. 117.

[illegible] nd *Empire*, 9 sept. 1933. Cité par WILLIAMS, pp. 120-121.

SON MEILLEUR AMI C'EST SON OMBRAGE

Maurice : Ce v'limeux de soleil ! On peut rien lui cacher

Le Canada, 16 juillet 1936.

AU BORD DE LA CHUTE

Bennett — Batêche qu'y a du courant !

Le Canada, 8 octobre 1935.

d'unir sections fédérale et provinciale n'aboutit pas[56]. De plus, la situation délicate des conservateurs provinciaux envenima les choses. Houde, hostile à Sauvé[57], maugréait contre les conservateurs fédéraux[58] et l'on crut même, un temps, qu'il songeait à la formation d'un nouveau parti[59]. Un jeune conservateur que l'on retrouvera, Ivan Sabourin, posa le problème à Bennett, en 1931. Il préconisait l'union complète des conservateurs fédéraux et provinciaux, une réorganisation totale des structures en vue d'influencer la population rurale, la fondation d'un quotidien et la création d'un club social partisan à Montréal[60]. Arthur Sauvé, lui, proposa une organisation pyramidale : les ministres québécois contrôleraient et guideraient un organisateur provincial (en l'occurrence, Patenaude) lequel, à son tour, transmettrait les consignes à deux assistants : Thomas Maher à Québec, et Gédéon Gravel à Montréal[61].

L'année suivante, les conservateurs admettent que le Québec leur échappe[62] et l'on offre à Bennett l'avis d'observateurs impartiaux[63]. Un caucus de députés réclame à grands cris la nomination d'un organisateur québécois[64]. Georges Laurin, député de Jacques-Cartier, est finalement désigné, mais son champ d'action, semble-t-il, se confine au district de Montréal[65]. Cette nomination ne paraît pas revigorer l'organisation québécoise du parti ; les critiques continuent[66],

56. Voir *supra*, pp. 32-33.
57. *Le Devoir*, 27 sept. 1932.
58. *Idem*, 21 déc. 1931.
59. *Idem*, 27 févr. 1932 et 27 sept. 1932.
60. Ivan A. Sabourin à R. B. Bennett (« Confidential »), 14 sept. 1931, Fonds Bennett, vol. 480.
61. Arthur Sauvé à Bennett, 6 février 1931, Fonds Bennett, vol. 484. M-278.
62. Armand Lavergne à Bennett, 27 janvier 1932, Fonds Bennett, vol. 484.
63. Sauvé à Bennett (« Personal »), 20 sept. 1932, Fonds Bennett, vol. 564. P-304. Selon Sauvé, J.-L. Saint-Jacques aurait pu remplir cette tâche.
64. Résolutions du caucus tenu le 12 avril 1932, Fonds Bennett, vol. 480. O-154.
65. Quatorze députés écrivent à Bennett pour lui signifier leur approbation de cette nomination. Octobre 1932, Fonds Bennett, vol. 480. O-154.
66. E. A. D. Morgan à Bennett, 17 nov. 1933, Fonds Bennet, vol. 481. O-154.

et Bennett lui-même se voit forcé d'admettre, en 1934, que cette organisation est «everything else, but satisfactory[67] ». Un député anglophone, John T. Hackett, résume assez bien les difficultés particulières au Québec sous ce rapport.

> An organizer in Quebec must be an entirely different person from an organizer in other parts of the Dominion. He must have the approval and confidence of the Prime Minister, and play a somewhat autocratic role. Committees and conferences do not produce much action in Quebec because, among other reasons, the debate is interminable. The idea of a team-game is not as thoroughly developed, or as frequently resorted to, as elsewhere.

Selon Hackett, les députés n'ont reçu aucune assistance du parti depuis 1930, et l'impossibilité, pour les ministres, de s'entendre sur une politique commune d'organisation a considérablement endommagé la popularité des conservateurs[68]. Cette mésentente des ministres revêt une importance capitale dans un autre secteur de l'organisation, celui de la presse.

Les journaux constituent encore, dans les années 1930, le véhicule principal de l'information et de la propagande. Les conservateurs auraient dû être conscients de ce fait et, surtout, du rôle de la presse dans leur prise du pouvoir. *Le Journal* de Québec, strictement partisan, est considéré comme le paravent d'un groupe de « trustards[69] » ; quoi qu'il en soit, cet hebdomadaire contrôlé par Thomas Maher semble connaître des difficultés financières[70]. *La Patrie* de Montréal tombe sous la coupe de *la Presse* (de tendance

---

67. Bennett à Louis-O. Durand, 3 janvier 1934, Fonds Bennett, vol. 481. O-154. Copie.
68. John T. Hackett à Bennett («Private and Confidential»), 7 mars 1934, Fonds Bennett, vol. 481. O-154.
69. Résumé de cette position dans Aimé DION, «Un consortium et les avanies à un parti respectable», s.d., Fonds Bennett, vol. 481.
70. Thomas Maher a investi $39,650 dans l'entreprise (Maher à Bennett, 21 janvier 1932, Fonds Bennett, vol. 475. O-174). Or, sa situation financière devient précaire au point que Lucien Moraud demande à Maurice Dupré de procurer un emploi à Maher au ministère de l'Intérieur (Moraud à Dupré («Personal»), 9 mars 1931, Fonds Bennett, vol. 480. O-154. Copie). Incidemment, Maher sera nommé à la Commission sur la radiodiffusion.

libérale) en 1933 [71]. Les deux journaux conservateurs officiels de langue française sont donc peu ou pas utiles. Quant aux hebdomadaires, ils reflètent une forte tendance houdiste et l'on songe même à faire appel à Adrien Arcand [72]. Meighen conseille à Bennett de faire enquêter sérieusement sur le problème [73], mais rien ne semble avoir été fait. En 1933, le parti conservateur ne peut compter que sur 7 des 64 journaux québécois [74] et Sauvé en est rendu à proposer l'acquisition du contrôle du *Bulletin des Agriculteurs* [75].

Tout ceci reflète une situation malsaine, au point de vue politique partisane. Dans le district de Montréal, on refusait souvent de voir la situation sous son jour véritable, et on se berçait d'illusions. Les élections de 1930 à peine terminées, les députés voulurent savoir qui — des ministres, des députés ou des organisateurs — distribuerait les faveurs ministérielles [76]. Le problème ne reçut pas de solution et les dissensions allèrent s'accentuant, même après la nomination de Laurin à la tête de l'organisation. En plus des querelles de préséance, on eut des difficultés ethniques. Pour le sénateur Rufus H. Pope, tout ce qui fut effectué à Montréal le fut grâce aux efforts de J. A. Whittaker et malgré la résistance de Laurin [77]. Ce dernier en vint à démissionner. Nonobstant un tollé de protestations, J.-H. Rainville, maintenant sénateur, accéda au poste d'organisateur conservateur de la province de Québec [78].

La situation du district de Montréal, en 1935, était en fait pitoyable. Le ministre Duranleau — en instance de devenir

71. Voir *supra*, pp. 61-62.
72. P.-E. Blondin à Bennett (« Confidential »), mars 1934, Fonds Bennett, vol. 475. O-174.
73. Arthur Meighen à Bennett, 15 avril 1932, Fonds Bennett, vol. 475. O-174.
74. ANONYME, « Memorandum on organization work in Montreal District, (1933) », Fonds Bennett, vol. 481. O-154.
75. Sauvé à sir George H. Perley (« Personal & Confidential »), 9 août 1933, Fonds Bennett, vol. 991. Notable Persons File.
76. Le même au même, 9 octobre 1930, Fonds Bennett, vol. 484.
77. Rufus H. Pope à Perley, 22 mars 1935, Fonds Bennett, vol. 480. O-154.
78. *Loco cit.*

juge — la dépeignait cependant, à l'intention de Bennett, de façon idyllique[79]. On a fondé, à Montréal, un club conservateur, contrepoids du Club de Réforme ; on a instauré une force de combat, *l'Idée conservatrice* ; on est en train de grouper en association des milliers de jeunes conservateurs ; et on va mettre sur pied une fédération de femmes conservatrices auprès de laquelle pâlira la fédération des femmes libérales ; on a une organisation d'une efficacité extraordinaire. Duranleau se doit de convaincre son chef de l'ampleur de son travail. Il conclut pourtant sa lettre sur une note qui aurait dû alerter Bennett :

> I would like to assure you that you may depend on our organization committee in Montreal. We have already built up the Conservative electoral machine. We only need fuel to speed it on its way. As soon as we secure the necessary funds, we will be in a position to launch a powerful and victorious campaign.

Cet optimisme, Duranleau était seul à le posséder et, d'ailleurs, il se devait de le professer pour que son chef le récompensât en le nommant juge. Il ne correspondait malheureusement à aucune réalité. Antoine Rivard, lui, voyait objectivement la situation et, sans flagornerie, la dépeignait à Dupré dès le mois de juin 1934[80].

> Pour ma part, je souhaiterais des élections à brève échéance, une défaite que je calcule inévitable, et quatre années de retraite, de révision, de réorganisation dans l'opposition pour reprendre dans cinq ans avec un parti mieux organisé et des hommes que le pouvoir et la défaite auront rendus plus expérimentés, les positions, dont nous n'avons malheureusement pas, à mon sens, justement profité.

Rivard n'est pas seul à croire à une défaite « inévitable ». Étrange coïncidence, le même jour — 26 juin 1934 — Bennett écrit à Borden qu'il ne croit pas que « any government can survive under present conditions[81] ». Robert J. Manion, minis-

79. Duranleau à Bennett (« Confidential »), 18 février 1935, Fonds Bennett, vol. 481.
80. Antoine Rivard à Maurice Dupré (Personnelle et confidentielle), 26 juin 1934, Fonds Maurice Dupré, vol. 10.
81. Bennett à sir Robert L. Borden (« Personal »), 26 juin 1934, Fonds Bennett, vol. 982. Copie.

LE CIRQUE QUI PASSE

Les Chômeurs — C'est une musique qui sonne creux dans l'estomac !

Le Canada, 11 octobre 1935.

tre des Chemins de fer et Canaux, partage cette opinion et pense déjà à un « grand-slam defeat[82] ».

Le chef du parti conservateur tente un effort suprême. Dans une série de cinq discours radiodiffusés, en janvier 1935, il propose un *New Deal* au peuple canadien[83]. Programme radical que celui offert par Bennett et qui équivaut au dirigisme économique de l'État central. Cette législation divise un parti réputé pour être celui de la haute finance[84], et choque un cabinet qui n'a même pas été consulté par son chef[85]. Bennett va toujours défendre son programme de 1935, en soutenant qu'il ne faisait alors que mettre en œuvre les résolutions du congrès de Winnipeg[86], et laisse entendre qu'il avait consulté le cabinet avant de prononcer ses « hérétiques » conférences radiophoniques[87]. Quatre ans plus tard, au moment où Bennett va définitivement quitter le pays, Arthur Meighen résumera fidèlement les réactions des conservateurs en janvier 1935[88].

> There are many excellent citizens who have still something of a horror of what we call the New Deal programme of 1935... Our guest [Bennett] will not be offended when I say that what a lot of people have still in their minds like a nightmare, is not the legislation, which was enlightened, but the speeches, which frightened.

Ce radicalisme tardif mine encore plus la popularité de Bennett au sein de son parti, qui accepte malaisément son leadership, mais ne peut, à la veille d'une élection, lui

---

82. Robert J. Manion à C. H. Dickie, 2 janvier 1936. Dans GRANATSTEIN, *op. cit.*, p. 7.
83. Ces cinq allocutions radiophoniques ont été publiées, en 1935, par le quartier général du parti conservateur. On en trouve un résumé dans *The Canadian Annual Review of Public Affairs, 1935 and 1936*, pp. 2-4. Sur le problème du *New Deal*, lire J. R. H. WILBUR, *The Bennett New Deal: Fraud or Portent.*
84. WILLIAMS, *op. cit.*, p. 57.
85. A Politician with a Notebook, « Backstage at Ottawa », *Maclean's Magazine*, 1er mars 1935, p. 15.
86. *Débats de la Chambre des Communes du Canada*, 22 janvier 1935.
87. Bennett à George A. Drew, 14 juillet 1938, Fonds Bennett, vol. 983. Copie.
88. « Address of the Rt Honorable Arthur Meighen on Occasion of Dinner in Honour of Rt Hon. R. B. Bennett, K.C., P.C., L.L.D., at Toronto, January 16th, 1939 », s.l.s.d., Fonds Bennet, vol. 987. Notable Persons File.

trouver de remplaçant. La maladie, de plus, réduit l'efficacité du chef qui, après un long repos, quitte le pays pour assister aux célébrations du jubilé de Georges V. À son retour, il retrouve son parti en mauvaise posture financière, car le *New Deal* a effrayé les bailleurs de fonds habituels de la caisse électorale[89]. Force sera donc à Bennett de puiser dans ses ressources personnelles[90]. En plus de ces nombreuses difficultés, le premier ministre doit faire face à l'opposition de son ancien ministre du Commerce, H. H. Stevens, qui a quitté le cabinet en 1934, et qui fonde son propre parti, le « Reconstruction Party[91] ». Or ce nouveau parti menace de diviser le vote conservateur qui s'annonce faible.

Même au Québec les stevenistes vont faire campagne, promettant la nationalisation de la Banque du Canada, la diminution du taux d'intérêt et l'orientation de la politique vers les besoins de la jeunesse[92]. Les partisans de Stevens proclament qu'ils auront plus d'influence avec lui qu'avec Bennett[93], et Louis Francœur voit dans ce nouveau parti la résurrection du mouvement nationaliste de Bourassa et de Lavergne[94].

Le parti libéral pressent la victoire. Huit premiers ministres provinciaux sur neuf appuient King, qui rejette clairement la dictature pratiquée depuis cinq ans par Bennett, mais propose des solutions assez nébuleuses. Avec énergie, cependant, le chef libéral raille les propos de gouvernement

89. WILLIAMS, *op. cit.*, pp. 50 ; 163.

90. Bennett à A. W. Reid, 16 avril 1936, Fonds Bennett, vol. 990. Copie.

91. J. B. H. WILBUR, « H. H. Stevens and R. B. Bennett, 1930-34 », *Canadian Historical Review*, March 1962, pp. 1-17.

92. Il y a un excellent résumé de l'élection de 1935 dans la *Can. Ann. Rev., 1935 and 1936*, pp. 60-69. L'attitude du *Journal*, organe conservateur de Québec, ne manque pas d'intérêt : il n'est jamais fait ouvertement mention de scission au sein du parti, et il n'est pas question de stevenisme... « Le parti conservateur offre partout un front uni et fait preuve du plus bel enthousiasme », écrit-on le 5 septembre. On attribuera l'échec à la crise économique et l'on se consolera en disant : « Le succès qui approche le plus celui que les libéraux ont obtenu... est la victoire remportée par sir Robert Borden en 1917. » *Le Journal*, 18 octobre 1935.

93. *The Gazette*, 9 et 15 octobre 1935.

94. *Ibid.*, 30 sept. 1935.

LA FAMEUSE RECETTE

La bonne — Si Madame veut me reprendre à son service j'vas sortir ma fameuse recette pour faire des beignes.

Mme Canada — Si vous avez une si bonne recette de beignes, pourquoi ne servez-vous toujours que des trous ?

Le Canada, 25 septembre 1935.

SON VIEUX TRUC

Le prestidigitateur Bennett — Vous voyez ce lapin-là ? Regardez-le bien se retourner en queue de poisson !

Le Canada, 20 septembre 1935.

national[95] et ses candidats s'en donnent à cœur joie dans l'énumération des promesses de 1930 que Bennett n'a pas réalisées[96]. Au Québec on ajoute, comme à l'accoutumée, la rengaine conscriptionniste. Stevens est aussi conscriptionniste que Bennett[97] et les stevenistes doivent se défendre de cette accusation[98], tout comme les bennettistes[99].

Impuissants, les conservateurs assistent à la débâcle. Les libéraux québécois se vantent d'avoir six ministres canadiens-français dans un gouvernement King, tandis que les conservateurs, aux élections de 1935, n'en comptent que quatre, dont trois viennent d'être assermentés[100]. Sur ces quatre, l'un n'a pas de portefeuille, et un autre, Dupré, malgré ses revendications[101], n'est encore que Solliciteur général. Le parti de Bennett fait élire 40 députés seulement donc cinq (quatre étaient anglophones) au Québec. Les raisons de cet échec étaient faciles à deviner et à prévoir, moins faciles, cependant, à éviter en temps de crise. Borden et Bennett conclurent à la destruction momentanée, mais attri-

---

95. Ces rumeurs de gouvernement national étaient dans l'air depuis quelque temps. Voir lettres de Manion à Bennett, les 14 et 20 août 1935, dans Fonds Bennett, vol. 986 ; aussi *Can. Ann. Rev., 1935 and 1936*, p. 8. À Brockville, le 10 octobre 1935, Mackenzie King va persifler cette idée de gouvernement d'Union. « It is a sad confession on the part of the Conservative Leader — a confession of despair and defeat on the part of Mr. Bennett when he tells the people of Canada in the City of Toronto, that he has to throw up the sponge so far as leading the once-proud Conservative Party is concerned, and is now out to put country before party, to form a National Government out of the conglomeration of Reconstruction, Social Credit, C.C.F. and Tory group which are appealing for your votes in this election. Verily, politics make strange bedfellows. » Cité par *Can. Ann. Rev., 1935 and 1936*, p. 64.

96. On utilise à profusion le « Book of Promises », résumé du discours où Mackenzie King avait énuméré, durant la session de 1930, toutes les promesses électorales de Bennett. Voir *A Party Politician : the Memoirs of Chubby Power*, pp. 267 ; 334-337.

97. *Le Soleil*, 21 sept. 1935 ; *The Gazette*, 5 oct. 1935.

98. *The Gazette*, 4 oct. 1935.

99. Malgré les prétentions contraires de Power, *op. cit.*, p. 120.

100. *The Gazette*, 12 oct. 1935 ; *The Quebec Chronicle-Telegraph*, 10 oct. 1935.

101. Dupré à Bennett (« Personal and Confidential »), 29 août 1935, Fonds Bennett, vol. 98. B-200. Sauvé devient sénateur et Duranleau juge à l'été de 1935. Ils sont remplacés, dans leur ministère, par le député Samuel Gobeil et par l'avocat Lucien Gendron. Onésime Gagnon devient ministre sans portefeuille.

buable à Stevens, du parti[102]. Bennett trouva réconfort dans la pensée qu'il n'avait pas démissionné avant la défaite inévitable... « I derive more satisfaction from thinking that I went down with the ship and did not seek to evade punishment[103]. »

Attribuer l'échec à l'action combinée de la crise économique et du « Reconstruction Party » simplifie un peu trop la situation. Les maladresses du gouvernement Bennett, son incompréhension du Québec, l'ineptie de l'organisation, les querelles intestines sont des facteurs primordiaux dans cette défaite qui devait garder, pendant vingt-deux ans, les conservateurs dans l'opposition. Comme le perspicace J. W. Dafoe l'avait prédit, dès 1930, Bennett allait être aux conservateurs ce qu'Alexander Mackenzie avait été aux libéraux de 1873–1878 et « his party will be lucky if he does not fix in the public mind for a generation the idea that the Conservative Party is a hoodoo and a bringer of hard times[104] ».

---

102. Borden à Bennett (« Personal »), 15 octobre 1935, Fonds Bennett, vol. 982.

103. Bennett à Borden, 31 octobre 1935, Fonds Bennett, vol. 982. Copie.

104. John W. Dafoe à John Stevenson, 29 décembre 1930. Cité par Ramsay COOK, *The Politics of John W. Dafoe and the « Free Press »*, p. 193.

UN « CHAR » USAGÉ

Le Canada, 28 septembre 1935.

RETURNING CONSCIOUSNESS

Conservative party : — Let me see, now, what happened to me ?

Montreal Star, 7 octobre 1935.

CHAPITRE QUATRIÈME

REPRENDRE LE QUÉBEC AVEC MANION, 1935-1940

C'EST l'allure d'une débandade qu'avait prise la défaite de 1935. Jamais, depuis 1867, le parti conservateur n'avait compté aussi peu de députés. Il n'avait plus aucune organisation. R. B. Bennett continuait sa tâche, malgré une santé chancelante. Mais son leadership était contesté, car on lui attribuait, dans une large part, la responsabilité de cette défaite qu'il avait suscitée par ses «promesses électorales exagérées... [et] ses méthodes administratives dictatoriales[1]». Les tories orthodoxes ne pouvaient lui pardonner le virage à gauche contenu dans son fameux *New Deal* et c'est leur opinion que reflétait sir Thomas White, un ancien ministre des Finances, en disant que :

> ... the real basis of its [Conservative Party] support — and strength — [are] the financial, industrial and commercial interests coupled with the substantial farmers and sensible wage-earners of the Dominion[2].

En déroute dans le reste du pays, le parti conservateur était banni du Québec, en plus d'être partout dans une position

1. *Le Devoir*, 6 juin 1938.

2. Sir Thomas White à R. B. Bennett, 16 mars 1938, AUNB, Fonds R. B. Bennett, vol. 993. Notable Persons File.

financière désespérée[3]. Selon Maurice Dupré, le Québec vivait une intense période de nationalisme.

> This nationalistic tendency is extremely strong. No opposition from any province can stop this movement and our young men are not afraid of anything and even if it came to a very serious conflict with some other groups from other provinces they would not stop. They are fearless in the full sense of the word, no matter what the consequences may be.

Dans ce contexte, les conservateurs verraient peut-être d'un bon œil la formation d'un tiers-parti fédéral « which would try to represent the aspirations of all the elements, especially those of French Canada and all minorities in Canada[4] ». Un observateur plus perspicace aurait cependant pu déceler des lueurs d'espoir : King n'avait pas mieux réglé que Bennett les problèmes causés par la dépression et, d'autre part, Duplessis avait enfin délogé l'administration libérale de Taschereau. On pourrait peut-être penser à une alliance entre l'Union Nationale et les conservateurs fédéraux pour régler, enfin, les questions économiques.

Mais le leadership de Bennett représentait un obstacle majeur, à tous points de vue. On escomptait son départ, sans oser lui forcer la main. À un caucus du parti, en 1937, il laissa entendre qu'il désirait quitter son poste, mais il n'alla pas jusqu'à présenter sa démission[5]. Une tournée à travers le pays lui indiqua cependant son manque de popularité[6]. Enfin, au grand soulagement de tous, Bennett présenta sa démission au caucus de son parti, le 5 mars 1938. Le même jour, on changea l'appellation traditionnelle de « Libéral-

3. Bennett à Maurice Dupré (« Confidential »), 7 janvier 1936, Fonds Bennett, vol. 984. Notable Persons File. Copie.
4. Dupré à Bennett (« Personal and Confidential »), 26 juin 1936, Fonds Bennett, vol. 984. Notable Persons File.
5. Bennett à R. B. Hanson (« Personal »), 10 août 1937, Fonds Bennett, vol. 985. Notable Persons File. Copie.
6. John R. WILLIAMS, *The Conservative Party of Canada : 1920-1949*, p. 58.

«TANT QU'A S'LAVER, IL FAUT S'LAVER BEN-NETT»

(Ça n'est pas un bain de 5 «cennes»!)

Parlez-moi de l'eau savonneuse !

Le Canada, 22 juillet 1936.

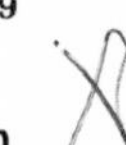

Conservateur » pour celle de « National Conservative[7] » et on annonça la tenue d'un congrès national, en juillet, qui choisirait le remplaçant de Bennett[8]. Ce dernier laisserait un parti qui « was at its lowest point, sneered at as reactionary, imperialist, and anti-French[9] ». La course à la succession était ouverte. Elle vaut qu'on s'y arrête car, cette fois, le Québec constitua le centre des préoccupations : le parti conservateur était devenu à peu près strictement ontarien (25 de ses 40 députés) et l'appui du Québec semblait nécessaire pour déloger Mackenzie King. Les conservateurs québécois, d'ailleurs, s'y emploient activement. Leurs délégués, triés sur le volet, préparent plusieurs résolutions qu'ils veulent faire adopter. Georges Héon, seul conservateur canadien-français aux Communes avec le député de Verdun J. Wermenlinger, résume leur état d'esprit[10] :

> Le temps n'est plus aux compromis douteux, à la concession facile ; il faudra montrer au grand jour que notre rôle de second plan ne nous sied ni ne nous satisfait plus, et que notre parti politique ne pourra compter sur le moindre appui du Québec, à moins qu'il ne donne préalablement des garanties formelles de justice et d'équité pour le peuple canadien-français en quelque province qu'il se trouve.

Au chapitre de la direction du parti, deux candidats prétendaient recevoir l'appui du Québec : H. H. Stevens et R. J. Manion. L'ancien ministre du Commerce Stevens crut, un temps, posséder de bonnes chances de l'emporter. En 1938, son « Reconstruction Party » s'était éteint, lui-même était prêt à réintégrer le giron du parti et, enfin, les magnats financiers de Toronto et de Montréal semblaient désireux de le

7. WILLIAMS, *op. cit.*, p. 59. Selon certains, ce changement révélait une concession faite pour plaire à l'Union Nationale. Voir *Ottawa Journal* et *The Montreal Daily Star*, 7 mars 1938.

8. Cette fois, le comité québécois chargé de préparer la convention comptera sept francophones contre deux anglophones. Quartier général du parti conservateur, Archives du parti conservateur, dossier « Convention de 1938 ».

9. John L. GRANATSTEIN, *The Politics of Survival : the Conservative Party of Canada, 1939-1945*, p. 9.

10. Georges-H. Héon aux délégués québécois. Lettre publiée dans *le Devoir*, 2 juillet 1938. Héon a été élu le 28 février 1938 au cours d'une élection complémentaire. Wermenlinger tient un rôle si effacé qu'on peut le passer sous silence aux fins de notre étude.

voir revenir[11]. Mais les conservateurs devraient se soumettre aux principes qu'il avait énoncés lors de sa rupture avec Bennett[12]. Nul doute qu'il pensait pouvoir dicter ses conditions quand on lui apprit, le 1er juin, que 60 pour cent des délégués déjà choisis au Québec le favorisaient[13]. À la fin du même mois, il professait un optimisme encore plus débordant[14]. «The Quebec delegation will not take no for an answer, and will have no one but me.» Il se trompait grandement. Il dut déchanter et, finalement, retirer sa candidature[15].

Car les francophones favorisaient Robert James Manion, un Irlandais catholique qui avait épousé une Canadienne française, un ancien partisan de Laurier devenu libéral unioniste en 1917, puis membre des Cabinets Meighen et Bennett. Manion, dans la course à la succession, avait misé sur deux tableaux : s'identifier aux éléments progressistes du parti et gagner le vote de la délégation québécoise[16]. Ce dernier aspect s'avérait particulièrement délicat, car l'on criait à la dictature du Québec sur la convention, affirmant que cette province voulait lui imposer ses volontés[17]. N'empêche que Manion courtisait le Québec en insistant sur la valeur des droits provinciaux[18] et que la presse conservatrice

---

11. Comme en font foi des lettres de J.-N. Cartier et de Warren Cook à Stevens, en avril 1938. Voir John HUOT, *R. J. Manion and the Conservative Party, 1938-1940*, Manuscrit dactylographié, p. 7.

12. Stevens à N. S. Sommerville, 26 avril 1938, Fonds Stevens, vol. 155. Dans HUOT, *op. cit.*, p. 7.

13. J.-N. Cartier à Stevens, 1er juin 1938, Fonds Stevens, vol. 151. Dans HUOT, *op. cit.*, p. 8.

14. Stevens à D. Glass, 28 juin 1938, Fonds Stevens, vol. 151. Dans HUOT, *op. cit.*, p. 9.

15. Il semble bien que les intérêts financiers n'aient pas été aussi sympathiques à Stevens que ses informateurs le prétendaient : dès l'annonce de sa candidature, on vit apparaître, en guise de réaction, le nom d'Arthur Meighen. Quant à l'appui qu'aurait pu lui octroyer la délégation du Québec, il semble que ce n'est qu'après mûre discussion qu'on lui ait préféré Manion. Voir *The Quebec Chronicle-Telegraph*, 7 juillet 1938.

16. HUOT, *op. cit.*, pp. 4-5.

17. *The Quebec Chronicle-Telegraph*, 24 juin 1938.

18. Discours de Manion devant l'association des «Canadian Clubs». Rapporté dans *The Gazette*, 4 juillet 1938.

lui ménageait fort bon accueil [19]. De plus, il avait le ferme appui du porte-parole conservateur canadien-français à Ottawa, Georges Héon [20]. Dès le 20 mars, celui-ci avait insisté sur la valeur de Manion qui jouissait de la confiance de l'élément français et de l'élément anglais du pays [21] et, plus tard, il se dira l'émissaire de la délégation du Québec, pro-Manion à 90 pour cent [22] et, à ce titre, il appuiera la candidature de Manion [23].

Cette étroite liaison pose la question de la collaboration Manion-Duplessis, car Héon n'était pas sans rapports avec l'Union Nationale à laquelle, paraît-il, il devait son élection dans Argenteuil [24]. Mais Duplessis n'assista pas au congrès et Héon approuva cette abstention [25]. Le premier ministre québécois lui-même déclara qu'il n'avait rien eu à faire avec le choix de Manion et il dénonça les délégués qui s'étaient servis de son nom pour ou contre l'un des candidats [26]. Cependant, le 23 mai, Manion et Duplessis s'étaient rencontrés à Montréal [27] et un partisan de Stevens écrivit quelques jours plus tard [28] : « Some of the Duplessis supporters are only talking and laying plans to control both the convention and the organization of the campaign. » En pratique, malgré les influences occultes exercées dans les coulisses, la délégation du Québec formait bloc derrière

19. À titre de preuve, on pourrait citer le cas du *Quebec Chronicle-Telegraph*, en particulier les éditions suivantes : 8, 9, 10, 14, 28 juin 1938 ; 7 août 1938.

20. Héon, cependant, n'était pas populaire auprès de toutes les couches du parti. Arthur Sauvé, par exemple, en avait assez piètre opinion. Sauvé à R. B. Bennett (« Most confidential »), 16 février 1938, Fonds Bennett, vol. 991. Notable Persons File.

21. *The Gazette*, 20 mars 1938.

22. *Idem*, 5 juillet 1938 ; *le Devoir*, 7 juillet 1938.

23. *The Gazette*, 7 juillet 1938.

24. *The Montreal Daily Star*, 7 mars 1938. Dans HUOT, *op.,cit.*, p. 6.

25. *The Quebec Chronicle-Telegraph*, 16 juin 1938.

26. *The Gazette*, 7 juillet 1938.

27. R. J. Manion à Maurice L. Duplessis, mai 1938, Fonds Manion. Dans HUOT, *op. cit.*, p. 6.

28. J. N. Cartier à Stevens, 15 juin 1938, Fonds Stevens, vol. 151. Dans HUOT, *op. cit.*, p. 6.

R. J. Manion. Les jeux étaient quasi faits avant l'ouverture du congrès, mais les débats devaient venir brouiller les cartes[29].

Le premier « semeur de discorde » fut Arthur Meighen qui fit vraiment figure de trouble-fête aux yeux des délégués du Québec, car il ramena sur le tapis l'épineuse question de l'impérialisme, capable de faire ressortir instantanément les divisions profondes du parti conservateur et d'enlever à Manion l'appui qu'il avait hors du Québec. Il n'y a aucun doute possible : Meighen était opposé au choix de Manion, surtout à cause de ses doctrines économiques et sociales[30], trop radicales sans doute à ses yeux, et il se rangea fermement derrière Murdoch MacPherson[31]. À titre d'ancien leader, il devait prononcer le discours d'ouverture. Bennett lui demanda d'aborder la question de l'entraînement, au Canada, des pilotes de la *Royal Air Force*[32], question que King esquivait, ce qui pouvait laisser supposer qu'il refuserait à la Grande-Bretagne cette permission[33]. Avec son éloquence coutumière, Meighen traita à fond son sujet et affirma on ne peut plus clairement que la défense du Canada devait s'effectuer en premier lieu en Grande-Bretagne et que, pour la sécurité du pays, il fallait de plus en plus coopérer

29. On a facilement conclu que le Québec avait conduit Manion à la tête du parti (*le Devoir*, 12 juillet 1943), mais Manion lui-même a toujours maintenu qu'il n'avait pris aucun engagement formel envers le Québec (*The Gazette*, 3 mars 1940) et qu'il ne devait pas son élection à Duplessis (*The Gazette*, 22 juillet 1938).

30. Roger GRAHAM, *Arthur Meighen : No Surrender*, p. 77.

31. *Idem*, p. 82.

32. *Idem*, p. 78 ; ANONYME, « The Front Page : Behind the Convention and the Thickening Plot », *Saturday Night*, 23 juillet 1938, p. 1. Il ne fait aucun doute que Bennett désirait que ces pilotes s'entraînent au Canada. Au beau-frère de lord Beaverbrook qui se rendait en Angleterre, Bennett demanda : « Might it not be possible in some way to have it known that the British Government desires to establish training quarters in Canada ? If you can manage that, public opinion in our country will do the rest. » Bennett à Victor Drury, 18 juin 1938, Fonds Bennett, vol. 984. Notable Persons File. Copie.

33. Pour une discussion complète de ce problème, voir James EAYRS, *In Defence of Canada : Appeasement and Rearmament*, pp. 91-103.

avec la mère patrie[34]. La réaction québécoise fut immédiate et les murmures des délégués indiquèrent clairement qu'ils désapprouvaient ces paroles. Frénétiquement applaudi par les anglophones, le discours fut accueilli silencieusement par le Québec[35]. Georges Héon déclara qu'un individu, à lui seul, ne pouvait imposer ses vues au parti[36] et que, si Meighen prononçait un autre discours semblable, la délégation du Québec retournerait chez elle par le premier train[37]. Maurice Dupré, coprésident du congrès, émit une déclaration énonçant clairement la désapprobation canadienne-française des théories de Meighen[38]. Meighen, pourtant, n'avait pas voulu offenser le Québec[39]. « I took, or at least I thought I took, particular pains to say nothing to which any member of the Conservative Party from Quebec or anywhere else could by any possibility take exception. In this I was disappointed. » Le fossé entre les deux groupes ethniques était de nouveau à découvert, aussi béant qu'en 1917.

Les témoignages de reconnaissance envers le chef sortant ne purent calmer les esprits. Un groupe de conservateurs ontariens, dirigé par George Drew, s'était depuis peu séparé de Bennett[40]; d'autre part, Georges Héon avait décelé l'influence de Bennett derrière le discours de Meighen et condamna en bloc leur philosophie impérialiste[41]. Les délégués présentèrent à Bennett « son portrait à l'huile, grandeur

34. Arthur MEIGHEN, *Unrevised and Unrepented. Debating Speeches and Others*, pp. 306ss.

35. *Globe and Mail*, 6 juillet 1938. Dans GRAHAM, *op. cit.*, p. 81. Le correspondant du *Devoir* dit que l'effet de ce discours sur la délégation québécoise fut plus que « réfrigérant » : il fut « répulsif ». *Le Devoir*, 6 juillet 1938.

36. *The Gazette* et *The Quebec Chronicle-Telegraph*, 6 juillet 1938.

37. *Globe and Mail*, 6 juillet 1938. Dans GRAHAM, *op. cit.*, p. 82.

38. *The Quebec Chronicle-Telegraph*, 6 juillet 1938.

39. Meighen à Bennett, 12 juillet 1938, Fonds Meighen. Dans GRAHAM, *op. cit.*, p. 82.

40. Drew, organisateur du parti conservateur ontarien, démissionna en 1937 et se fit élire comme conservateur indépendant en 1938. Bennett prit fait et cause pour Earl Rowe, le chef provincial. Il s'ensuivit une rupture complète entre Drew et Bennett, Drew traitant Bennett de malade mental, de lâche, de pharisien. George A. Drew à R. B. Bennett, 12 septembre 1938, Fonds Bennett, vol. 983. Notable Persons File.

41. *Le Devoir*, 6 juillet 1938.

naturelle, en uniforme de Windsor». Le récipiendaire en fut ému jusqu'aux larmes. Mais il se ressaisit rapidement et prononça un discours d'une heure et demie[42]. Avec sa diplomatie coutumière, il essaya de faire réfléchir la délégation québécoise aux questions de défense au sein de l'Empire[43].

> My friends you cannot stand alone. Canada cannot stand alone. You will at least sink into the orbit of American economy. Think that over. The issue is clear.

Pour certains, Bennett venait enfin de dire au Québec ce que pensait le reste du Canada[44], mais les conservateurs francophones ne voulaient plus rien entendre. Ils réagirent à l'appel de Bennett en arborant ostensiblement des insignes indiquant leur allégeance à Manion[45] et, le 7 juillet, ils proposèrent une résolution selon laquelle le Canada n'enverrait pas de troupes à l'extérieur de son territoire, advenant une guerre, sans soumettre le cas à un référendum[46]. Le petit-fils du pontife de l'impérialisme qu'était Sam Hughes s'indigna :

> To the shouts of «Good old Sam», young Hughes warned that if the British Empire were to die there were redblooded people in Canada who would still rush to its defense before anyone could lay hands on it, referendum or no referendum[47].

On en arriva à une résolution anodine, ni chair ni poisson, mais quand même plus près des vœux du Québec que de ceux de Meighen et *tutti quanti*. Elle se lit ainsi :

> We believe that the defence of Canada and the preservation of our liberties can best be promoted by consultation and cooperation between all the members of the British Commonwealth of Nations[48].

42. *Idem*, 7 juillet 1938.
43. *Loco. cit.* : *Globe and Mail*, 7 juillet 1938. Dans WILLIAMS, *op. cit.*, p. 108, n. 76.
44. H A. Bruce à R. B. Bennett, 9 juillet 1938, Fonds Bennett, vol. 983. Notable Persons File.
45. *The Gazette*, 7 juillet 1938.
46. HUOT, *op. cit.*, p. 12 ; *The Quebec Chronicle-Telegraph*, 8 juillet 1938.
47. *Globe and Mail*, 8 juillet 1938. Dans HUOT, *op. cit.*, p. 12.
48. *Globe and Mail*, 8 juillet 1938. Dans GRAHAM, *op. cit.*, p. 83.

Extérieurement, l'honneur était sauf. Manion déclara que le Québec serait la dernière province à vouloir rompre les liens avec l'Empire[49], mais on ne pouvait quand même cacher le fait que le parti s'était profondément divisé sur la question. Le choix du chef illustre cette division. Murdoch MacPherson, un ancien procureur général de la Saskatchewan à peu près inconnu hors de sa province, prononça un discours poignant, d'une saveur impérialiste authentique. De nombreux anglophones se rangèrent derrière lui et compromirent suffisamment les chances de Manion pour que les délégués québécois pensent à quitter le congrès avant le scrutin[50]. Mais le courant ne fut pas assez fort pour empêcher l'élection de celui qui avait été présenté comme « the great returned soldier ; that great surgeon ; that great fighting speaker ; that able administrator ; that great personality ; that experienced parliamentarian ; that great commoner ; *that happy warrior*[51] ». Cette élection de Manion, plusieurs la considèrent comme une victoire du Québec[52]. La situation du nouveau chef vis-à-vis de l'élément anglophone de son parti n'était pas d'excellent augure, même si le programme adopté ne contenait aucun article expressément inclus pour gagner la faveur du Canadien français[53].

* * *

On peut affirmer, sans crainte d'erreur, que Manion essaya vraiment d'insuffler une vigueur nouvelle au parti qu'il dirigeait et qu'il mit tout en branle pour le préparer aux élections. Mais son chemin était parsemé d'écueils. Le plus grand de ces écueils, il va sans dire, était le Québec. La

49. *The Gazette*, 7 juillet 1938.

50. *Le Devoir*, 7 juillet 1938.

51. WILLIAMS, *op. cit.*, p. 99, n. 55.

52. *Globe and Mail*, 8 juillet 1938. Dans HUOT, *op. cit.*, p. 15. Onésime Gagnon, ministre dans le gouvernement Duplessis, télégraphia à Manion : « Province of Quebec will rely on your spirit of broadmindedness and fair play. Wish you long and prosperous career. » Archives du Canada, Fonds R. J. Manion, vol. 6.

53. *The Gazette* et *The Quebec Chronicle-Telegraph*, 8 juillet 1938.

situation dans cette province ne manquait pas d'être délicate. Un vieil organisateur de Montréal, Hugh Bell, expliqua à Manion[54] que le parti devait être tolérant à l'endroit de l'élément francophone et ne pas prêter une oreille trop attentive à certains propos extrémistes ; il ajoutait que le parti devait être particulièrement circonspect dans ses rapports avec les candidats du Québec. Qu'est-ce que cette mise en garde signifie vraiment ? À notre avis, elle effleure la question des relations avec l'Union Nationale. Un fait existe : Duplessis et sa loi du cadenas étaient mal vus au Canada anglais[55] et, d'autre part, l'Union Nationale était trop nationaliste aux yeux des conservateurs fédéraux. Mais le parti conservateur était inexistant au Québec et ses sympathisants présents ou éventuels faisaient partie de l'Union Nationale, même si certains manifestaient un enthousiasme débordant envers Manion[56].

Créer un parti conservateur provincial étant hors de question[57], il fallait établir, dès 1938, une entente avec Duplessis. Dans le plus grand des secrets, Manion rencontra Duplessis, au château Frontenac de Québec, en décembre 1938[58]. Par voie de conséquence peut-être, au printemps et à l'été de 1939, les rapports entre l'Union Nationale et les conservateurs devinrent plus étroits et diverses sources d'information firent savoir à Manion que le parti de Duplessis allait l'appuyer fermement[59]. Le secrétaire de William Tremblay, ministre provincial du Travail, fit part d'une proposition étonnante à John M. Robb, organisateur national du parti

---

54. Hugh Bell à R. J. Manion, 24 août 1938, Archives du parti conservateur du Canada.
55. G. V. FERGUSON, « The English-Canadian Outlook », Mason WADE, édit., *Canadian Dualism / la Dualité canadienne*, pp. 9-10 ; 12-14.
56. G. FORD, « Suggestions au sujet de l'organisation conservatrice », 11 août 1938, Archives du parti conservateur du Canada.
57. Georges Héon à R. J. Manion, 13 septembre 1938, Fonds Manion, vol. 15. Dans HUOT, *op. cit.*, pp. 18-19.
58. Renseignement fourni par l'honorable R. A. Bell, 7 janvier 1966.
59. C. G. Dunn à Manion, 25 avril 1939, Fonds Manion, vol. 5 ; Frédéric Dorion à J. M. Robb, 5 août 1939, Fonds Manion, vol. 15. Dans HUOT, *op. cit.*, p. 21.

conservateur : les députés de l'Union Nationale appuieraient à fond de train les candidats conservateurs québécois mais, en retour, un gouvernement fédéral dirigé par Manion entreprendrait un programme de travaux publics qui réglerait le problème du chômage au Québec[60]. Victor M. Drury, renseigné par les rumeurs qui circulaient dans les milieux financiers, transmit à Bennett ce qu'il entendait dire en juin 1939[61]. Des élections fédérales auront lieu à l'automne mais, auparavant, Duplessis déclenchera un scrutin provincial d'où il sortira vainqueur. Il mettra alors tout en œuvre pour faire élire Manion et, si ce dernier triomphe, Duplessis ira à Ottawa remplir auprès du nouveau premier ministre le rôle qu'Ernest Lapointe jouait auprès de Mackenzie King. En somme, malgré ses difficultés pécuniaires[62], le parti de Manion pourrait compter sur l'aide, plus que platonique. du gouvernement de l'Union Nationale. Voilà qui réglait, jusqu'à un certain point du moins, le problème des conservateurs au Québec.

Mais, pour en arriver à pareille entente, Manion avait dû courtiser «la belle province» et lui présenter de sérieuses garanties. Il garda le plus longtemps possible le silence sur la question des relations impériales mais, le 27 mars 1939, il se déclara sans ambages contre la conscription pour le service militaire en dehors du territoire canadien[63]. En août de la même année, il dut réitérer sa prise de position devant la turbulence et les appréhensions de ses alliés québécois, parmi lesquels l'on retrouve les ministres de l'Union Nationale qui étaient hostiles à toute forme de conscription[64]. Le ton de Manion montre qu'il commence d'être excédé par

60. T. H. Onslow à J. M. Robb, 4 août 1939, Fonds Manion, vol. 15. Dans HUOT, *op. cit.*, pp. 19-20 et GRANATSTEIN, *op. cit.*, p. 26.

61. Victor M. Drury à Bennett, 22 juin 1939, Fonds Bennett, vol. 984. Notable Persons File.

62. John M. Robb à P. Séguin, 27 octobre 1938, Archives du parti conservateur du Canada.

63. GRANATSTEIN, *op. cit.*, p. 24.

64. Georges Héon à Manion, 21 août 1939, Fonds Manion, vol. 6.

cette sempiternelle rengaine [65]. « I do not see any reason why I must, every time I open my mouth, talk of this damned issue... ; and, quite frankly, I don't see why so many of you chaps down there find it necessary to talk all the time on questions of this kind... »

On comprend l'exaspération du leader conservateur, car sa tendance à épouser les vues du Québec était mal accueillie par l'élément foncièrement tory de son parti [66]. Le paradoxe était alarmant. En élargissant les bases de son parti et en essayant de gagner le Québec à sa cause, Manion perdait le point d'appui traditionnellement important de la section tory prête à participer, au moindre signe, à toute guerre où serait impliquée la Grande-Bretagne. De plus, cette section tory s'apparentait intimement aux milieux financiers qui, eux, craignaient les idées économiques et sociales de Manion. Leur porte-parole dans la presse donna cet avertissement, en août 1938 [67].

> If the new leader has any inclination to move to the left he can, of course, indulge it, but he cannot take the Conservative party with him. In his own interest he should be warned against a false step which may lead him away from the great political element in this country upon whose support he must rely, a step which may conceivably compel that element to seek a new allegiance.

Au printemps suivant, les milieux financiers boudaient Manion aussi bien que King [68] et l'un de leurs représentants autorisés, sir Edward W. Beatty, président du Canadien Pacifique, résumait leur opinion. Manion, en intelligence et en sagesse politique, ne pouvait se comparer à Borden, à Meighen ou à Bennett [69], lui dont la stratégie consistait « in

65. Manion à Héon, 1er août 1939, Fonds Manion, vol. 6. Dans GRANATSTEIN, *op. cit.*, pp. 24-25.
66. H. A. Bruce à lord Beaverbrook, 27 février 1939. *Ibid.*, p. 24.
67. *The Gazette*, 12 août 1938. *Ibid.*, p. 18.
68. Bennett à C. A. Bowman (« Personal and Confidential »), 18 mai 1939, Fonds Bennett, vol. 983. Notable Persons File. Copie.
69. Beatty à Bennett (« Personal »), 1er octobre 1938, Fonds Bennett, vol. 981. Notable Persons File.

relying upon tub-thumping and abuse of everyone, whose opinions are not identical with his own[70] ».

La personne et la politique du nouveau chef mécontentaient donc une aile puissante de son parti, choquée par l'expression de vues hérétiques sur les relations du Canada avec la Grande-Bretagne et par l'énoncé d'une politique de justice sociale jugée trop radicale. La caisse électorale ne pouvait bénéficier, alors, des largesses financières de gens qui s'estimaient lésés dans leurs intérêts patriotiques et économiques[71]. Ceci ne pouvait déprimer l'optimiste-né qu'était Manion. Au mois d'août 1939, il estimait que ses chances de succès, dans une élection, seraient aussi bonnes que l'étaient celles de Bennett en 1930. Selon lui, son parti remporterait 133 sièges : 13 dans les provinces de l'Atlantique, 100 dans celles du centre du pays et 20 dans l'Ouest[72]. C'est dans cette conjoncture qu'éclata le conflit en Europe.

* * *

Combattu à l'intérieur de son parti à cause de son radicalisme, mollement soutenu par la presse même traditionnellement conservatrice, suspect aux orangistes à cause de sa religion et suspect au Québec à cause de sa trahison de Laurier en 1917, sans lieutenants prestigieux ni au Québec ni ailleurs, Manion devait formuler un programme capable d'arracher littéralement les votes d'un peuple déjà réticent à l'idée d'un changement de gouvernement en temps de guerre[73]. Il avait voulu réorganiser la politique intérieure de son parti et se constituer un point d'appui, solide si possible, au Québec. Le déclenchement des hostilités en Europe fit s'écrouler cet édifice somme toute fragile. L'Union Nationale

70. Le même au même (« Personal »), 20 juin 1939, Fonds Bennett, vol. 981. Notable Persons File.
71. HUOT, *op. cit.*, pp. 33-36 ; GRANATSTEIN, *op. cit.*, p. 21.
72. Beatty à Bennett (« Personal »), 21 août 1939, Fonds Bennett, vol. 981. Notable Persons File.
73. WILLIAMS, *op. cit.*, pp. 164-168.

fut défaite par les ministres fédéraux à l'automne de 1939, sans que Manion intervînt de quelque façon.

L'attitude de Duplessis avait divisé en deux groupes les déjà peu nombreux conservateurs québécois : ceux qui appuyaient sa position et ceux qui la combattaient[74]. Certains pensèrent que ce revers provoquerait la disparition de l'Union Nationale et la résurrection, au Québec, du vieux parti conservateur[75], tandis que d'autres poussèrent l'aberration jusqu'à parler d'une alliance entre Manion et l'Action Libérale Nationale de Paul Gouin[76]. Frédéric Dorion, avocat de Québec, réussit à trouver des motifs de consolation dans cette déroute. Selon lui, tous ceux qui, jusqu'alors, n'avaient pas voulu appuyer ouvertement le parti conservateur étaient maintenant désireux de joindre ses rangs et de participer activement aux prochaines élections fédérales[77].

Quoi qu'il en fût, le programme politique de Manion devait s'orienter autrement. La tragédie fut qu'on dut l'improviser. En septembre 1939, Mackenzie King avait donné l'assurance qu'il y aurait, en 1940, une session du Parlement où l'on pourrait examiner la politique suivie par le gouvernement depuis le début de la guerre[78]. Fort de cette promesse, Manion interrompit tout travail d'organisation politique et fit même fermer le quartier général de son parti[79]. Le 15 janvier 1940, King prévient le gouverneur général que la session durerait jusqu'en mai ou juin[80]. Or la session se borna à l'annonce d'élections pour le 26 mars 1940. King justifia son action par l'attitude belliqueuse du gouvernement

74. J. G. Ross à R. J. Manion, 27 octobre 1939, Fonds Manion, vol. 11. Dans GRANATSTEIN, *op. cit.*, p. 35.
75. H.-P. Duchemin à Manion, 4 octobre 1939, et J.-N. Cartier à Manion, 6 novembre 1939, Fonds Manion, vol. 15. Dans HUOT, *op. cit.*, p. 44.
76. C. G. Dunn à Manion, 7 novembre 1939, Fonds Manion, vol. 15. Cité par HUOT, *eodem loco.*
77. Frédéric Dorion à Manion, 7 novembre 1939, Fonds Manion, vol. 15.
78. J. W. PICKERSGILL, édit. *The Mackenzie King Record*, vol. 1 : *1939–1944*, p. 60 ; GRANATSTEIN, *op. cit.*, p. 30.
79. GRANATSTEIN, *op. cit.*, pp. 30-31 ; 35.
80. PICKERSGILL, *op. cit.*, p. 61.

ontarien qui condamnait la mollesse de l'effort de guerre canadien[81]. «Hepburn's action, notait-il avec une douteuse complaisance dans son journal, has given to me and my colleagues and to the party here just what is needed to place beyond question the wisdom of an immediate election and the assurance of a victory for the Government.» Manion — comme tout le monde, même les députés libéraux — fut pris par surprise et c'est au milieu de leur indignation collective que les conservateurs élaborèrent un semblant de programme. Comme l'a dit John Granatstein[82] : «King had broken his pledged word, and in so doing he had caught the Conservative party without organization, without funds, and the political ammunition sure to have been unearthed by a full session of parliament.»

L'article fondamental de ce programme était la constitution d'un gouvernement national auquel participeraient les meilleurs éléments de tous les partis, unis pour administrer le pays durant la guerre[83]. En somme, la répétition de 1917 et la suppression de toute politique partisane[84]. L'idée originait des milieux conservateurs de Toronto et l'un de ses artisans était Meighen[85]. Évidemment, ce gouvernement engagerait une coopération aussi étroite que possible avec la Grande-Bretagne et les autres pays du Commonwealth pour gagner la guerre[86]. La conscription suivrait sans doute d'assez près sa formation. L'encouragement à l'industrie touristique, à la

81. *Idem*, p. 62.
82. GRANATSTEIN, *op. cit.*, p. 41.
83. *The Gazette*, 29 février 1940. Il semble bien que Manion avait décidé, dès avant l'annonce d'élections, de préconiser la formation d'un gouvernement national. Voir GRANATSTEIN, *op. cit.*, pp. 43-44.
84. Pour donner plus de plausibilité à cette idée, on suggéra à Manion de dire que ce gouvernement non partisan, une fois élu, choisirait lui-même son chef. Il va sans dire que Manion récusa cette suggestion qu'à distance l'on peut juger très farfelue. Discussion de cet épisode dans GRAHAM, *Arthur Meighen*, t. III, pp. 93-94, et dans GRANATSTEIN, *op. cit.*, pp. 45-46.
85. HUOT, *op. cit.*, p. 51.
86. *The Quebec Chronicle-Telegraph*, 26 février 1940 ; *idem*, 25 mars 1940 ; R. J. MANION, «The Issue as I See It», *Maclean's Magazine*, 15 mars 1940, pp. 12 ; 53.

recherche agricole et à l'importation de nouveaux capitaux au Canada semblait matière assez anodine comparée à l'idée même de ce gouvernement supra-partisan. Les conservateurs, d'ailleurs, ne prisèrent pas cette tactique de s'éloigner du thème de la guerre. L'un des publicistes de Manion [87] remarqua que

> the general criticism of Dr. Manion's campaign is that he has been too diffused, instead of centering upon the war as his issue, plus the magnificent issue that Mr. King gave him when he ran away from parliament. Can you imagine a party leader talking about tariffs, about a ministry for youth, about port administration and about the Bennett government's wheat policy, when he has these other issues placed in his lap?

King méprisa cette tactique électorale. Pour lui, un gouvernement national n'était que le premier pas vers la dictature [88] et il centra sa campagne sur deux thèmes : gagner la guerre et maintenir l'unité canadienne [89]. Manion dut clamer qu'il avait vraiment l'appui de tout son parti dans ce mouvement national [90], pendant qu'il se débattait au milieu de difficultés financières pénibles [91]. En plus, les libéraux et les socialistes susceptibles de se rallier à un tel gouvernement d'union indiquèrent sans équivoque qu'ils ne feraient jamais partie de semblable formation [92], et Manion lui-même reconnut que la quasi-totalité de ses forces venait des conservateurs [93], même si ce nom n'était pas mentionné durant la campagne. Mais les gens ne voulurent nullement de cette proposition équivoque, comme le démontrèrent les résultats, particulièrement désastreux pour Manion qui ne fit élire que 40

87. Norman M. Macleod à R. B. Bennett, 9 mars 1940, Fonds Bennett, vol. 987. Notable Persons File.
88. PICKERSGILL, *op. cit.*, p. 65.
89. *Idem*, p. 66.
90. *The Gazette*, 11 mars 1940.
91. GRANATSTEIN, *op. cit.*, p. 50.
92. GRAHAM, *op. cit.*, pp. 93-94; *Halifax Herald*, 2 mars 1940. Cité par J. M. BECK, *Pendulum of Power*, p. 227.
93. HUOT, *op. cit.*, p. 52.

députés. Au Québec, un seul député d'allégeance conservatrice remportait la victoire : c'était J.-Sasseville Roy, conservateur indépendant élu dans Gaspé. Les résultats, au Québec, méritent de retenir notre attention.

La peur de la conscription joua un rôle primordial[94], mais il faut se rappeler que les problèmes d'organisation furent épineux. Il semble bien que l'argent dont pouvaient disposer les conservateurs québécois était loin d'être inépuisable et que la caisse électorale était plus démunie que d'habitude[95]. Un organe conservateur de la ville de Québec y vit la preuve que les intérêts de la rue Saint-Jacques préféraient voir le plus malléable King au pouvoir[96]. De toute façon, l'argent manquait tellement que l'on pensa un temps faire la lutte seulement dans les comtés déjà représentés par des conservateurs[97]. À la disette de fonds se superposaient les dissensions internes du parti. Un essai d'unir les forces conservatrices et celles de l'Union Nationale sous la direction d'Ivan Sabourin avait échoué[98], mais en blessant sans doute certaines susceptibilités. La position de Georges Héon comme organisateur en chef du district de Montréal avait été fortement ébranlée. Il était néanmoins demeuré à son poste flanqué de James Crankshaw et de Jacques Panneton, ce dernier, à toutes fins utiles, supplantant graduellement Héon[99]. Tout ceci fit fortement douter de la loyauté des conservateurs montréalais et le *Chronicle-Telegraph* leur reprocha leur tiédeur, leur attachement aux White et Cahan, allant jusqu'à dire d'eux que « they have betrayed Borden,

94. Manion à J. S. Stewart, 10 mai 1940, et Manion à Mitchell Hepburn, 27 mars 1940. Fonds Manion, vol. 14. *Ibidem*.

95. *The Gazette*, 14 mars 1940.

96. *The Quebec Chronicle-Telegraph*, 20 mars 1940.

97. *The Gazette*, 28 mars 1940.

98. *Ibid.*

99. *The Gazette*, 13 février, 4 mars, 8 mars 1940. Cependant, Manion mande à son organisateur Robb de consulter Héon, Monette et Coonan (pas seulement Rainville et Cartier), avant de nommer un collecteur de cotisations électorales à Montréal. Manion à Robb, 8 février 1940, Fonds Manion, vol. 14.

Meighen and Bennett as they are willing to betray Manion[100] ».

Les conservateurs de la ville de Québec pouvaient se permettre de railler la désunion montréalaise car, eux, semblaient en meilleure position[101]. Ils s'étaient donné 25 directeurs de district, le 9 février ; ils avaient à l'unanimité endossé un vote de confiance à l'endroit de Manion, et des chefs locaux aguerris — comme Frédéric Dorion[102], le sénateur Paquet et Achille Jolicœur — entretenaient le zèle de leurs troupes[103]. N'empêche que leur position — même si de prime abord elle semble plus reluisante que celle des Montréalais — demeure d'une solidité précaire dans ce conflit électoral et ne peut, tout au plus, que créer des illusions. Surtout lorsque l'on songe que Camillien Houde va presque donner son appui aux libéraux[104], et que Maurice Duplessis déclare, à l'Assemblée législative, que « c'est le devoir d'un premier ministre... de ne pas être au crochet d'un parti fédéral quel qu'il soit[105] ».

Cependant, il ne faut pas sauter aux conclusions et dire que l'Union Nationale, en partie du moins, n'appuiera pas les conservateurs. À vrai dire, sa position est équivoque. En 1939, Duplessis ne voulait pas d'un grand effort de guerre, alors qu'en 1940 Manion en préconise un plus grand encore que celui déployé par les libéraux. Un informateur de Manion lui écrit que le chef de l'Union Nationale va néanmoins tout mettre en œuvre pour l'assister[106]. Malgré tout, Onésime Gagnon — comme Patenaude — a refusé de se présenter sous

---

100. *The Quebec Chronicle-Telegraph*, 8 mars 1940.

101. Onésime Gagnon à Manion, 16 février 1940, Fonds Manion, vol. 14.

102. Frédéric Dorion était organisateur du district de Québec, mais il n'était pas populaire auprès des influents conservateurs anglophones de la ville qui lui auraient préféré Thomas Maher. Maurice Dupré à Manion, mai 1939, Fonds Manion, vol. 5.

103. *The Quebec Chronicle-Telegraph*, 10 février 1940.

104. *The Gazette*, 25 mars 1940.

105. *L'Événement-Journal*, 28 février 1940.

106. C. G. Dunn à Manion, 4 mars 1940, Fonds Manion, vol. 14.

l'étendard conservateur en alléguant que le parti devait explicitement se déclarer contre toute conscription future[107]. N'empêche qu'il admet que chacun, au sein de l'Union Nationale, peut librement exprimer ses opinions en matière de politique fédérale[108]. Lui-même prêche par l'exemple, soutient publiquement son associé professionnel, Maurice Dupré[109], et se multiplie en faveur du conservateur Bona Arsenault[110]. Antoine Rivard, Hormidas Langlais, P. Bertrand, Ed. Champoux[111] et autres y vont de leur appui. Camille-Eugène Pouliot, député unioniste de Gaspé-Sud, apporte une aide efficace à J.-Sasseville Roy, qui se présente contre deux libéraux[112]. Mais ils ont une bataille désespérée à livrer : Ernest Lapointe rappelle que ces gens de l'Union Nationale, maintenant aux côtés de Manion, sont ces mêmes politiciens qui entravaient l'unité canadienne à l'automne de 1939 et que l'électorat du Québec a répudiés[113]. De là à ramener la question de la conscription, il n'y a qu'un pas, et un pas que l'on franchit aisément dans l'ardeur de la lutte.

L'on fait bien comprendre à l'électorat que Manion est un partisan de la conscription[114]. N'a-t-il pas déserté Laurier en 1917 ? Ne s'est-il pas prononcé en faveur de cette exécrable mesure, dans son autobiographie ? Manion, dans la province de Québec, doit constamment demeurer sur la défensive. Il établit clairement que le devoir primordial, à l'heure présente, est de conserver l'unité du pays. « C'est inutile, dit-il, de prendre des mesures qui déchireraient le Canada en morceaux, car nous avons besoin plus que jamais de l'union

107. Gagnon à Manion, 16 février 1940. Fonds Manion, vol. 13.
108. *L'Événement-Journal*, 18 mars 1940.
109. *Ibid.*
110. *Idem*, 20 mars 1940.
111. *Idem*, 23 mars 1940.
112. *Idem*, 1er avril 1940.
113. *Idem*, 14 mars 1940.
114. Discours de Vincent Dupuis, député de Chambly-Rouville, rapporté dans *The Gazette*, 4 mars 1940. Voir aussi *l'Événement-Journal*, 17 février 1940, et *The Gazette*, 16 mars 1940.

dans notre pays[115]. » Or, pour Manion, la conscription n'aurait pour résultat que de scinder la nation et, de plus, l'expérience de 1918 a démontré que le service militaire obligatoire donnait peu de résultats concrets. Il se prononce donc résolument contre la conscription[116] et il dénie les charges portées contre lui[117].

Même si la quasi-totalité de leurs candidats étaient contre la conscription[118], l'électorat ne crut pas les conservateurs dont la tradition était trop bien établie dans la province. Les conservateurs du Québec durent faire contre mauvaise fortune bon cœur ou dire que les raisins étaient trop verts, et ils se consolèrent à la pensée que les libéraux devraient diriger le pays en temps de guerre et en supporter, ensuite, les conséquences, comme ils le faisaient, eux, depuis 1917[119]. Règle générale, Manion encaissa le blâme de la défaite. Les partisans d'un effort total de guerre l'avaient toujours combattu. Leur état d'esprit est bien illustré par cette réflexion de Howard Ferguson, l'ancien premier ministre d'Ontario[120].

> We must recognize that the head of the table is where John Bull sits, no matter what we have written into the Statute of Westminster, or a lot of other conference resolutions. We have today far too many elements here that are not enthusiastic over our British connection. The two bad spots are, of course, a goodly section of the Province of Quebec, and the portions of the West that we allowed to be colonized by undesirables...

Les conservateurs modérés blâmèrent son manque de réalisme et son trop grand optimisme. Avec un sourire de satisfaction, on peut le deviner, Mackenzie King consigna ses

115. *L'Événement-Journal*, 27 février 1940.
116. *The Gazette*, 5 mars 1940 ; *l'Événement-Journal*, 5 mars 1940 ; *The Gazette*, 9 février 1940 ; R. J. MANION, « The Issue as I See It », *Maclean's Magazine*, 15 mars 1940, p. 53 ; Manion à Frédéric Dorion, 6 février 1940. Fonds Manion, vol. 14.
117. *The Gazette*, 12 mars 1940.
118. *Le Devoir*, 23 novembre 1944.
119. Frédéric Dorion à Manion, 6 mai 1940, Fonds Manion, vol. 14.
120. G. H. Ferguson à R. B. Bennett, 22 août 1940, Fonds Bennett, vol. 984. Notable Persons File.

réflexions dans son journal[121]. «Manion's generalship has been as bad as it can be. He has left the ground of his own party to go on to strange and unknown territory...» L'aventure de Manion avait au moins le mérite de donner à King un mandat sans équivoque et de montrer aux conservateurs que courtiser le Québec était une entreprise risquée.

121. PICKERSGILL, *op. cit.*, p. 68.

CHAPITRE CINQUIÈME

LE PARTI CONSERVATEUR, LE QUÉBEC ET LA GUERRE, 1940-1945

CETTE débâcle électorale détériora encore plus — si cela était possible — la position de Robert Manion, chef de parti, mais sans siège à la Chambre des Communes. Il ne semblait pas trop s'en rendre compte même si son leadership avait été sérieusement mis en cause durant la campagne et même s'il ne pouvait plus ignorer le manque de confiance à son endroit d'une bonne proportion de traditionnels partisans, au milieu de cette « Byzantine atmosphere of intrigue which characterized Conservative politics at this time [1] ». Après l'élection, Manion temporisa, semblant s'illusionner sur le degré de popularité qu'il conservait au sein du parti, alors que les conservateurs le rendaient responsable de la déroute [2]. Finalement, le 13 mai 1940, il remit son sort entre les mains du caucus des députés conservateurs. Il leur présenta sa démission en leur demandant de ne pas prendre de décision ce jour-là, et formula la proposition suivante : ... « if you decide that *in the best interests of the Party*, you

1. Jonn L. GRANATSTEIN, *The Politics of Survival : The Conservative Party of Canada, 1939-1945*, p. 46.
2. John HUOT, *R. J. Manion and the Conservative Party, 1938-1940*. Manuscrit dactylographié, p. 54.

cannot accept my resignation, my duty will be to return to the House of Commons as soon as possible to render the highest possible public service of which I am capable[3]». Le jour même, par 26 voix contre 5, le caucus conservateur se départit des services de Robert James Manion, chef plus malchanceux que malhabile, qui recevait ainsi un congé présenté de bien humiliante façon.

Les conservateurs fédéraux n'avaient donc plus de chef et, dans l'immédiat, ils devaient se choisir un leader parlementaire. Le poste échut à Richard B. Hanson, ancien ministre dans le cabinet Bennett, homme sans grand panache, mais sans grave handicap et, à tout prendre, le plus apte de ces 40 députés à remplir cette fonction. D'ailleurs, Hanson accepta de façon temporaire seulement ce mandat[4], conscient de son incapacité de diriger en permanence les destinées de son parti. «I do not believe, dit-il, that I have the mental and intellectual equipment to carry this party through as permanent leader[5].» Personne ne serait enclin à récuser cette appréciation d'humilité en apprenant qu'il ne voulait même pas lire les traductions anglaises d'articles publiés dans les journaux de langue française ; si ces éditoriaux avaient eu quelque importance, disait-il, ils auraient d'abord été écrits en anglais[6] ! Partisan de la conscription sans fanatisme, peu porté à exagérer sa propre importance[7], Hanson ne manifesta aucune animosité systématique envers le Québec, mais ne sembla pas en avoir perçu la position particulière. À sa décharge, on peut dire que cette province était alors singulièrement susceptible et difficile à approcher pour des Anglo-

3. Discours de Manion au caucus, 13 mai 1940. Dans GRANATSTEIN, *op. cit.*, p. 56.

4. Avant d'accepter, Hanson avait demandé à Arthur Meighen, ancien premier ministre et maintenant sénateur, s'il prendrait la direction du parti et Meighen avait refusé. Roger GRAHAM, *Arthur Meighen : No Surrender*, p. 94.

5. «Minutes of the Proceedings at the Meeting of Conservative Representatives, in the Railway Committee Room of the House of Commons on the 7th of November, 1941», p. 10. *Ibid.*

6. J. R. WILLIAMS, *The Conservative Party of Canada : 1920-1949*, pp. 64-65, n. 87.

7. «... he never over-estimates himself, and is true as steel». Meighen à F. R. McMillan, 2 août 1940. Dans GRANATSTEIN, *op. cit.*, p. 63.

Saxons, surtout quand ces Anglo-Saxons étaient des conservateurs au lourd passé conscriptionniste.

En 1940 et 1941, leur politique ne pouvait, d'ailleurs, plaire ni au Québec ni aux conservateurs francophones de cette province. Après la chute de la France, en juin 1940, Hanson demanda que l'on déclare l'état d'urgence au Canada, que l'on mette toutes ressources humaines et matérielles à la disposition de l'État et que l'on forme un gouvernement national, sans distinction d'allégeance politique[8]. Au fond, les conservateurs voulaient acculer King à la conscription[9], tandis que leur seul député francophone, J.-Sasseville Roy, s'opposait fortement à cette politique[10]. Mais les libéraux, plus malins, naviguèrent avec un art consommé. Ils décrétèrent le service militaire obligatoire, mais pour la défense du Canada seulement. Ainsi, ils conservèrent leurs positions au Québec alors que, dans cette province, les conservateurs allaient encore péricliter, si cela se pouvait[11].

Il appert, en septembre 1941, que 95 pour cent des conservateurs québécois se sépareront du parti « national » et qu'ils détermineront leur propre programme d'action politique. Selon eux, libéraux comme conservateurs sont maintenant incapables de « satisfaire l'intérêt du Canada », tandis que Hanson « fait cause commune avec plusieurs chefs libéraux pour ne tenir aucun compte des revendications légitimes de la minorité canadienne-française[12] ». Quelques semaines plus tard, Sasseville Roy, unique député conservateur du Québec, quitte son parti, dégoûté de la politique impérialiste

8. *Idem*, p. 60.

9. « From the very beginning, we have endeavoured to manœuvre the position so that the Liberals will have to adopt conscription. » Hanson à H. C. Farthing, 27 mai 1941. *Idem*, p. 74.

10. Robert RUMILLY, *Histoire de la province de Québec*, t. XXXVIII, p. 146.

11. En 1941, il n'y a même pas de président du parti au Québec. Voir *The Conservative Party of Canada*. Quartier général du parti conservateur. Brochure n° 2, Ottawa, 1941.

12. *Le Devoir*, 8 septembre 1941.

du groupe tory [13]. Sa déclaration de départ, telle que rapportée dans *le Devoir*, est révélatrice [14] :

> Tout Canadien français qui a été mêlé au parti conservateur, tel qu'il existe aujourd'hui, doit admettre qu'il ne fait pas partie de cette famille politique. Il y est, au mieux, un étranger toléré, adopté par nécessité, que l'on considère avec un certain degré de curiosité... Ses vues du Canada ne correspondent pas à leurs vues ; son ambition d'obtenir une plus grande influence pour les Canadiens français dans la vie publique, n'est pas leur ambition. Ils ont fermement l'opinion que nous, Canadiens français, sommes une cause de soucis (ou d'inconvénients) dans leurs efforts pour faire du Canada une Angleterre américaine... J'ai décidé de les abandonner... Au cours des derniers mois, j'ai consulté des gens du Québec qui m'ont tous exprimé l'opinion qu'il était inutile pour la province de Québec de tenter de nouveaux efforts afin de travailler la main dans la main avec le parti conservateur.

La situation se compliqua encore plus quand Hanson exprima clairement l'intention d'abandonner, après la session de 1942, le poste qu'il n'avait pas convoité et qu'il ne pouvait plus continuer d'occuper, ayant ajouté la débilité physique à ses lacunes linguistiques. On décida que l'exécutif national du parti se réunirait à Ottawa, les 7 et 8 novembre 1941, pour déterminer où et quand se tiendrait le congrès qui donnerait aux conservateurs un chef permanent [15]. Cet exécutif national comptait théoriquement 360 personnes, dont 79 venaient du Québec ; effectivement, la réunion d'Ottawa groupa 149 conservateurs parmi lesquels figuraient 29 Québécois [16]. On ignore comment se répartissaient, ethniquement, ces 29 Québécois ; on sait cependant qu'ils étaient divisés en fonction de leur acceptation ou de leur rejet des idées du démissionnaire Sasseville Roy [17]. Les noms que l'on peut

13. *Idem*, 4 novembre 1941.

14. *Idem*, 5 novembre 1941.

15. ... « it was clearly and *deliberately* specified that the *only* purpose was to determine the « *time and place* » to hold a national convention ». R. A. Bell à John A. Lederle, 6 janvier 1942. Dans GRANATSTEIN, *op. cit.*, p. 83.

16. GRANATSTEIN, *op. cit.*, app. 1, donne la composition complète de cet exécutif national.

17. *Le Devoir*, 7 novembre 1941.

retrouver sont ceux de John T. Hackett, ancien député de Stanstead, de C. G. Dunn, propriétaire du *Chronicle-Telegraph* de Québec, du sénateur Joseph Rainville et de Gustave Monette, du criminaliste et ancien ministre Lucien Gendron, de Georges Héon, défait en 1940, de Bona Arsenault, journaliste à *l'Événement-Journal*, et de J. H. Bender, homme d'affaires[18]. L'exécutif national délégua ses « pouvoirs » à un comité (formé à même les 149 délégués) de 54 où siégeaient 7 Québécois. Ce comité, outrepassant manifestement sa juridiction et celle de l'exécutif, choisit Arthur Meighen comme chef permanent du parti conservateur[19]. L'ancien premier ministre, voué aux gémonies au Québec à cause de sa politique durant le premier conflit mondial, fut littéralement forcé d'accepter un poste dont il ne voulait pas. Avec hésitation et appréhension, il se laissa convaincre. Il acquiesça par sens du devoir[20], mais ce devoir il le concevait à sa propre façon : l'effort de guerre canadien n'étant pas assez considérable, il faudrait répéter l'expérience de 1917-1918, en imposant la conscription et en formant, pour ce faire, un gouvernement d'union. Les délégués s'étaient opposés à ce choix, car ils savaient jusqu'à quel point l'ancien premier ministre était impopulaire au Québec[21] ; il semble, néanmoins, que certains conservateurs québécois de la vieille école pouvaient accepter n'importe quel chef, pourvu qu'il fût « bleu[22] ».

Impopulaire au Québec, Meighen le fut également dans York-Sud où il brigua les suffrages après avoir abandonné son siège au Sénat. Cette circonscription de Toronto avait toujours élu un conservateur et, par courtoisie envers un chef de parti, les libéraux ne présentèrent pas de candidat.

18. RUMILLY, *Histoire de la province de Québec*, t. XXXIX, p. 146.
19. GRANATSTEIN, *op. cit.*, pp. 90-91.
20. Ce choix et surtout les hésitations de Meighen sont bien racontés par GRAHAM, *op. cit.*, pp. 95-106.
21. *L'Événement-Journal*, 10 novembre 1941.
22. *Le Devoir*, 7 novembre 1941.

Meighen négligea son adversaire C.C.F., J. W. Noseworthy, et mena campagne tambour battant en faveur de la conscription et d'un gouvernement d'Union. La haute finance torontoise, le premier ministre libéral ontarien, Mitchell Hepburn, et le chef d'opposition conservateur, George Drew, l'appuyèrent avec vigueur. C'est à ce moment que Mackenzie King, astucieux, annonça que la population canadienne aurait à se prononcer, par plébiscite, pour le dégager, ou non, de la promesse qu'il lui avait faite en 1939 de ne pas imposer la conscription pour service outre-mer. Le chef conservateur ne semble pas avoir vu les implications immédiates de ce revirement qui obligeait les conscriptionnistes à voter affirmativement au plébiscite. Il fut défait décisivement par son adversaire socialiste [23]. La situation s'avérait catastrophique. « The delegates at the Ottawa conference had had the choice of Meighen or chaos put before them ; they chose one, but after York South they had both [24]. » Quant à Meighen, force lui fut de diriger son parti de l'extérieur, ce qui répugnait au parlementaire sans rival ni égal qu'il était, et qui l'incita à se trouver, dès que possible, un successeur. En attendant, Hanson continuera de diriger l'opposition à la Chambre des Communes, mais c'est Meighen, le chef, qui dictera la politique du parti. L'orientation qu'il donnera à son parti, en 1942, sera nettement impérialiste, comme on peut le deviner.

Au cours de cet interrègne de Meighen, le peuple canadien se prononça par plébiscite, le 27 avril 1942, sur la promesse faite par King en 1939. L'ensemble du pays dégagea le premier ministre de cette promesse faite au Québec, mais le Québec s'y opposa en donnant une réponse négative au

23. Cette importante élection est analysée par GRAHAM, *op. cit.*, pp. 107-131, et par GRANATSTEIN : *The Politics of Survival...*, pp. 96-112, et « The York South By-Election of February 9, 1942 : A Turning Point in Canadian Politics », in *Canadian Historical Review*, June 1967, pp. 142-159. L'analyse de Granatstein se révèle plus perceptive et plus complète que celle de Graham qui donne cependant un excellent aperçu des tactiques et de la propagande C.C.F.

24. GRANATSTEIN, *The Politics of Survival...*, p. 112.

plébiscite[25]. Il est intéressant de noter qu'un très grand nombre des candidats conservateurs aux élections de 1940, et que la plupart des députés de l'Union Nationale, proclamèrent qu'ils votaient «non» au plébiscite[26]. Liguori Lacombe, député en rupture de ban avec le parti libéral, et Sasseville Roy, maintenant indépendant, étaient farouchement anti-conscriptionnistes et firent campagne pour que King respectât ses promesses[27]. Mais la députation libérale canadienne-française ne s'effrita pas considérablement sur cette question. Quelques députés ne suivirent pas King dans la voie nouvelle où il s'engageait avec prudence, mais la plupart ne voulurent pas voir en cet épisode du plébiscite le prélude de la conscription. La situation se compliqua, cependant, en mai 1942, quand P.-J.-A. Cardin — doyen des ministres francophones depuis le décès d'Ernest Lapointe, en novembre 1941 — quitta le Cabinet King. Il ne pouvait être solidaire de ce gouvernement qui, après s'être fait libérer de sa promesse de 1939, modifiait maintenant la loi de mobilisation de 1940 qui restreignait le service militaire obligatoire à la défense du Canada ; il lui était impossible d'accepter cette porte ouverte à la conscription pour service outre-mer qu'un décret ministériel pouvait appliquer, si cela devenait nécessaire[28]. Fait assez paradoxal dans les circonstances, le départ de Cardin ne mina pas vraiment la position de King au Québec. Car, de leur côté, les conservateurs voulaient que l'on appliquât immédiatement la conscription et c'est ce que dut soutenir, un peu malgré lui, Hanson à la Chambre des Communes[29]. N'empêche qu'ils avaient dû, en toute conséquence avec eux-mêmes, soutenir la politique de King en matière de plébiscite et qu'ils devaient, encore, l'appuyer dans sa demande de

25. Sur cette question on peut consulter André LAURENDEAU, *la Crise de la conscription, 1942.*
26. *Le Devoir*, 9 avril 1942 et 10 septembre 1942.
27. *L'Événement-Journal*, 6 avril 1942.
28. RUMILLY, *Histoire de la province de Québec*, t. XXXIX, pp. 254-257.
29. GRANATSTEIN, *op. cit.*, pp. 117-119.

modification de la loi de mobilisation de 1940. Leur problème ne semblait pouvoir être réglé d'aucune façon et devenait encore plus pénible maintenant que les relations étaient tendues entre Meighen, chef du parti, et Hanson, leader parlementaire, et que le caucus ne savait pas toujours quel dirigeant suivre [30].

Un groupe de conservateurs éclairés, assez jeunes pour la plupart, non engagés dans la politique active, vont essayer de trouver une solution — ou, à tout le moins, un début de solution — au problème. Dans ce but ils convoquent, pour septembre 1942, une conférence qui se tiendra à Port Hope, Ontario. Cette conférence, qui ne s'occuperait ni de leadership ni d'organisation, discuterait des problèmes de guerre et d'après-guerre du Canada [31], tenterait d'élaborer une doctrine progressiste dont devraient nécessairement tenir compte les chefs du parti. C'est à l'insu ou peu s'en faut de Meighen [32] que se tint cette réunion à laquelle deux députés seulement furent invités [33] et qui comprenait 159 participants : 94 de ces participants étaient ontariens, 16 venaient du Québec, dont 10 francophones [34]. L'assemblée se sectionna en quatre comités d'étude (effort de guerre, relations ouvrières, agriculture, réhabilitation et immigration) et élabora un programme nettement progressiste. L'entreprise privée resterait l'assise de la société canadienne, mais l'on préconisait l'assistance fédérale pour fins éducatives, les pensions aux veuves et aux aveugles, l'augmentation des pensions de vieillesse, etc. [35] Comme le fait remarquer John L. Granatstein [36], les participants de Port Hope « believed in private

30. *Idem*, pp. 124-125.

31. *Ibid.*

32. Arthur Meighen à T. R. Meighen, 12 septembre 1942. Dans GRAHAM, *op. cit.*, p. 140.

33. *L'Événement-Journal*, 7 septembre 1942.

34. GRANATSTEIN, *op. cit.*, p. 130.

35. Le *Montreal Daily Star* vit là une révolte contre la politique traditionnelle du parti conservateur. Voir *l'Événement-Journal*, 7 septembre 1942.

36. GRANATSTEIN, *op. cit.*, p. 134.

enterprise, in individual initiative, and in a minimum of state control». En somme, ils essayaient de placer leur parti à gauche des libéraux mais à droite du C.C.F., convaincus que les libéraux seraient défaits après la guerre et qu'il fallait barrer la route au C.C.F. qui menacerait alors de prendre le pouvoir ou de former l'opposition officielle. Mais le Québec faisait fi de doctrine sociale et se préoccupait du conflit en cours. Or, sous ce rapport, la conférence de Port Hope fut explicite, réclamant «la conscription immédiate et totale de tous les hommes au Canada dans les forces armées pour service en n'importe quelle partie du monde[37]». Fait à noter, on ne voulut même pas remplacer le mot «conscription» par celui, d'allure moins rébarbative, de «mobilisation[38]».

L'aile disons statique et l'aile progressiste du parti prônaient donc une politique de guerre diamétralement opposée aux vues des conservateurs du Québec. Ceci ne pouvait qu'envenimer une situation déjà désespérée[39]. En novembre 1942, *le Devoir* note que les rares Canadiens français qui consentiraient à se solidariser avec ce parti n'auraient absolument aucune influence au Québec[40]. «Chez nous, le parti conservateur est mort», écrit-on[41]. Les faits semblent confirmer ce jugement. Frédéric Dorion, l'un des conservateurs les plus en évidence de la province, l'un des grands artisans du choix de Manion en 1938, un homme qui voulait faire comprendre les vues des siens à son parti, en quitte les rangs et déclare: «Nous nous rendons compte aujourd'hui qu'il n'y a rien à faire avec le parti conservateur[42].» Il se

37. *L'Événement-Journal*, 7 septembre 1942.

38. GRANATSTEIN, *op. cit.*, p. 132.

39. Encore en 1942, l'organisation conservatrice n'existait pas au Québec et l'honorable Lucien Gendron représenta la province au sein de l'organisation centrale du parti. *The Conservative Party in Canada*, Ottawa, Quartier général du parti conservateur, Brochure n° 3, 1942, p. 20.

40. *Le Devoir*, 23 novembre 1942.

41. *Idem*, 13 septembre 1942.

42. *Idem*, 12 novembre 1942.

présente comme indépendant dans Charlevoix-Saguenay, affiche ouvertement sa désapprobation de la politique de son parti[43], reçoit l'appui de Sasseville Roy[44], du libéral Jean-François Pouliot qui l'admire de placer ses compatriotes au-dessus de son parti[45], et des conservateurs et nationalistes québécois[46]. Il est élu, signe qu'une politique fière et indépendante plaît à l'électorat.

Les événements précédents — mécontentement que manifeste la réunion de Port Hope et action indépendante des conservateurs québécois — donnèrent justement à songer à Meighen et à la haute direction de son parti. D'ailleurs, Meighen répugnait à l'idée de risquer une seconde défaite dans une élection partielle et, depuis un certain temps déjà, il avait jeté son dévolu sur John Bracken qui, à ses yeux, pourrait avantageusement diriger les conservateurs. Bracken était un agronome que les *United Farmers of Manitoba*, une fois au pouvoir, pressèrent de devenir premier ministre. Il dirigea donc sa province, à partir de 1922, sans avoir jamais auparavant touché à la politique. Une auréole de succès l'entourait. De plus, il favorisait la conscription et un gouvernement d'Union[47], il influencerait le vote rural et pourrait ainsi bloquer la voie au C. C. F. Meighen pressait donc John Bracken, premier ministre progressiste du Manitoba, d'accepter la direction du parti conservateur canadien[48].

La tâche de Meighen était doublement ardue : il fallait faire accepter les conservateurs à Bracken et il fallait faire accepter Bracken aux conservateurs[49]. Les tendances progressistes de Port Hope convainquirent Bracken ; et la convic-

43. *L'Événement-Journal*, 1er décembre 1942.
44. *Le Devoir*, 12 novembre 1942.
45. *Idem*, 28 novembre 1942.
46. *L'Événement-Journal*, 1er décembre 1942.
47. GRANATSTEIN, *op. cit.*, pp. 138-139.
48. GRAHAM, *op. cit.*, pp. 141-144.
49. J. R. WILLIAMS, *The Conservative Party of Canada: 1920-1949*, p. 70 ; GRANATSTEIN, *op. cit.*, p. 139.

tion que le premier ministre du Manitoba sauverait le pays du socialisme décida les conservateurs qui se voyaient menacés d'extinction[50]. Le rôle prédominant d'Arthur Meighen dans ce choix suffit à faire suspecter Bracken d'être un chef imposé par une clique[51], mais il fut néanmoins élu facilement. Pour lui plaire, le parti conservateur devint le parti « progressiste-conservateur[52] » et son programme s'apparenta de très près aux résolutions de Port Hope[53].

Le rôle du Québec à cette convention ne manque pas de dénoter un étrange état d'esprit. Sa délégation semble peu représentative[54] et l'élément anglophone paraît l'emporter légèrement sur l'élément francophone[55], même si Ivan Sabourin, avocat de Saint-Jean assez anglicisé, préside conjointement le congrès[56]. En outre, on ne semblait rien augurer de bon de ces assises, et un journal conservateur de Québec ne cachait nullement son pessimisme[57]. La délégation québécoise n'avait pas pris position sur le choix du chef[58], même si l'on note que les anglophones préféreraient Murdoch Macpherson, inacceptable cependant aux Canadiens français parce qu'il avait été mêlé aux persécutions d'Anderson en Saskatchewan[59]. Bracken, par contre, était suspect aux yeux des nationalistes québécois qui le représentaient comme

---

50. WILLIAMS, *op. cit.*, p. 70.
51. Meighen à Bennett, 16 décembre 1942. Dans GRAHAM, *op. cit.*, p. 144.
52. Bracken voulait que ce changement de nom soit effectué *avant* qu'il soit choisi ; les délégués n'obtempérèrent à ce vœu qu'*après* le choix de Bracken comme chef. Voir GRANATSTEIN, *op. cit.*, pp. 144–147.
53. Toute cette convention est analysée par GRANATSTEIN, *op. cit.*, pp. 143–150, et par GRAHAM, *op. cit.*, pp. 144–151.
54. *The Quebec Chronicle-Telegraph*, 15 juin 1945.
55. *Le Devoir*, 10 décembre 1942. *L'Événement-Journal*, le 11 décembre 1942, souligne qu'aucun sénateur canadien-français n'assiste à la convention, tandis que plusieurs anciens ministres ou candidats de l'Union Nationale sont présents.
56. *L'Événement-Journal*, 10 décembre 1942 ; RUMILLY, *Histoire de la province de Québec*, t. XL, p. 94.
57. *L'Événement-Journal*, 17 décembre 1942.
58. *The Gazette*, 9 décembre 1942.
59. *Idem*, 10 décembre 1942 ; *le Devoir*, 10 décembre 1942.

impérialiste, conscriptionniste et centralisateur[60], mais il est permis de douter qu'il y eût beaucoup de nationalistes dans cette délégation.

Surtout lorsque l'on songe à la déclaration de Sabourin selon laquelle cette délégation du Québec était unie pour préconiser la mobilisation totale des ressources naturelles, humaines et autres, en vue de gagner la guerre[61]. « Les vues des délégués francophones n'entrent pas en conflit avec celles des délégués anglophones », dit-il[62]. Il ne faut pas alors se surprendre de voir ce même Sabourin s'associer à R. H. Tupper, de Vancouver, pour proposer l'établissement du service militaire obligatoire et sélectif pour aller « wherever required[63] ».

Bracken aura beau dire qu'il voulait redonner au pays l'unité réalisée par Cartier et Macdonald, *l'Événement-Journal* conclura à la faillite d'un parti devenu impérialiste, militariste, et incapable de rallier quelque élite dans la province de Québec[64]. Ce journal, rappelons-le, pouvait encore passer pour l'organe francophone du parti conservateur ! À dire vrai, Bracken héritait d'une situation impossible au Québec. Il avait beau envisager le travail d'équipe, l'organisation dans cette province n'existait absolument pas, même en théorie[65] ; le parti conservateur était déprécié jusque par les anglophones québécois[66] et le seul interlocuteur qu'il possédait semble être l'ancien organisateur Thomas Maher[67].

---

60. *Le Devoir*, 26 novembre 1942 ; *idem*, 30 novembre 1942 ; Bracken s'était révélé un partisan convaincu et zélé du rapport Rowell-Sirois : RUMILLY, *Histoire de la province de Québec*, t. XXXVIII, pp. 286-287.
61. *The Gazette*, 10 décembre 1942.
62. *Le Devoir*, 10 décembre 1942.
63. *The Gazette*, 11 décembre 1942.
64. *L'Événement-Journal*, 12 décembre 1942.
65. R. A. Bell à H. K. Milner, 30 décembre 1942. Fonds R. A. Bell, vol. 1, folio 3.
66. J. W. Bunting à Gordon Graham, fin de 1941. Archives du parti conservateur.
67. Maher figure parmi les six officiers, en 1942, chargés d'assister l'exécutif du parti. « Rapport sur l'organisation du parti et relations publiques ». Archives du parti conservateur.

John Bracken était mal préparé au rôle de chef d'opposition, lui qui, durant toute sa carrière, avait été au pouvoir. Sans éloquence et sans fougue, craignant un peu l'atmosphère de la Chambre des Communes [68], il préféra demeurer en dehors du Parlement, ce qui fit sourire les libéraux [69] et dépita bon nombre de conservateurs [70]. Certains, en outre, ne le trouvaient pas assez impérialiste. À preuve cette remarque de Bennett à son sujet : « He does not sound a loud, clear note of Empire, although possibly his convictions may be strong. I should have liked him to be a little more explicit on Empire relations as well as on compulsory military service [71]. » Mais reconnaissant que sa propre force résidait dans le domaine de l'organisation, et sachant l'organisation conservatrice à un degré extrêmement bas, Bracken se voua à la reconstruction du parti et au développement de son programme. Le parti se donna un directeur national jeune, compétent et dynamique, Richard A. (Dick) Bell. Ce dernier rénova le quartier général conservateur, revigora la publicité en fondant un mensuel, la *Public Opinion* [72]. Bref, le parti tâcha de reprendre forme pour prendre le pouvoir. Car Bracken était convaincu de l'emporter aux prochaines élections, un gouvernement de temps de guerre étant nécessairement défait à la fin des hostilités [73]. Disons immédiatement qu'il comptait sans le virage à gauche qu'effectuèrent les libéraux en 1943-1944, en s'appropriant, en substance, les résolutions de Port Hope. Cette phase de réorganisation, pénible dans la plupart des

---

68. Il fit ce candide aveu à Mackenzie King. J. W. PICKERSGILL, *The Mackenzie King Record*, vol. 1, p. 477.
69. Caricature de Arch Dale dans la *Winnipeg Free Press*. Dans Grant DEXTER, « And They Welcome Mr. Bracken », Articles publiés par la *Winnipeg Free Press*, reproduits par le *Toronto Daily Star* et réunis en brochure, en 1944 (?), par la *National Liberal Federation of Canada*.
70. Gordon Graydon, député de Peel, Ontario, devint leader parlementaire. On peut remarquer, ici, qu'aucun chef du parti conservateur ne dirigea lui-même l'opposition aux Communes de 1940 à 1945.
71. Bennett à Meighen, 26 mars 1943. Dans GRAHAM, *op. cit.*, p. 152.
72. GRANATSTEIN, *op. cit.*, pp. 157-158.
73. WILLIAMS, *op. cit.*, pp. 128-130.

provinces, devait quand même s'étendre au Québec, et là, la tâche serait plus ardue que jamais.

Il fut question d'une cellule d'organisation pour cette province, cellule qui se donnerait sa propre constitution. On estimait indispensable un point de départ nouveau ; mais cette organisation devait être construite lentement, et le premier pas était de trouver des gens fiables, assistés de chefs provinciaux. Malgré de sérieuses tentatives d'accaparement global de l'organisation conservatrice par un groupe de financiers torontois (on voulait même transporter d'Ottawa à Toronto le quartier général du parti), on parvint à se mettre à l'œuvre [74]. Mais les difficultés se multiplièrent.

Duplessis ne voulait pas que ses hommes s'attachent au chariot de Bracken avant les élections provinciales qui se dérouleraient en 1944, car la cause de l'Union Nationale en serait alors trop compromise. En conséquence, les porte-étendard conservateurs, au Québec, restèrent dans l'ombre, ne fournirent aucun appui officiel au parti de Bracken [75] qui demeura sans voix valable dans la province [76]. En plus de cette disette d'effectifs, il faut mentionner la sempiternelle rivalité des sections québécoise et montréalaise de cette si anémique organisation. Lafontaine et Mann, à Montréal, voyaient en Bona Arsenault, organisateur de la section québécoise, un dictateur. À Québec, les anglophones Dunn, Penny, O'Meara, étaient hostiles au groupe français auquel ils ne ménageaient pas leurs sarcasmes. À Montréal, l'organisation tournait à la pagaille, car on voulait la conserver en vase clos et ne pas en extérioriser le travail — si travail il y avait ! En fait, les bailleurs de fonds étaient franchement francophobes et ne voulaient dépenser aucun argent au Québec [77].

---

74. R. A. Bell à Bracken, 24 novembre 1943. Fonds Bell, vol. 1, fol. 3 ; GRANATSTEIN, *op. cit.*, pp. 166-167, relate cette tentative farfelue d'accaparement.

75. R. A. BELL, « Problems of Organization, Quebec ». Memo de 1944. Fonds Bell, vol. 1.

76. *The Quebec Chronicle-Telegraph*, 15 et 16 juin 1945.

77. BELL, « Problems of Organization, Quebec ».

Et le parti, toujours, au niveau de sa haute direction, arborait son impérialisme et préconisait la conscription. L'un de ses porte-parole, John Diefenbaker, le déclare sans ambages [78].

> L'attitude de l'opposition est la suivante : nous avons demandé la guerre totale et, en dépit de toutes protestations, notre pays est encore bien loin d'une guerre totale...
>
> Nous voulons le service sélectif national obligatoire, et l'affectation, là où ils sont requis, de tous ceux qui ont été appelés sous les armes. Nous préconisons l'utilisation efficace totale ainsi que l'affectation appropriée, pour fins de guerre, par la contrainte si nécessaire, de toutes les ressources du Canada, y compris l'agriculture, l'industrie, la finance et le capital humain.

On ne peut s'étonner, dans les circonstances, de voir la province de Québec ignorer un parti toujours désireux de faire appliquer la conscription [79], comme l'on ne peut s'étonner de voir cette province diversifier son attitude et chercher désespérément sa voie dans des groupements nouveaux qui feront penser, un temps, à un réalignement des partis politiques. Ce réalignement ne s'effectuera d'ailleurs pas complètement, car ces forces d'opposition étaient fractionnées et nul dénominateur commun, sauf l'hostilité à la conscription, ne les unissait. Et ce dénominateur commun ne suffit pas à effacer les divergences qui séparaient ces groupes. C'est ainsi que l'on peut affirmer que l'on a seulement cru à un réalignement des partis [80].

Le Bloc Populaire naquit de l'opposition du Québec au plébiscite de 1942. Il attira nombre de nationalistes québécois, œuvra en même temps sur la scène fédérale et sur la scène provinciale, dirigé à Ottawa par l'ancien libéral Maxime Raymond et à Québec par le nationaliste André Laurendeau. On est en présence d'un parti normalement constitué,

78. *Débats de la Chambre des Communes du Canada*, **1943**, p. 686 ; voir aussi **1944**, pp. 6823 ; 6851.

79. *Le Devoir*, 30 octobre 1944.

80. *Idem*, 18 décembre 1944 ; 4 et 11 janvier 1945.

qui a trois députés à la Chambre des Communes (Raymond, Édouard Lacroix et Pierre Gauthier, d'anciens libéraux) et qui, en 1944, en comptera quatre à l'Assemblée législative de Québec. Certains députés, tout aussi hostiles à la conscription, ne font pas partie du Bloc : ce sont l'ancien libéral Liguori Lacombe, député des Deux-Montagnes, et les anciens conservateurs Frédéric Dorion et Sasseville Roy. En troisième lieu — et la pièce est de taille — on retrouve P.-J.-A. Cardin, ancien ministre du gouvernement King, qui a abandonné son portefeuille en mai 1942 quand on a modifié la loi de mobilisation de 1940. Enfin, à partir de l'été de 1944, il faudra compter, et comment, sur Camillien Houde qui vient d'être relâché d'un internement de quatre ans, victime, dans l'opinion populaire, de la politique de guerre vexatoire d'Ottawa.

On a donc diversité d'opposition. Néanmoins, à la Chambre des Communes, ceci ne totalise pas plus de 15 voix, comme le démontre l'appui que reçoit une motion anticonscriptionniste de Cardin durant l'hiver de 1943[81]. À l'automne de cette même année, la rumeur voulait que Cardin fondât un nouveau parti politique fédéral où militeraient, entre autres, le bouillant et indépendant libéral Jean-François Pouliot, de Rivière-du-Loup, et les anciens conservateurs Roy et Dorion[82]. Ceci ne se matérialisa pas, Cardin demeurant silencieux, faisant bande à part, sans se donner les airs d'un chef officiel ou éventuel de parti. On aura plutôt, en 1944, le « mouvement des Indépendants » qui se réunit en congrès à Québec, le 25 octobre, pour définir ses positions. Il ne s'agit pas, à strictement parler, de fondation de parti. Frédéric Dorion estime « que les Canadiens français vont exiger dorénavant de leurs représentants [à Ottawa] une action conforme à leurs intérêts et non plus un asservissement aveugle aux mesquines disciplines de parti[83] ». Sasseville

81. RUMILLY, *Histoire de la province de Québec*, t. XL, p. 127.

82. *Le Devoir*, 22 septembre 1943.

83. *Idem*, 30 octobre 1944.

LES PETITS BATEAUX QUI VONT SUR L'EAU

Dorion. — « Nous autres les indépendants . . . »

Le Canada, 7 mai 1945.

Roy, lui, présente aux 300 délégués les objectifs de ce mouvement d'indépendants : « obtenir l'élection d'un bloc de 45 députés, dont tout gouvernement fédéral devrait rechercher le concours, et qui rendrait aux Canadiens français leur influence perdue ». Les résolutions du congrès, de caractère nationaliste, ne manquent pas d'intérêt[84] :

> ... orientation de la politique extérieure en tenant compte de la position géographique du Canada, pays d'Amérique et non d'Europe ; adoption d'un drapeau national ; droit, pour le Canada, de modifier seul sa constitution, mais avec l'assentiment de toutes les provinces ; respect intégral du pacte confédératif, juridiction exclusive des provinces dans les questions sociales, retour aux provinces des droits qui leur ont été enlevés ; réalisation intégrale du bilinguisme et part équitable aux Canadiens français dans l'administration fédérale ; guerre à la dictature économique, aide aux coopératives et à la petite industrie... ; refus de toute immigration avant la solution des problèmes domestiques.

Les indépendants se donnent Frédéric Dorion comme organisateur ; il n'a pas le titre de chef. Le mouvement comprend surtout des anciens conservateurs de langue française qui ont tendu la main à des libéraux dissidents et à des nationalistes[85]. Avec l'adhésion des libéraux Liguori Lacombe, Wilfrid Lacroix et Emmanuel d'Anjou, les conservateurs Roy et Dorion formeront, à Ottawa, « le groupe des 5 », assez uni pour voter contre la participation canadienne à la conférence de San Francisco[86]. Ajoutons que ces indépendants étaient fort bien vus de Duplessis qui venait de reprendre le pouvoir à Québec.

C'est à peu près au même moment, à l'automne de 1944, qu'on essayera d'unir les forces d'opposition autres que le Bloc Populaire. Onésime Gagnon, trésorier provincial, et Oscar Drouin, ancien ministre libéral dans le cabinet Godbout, vont tenter de rapprocher Camillien Houde, Arthur

---

84. RUMILLY, *Histoire de la province de Québec*, t. XL, p. 139.

85. *Le Devoir*, 4 janvier 1945.

86. *Idem*, 29 mars 1945.

Cardin et Mitchell Hepburn, ancien premier ministre libéral de l'Ontario, en vue de les faire lutter de concert contre Mackenzie King. Ceci se fait, semble-t-il, à l'instigation et avec le concours de l'organisateur conservateur Bona Arsenault qui a officiellement quitté son parti [87]. Le groupement ne s'effectuera pas, Houde étant à la fois contre Cardin, l'un de ceux qui l'avaient fait interner en 1940, et contre les indépendants, patronnés de trop près par son vieil adversaire Maurice Duplessis [88].

De fait, aucune fusion ne s'opérera. L'Union Nationale souhaitant l'union des cardinistes et des Indépendants [89], Frédéric Dorion va dissoudre son mouvement, le 27 avril 1945, et Arthur Cardin va former le «Front National» pour amalgamer les deux groupes [90]. Au même moment, Camillien Houde va joindre les rangs du Bloc Populaire. Mais, sans que l'on sache vraiment pourquoi, Cardin va dissoudre son «Front National» le 8 mai, pour continuer de faire cavalier seul. Et les Indépendants se retrouveront «gros Jean comme devant».

Pendant ces tractations et pourparlers, les conservateurs fédéraux — un parti exclusivement anglophone — jugent insuffisante la conscription telle que décrétée par King à l'automne de 1944 [91]. Le vénérable Thomas Chapais lui-même les condamne [92] pendant qu'ils affichent de plus en plus ouvertement leur solidarité impériale [93], encouragés qu'ils

87. Les détails de ces tractations sont dans Bona Arsenault à R. A. Bell, 6 et 8 octobre 1944, Fonds Bell, vol. 1, folio 3; l'abandon du parti conservateur par le même Arsenault est rapporté par RUMILLY, *op. cit.*, p. 112. «Je ne veux plus avoir, ni de près, ni de loin, aucune affiliation avec ce parti», aurait déclaré Arsenault.

88. RUMILLY, *op. cit.*, p. 151.

89. *Idem*, pp. 177, 220, 228-229.

90. *Idem*, pp. 234-235.

91. *Le Devoir*, 28 novembre 1944 ; *idem*, 30 novembre 1944.

92. *Idem*, 15 décembre 1944. «La conscription n'est pas nécessaire, dit-il, tout danger étant passé.» Voir aussi RUMILLY, *op. cit.*, p. 164.

93. *Le Devoir*, 22 mars 1945.

sont par leur triomphe de Grey North[94]. Le gouvernement Duplessis a officiellement protesté contre la conscription « déguisée ou apparente[95] » et il s'engage résolument contre les politiques de centralisation d'Ottawa[96]. On peut donc prévoir que l'Union Nationale gardera ses distances vis-à-vis du parti progressiste-conservateur. C'est à ce moment que se déroulent les élections fédérales qui devaient, dans l'esprit de John Bracken, ramener son parti au pouvoir et, qui sait ? reléguer les libéraux au rang de second parti d'opposition. Les déboires de ces derniers dans différentes élections provinciales — victoires C. C. F. en Saskatchewan, de l'Union Nationale au Québec[97] et des conservateurs de George Drew en Ontario — pouvaient lui donner raison d'espérer aussi fermement. Mais les événements allaient se charger de le détromper.

Le programme de Bracken n'était certes pas conçu pour enthousiasmer le Québec. Tout d'abord, il établit clairement que son parti était celui de l'unité nationale, compromise par les politiciens. À l'expression « unité nationale » il va redonner un sens, par des actes, non par des mots[98]. Pour réaliser cet idéal, il faut que le « sectionalism » disparaisse[99], mais que les droits des minorités soient vraiment reconnus[100] et que l'autonomie provinciale ne soit pas seulement un vain mot. Les relations fédérales-provinciales constituent un aspect important de son programme. Le parti progressiste-

94. Le 5 février 1945, le nouveau ministre de la Défense, le général A. G. L. McNaughton, fut défait par le conservateur Garfield Case qui attaqua constamment le piètre effort de guerre des libéraux. Voir GRANATSTEIN, *op. cit.*, pp. 183-185.

95. *Le Devoir*, 1er décembre 1944.

96. *Idem*, 16 janvier et 14 février 1945.

97. « The last stronghold of the present Prime Minister the Province of Quebec has indicated what it thinks of the Liberal Policies. The campaign was fought on federal issues and the people have spoken. » Ross Brown à John Bracken, télégramme du 9 août 1944, quartier général du parti conservateur. Archives du parti conservateur.

98. *Le Devoir*, 14 mai 1945.

99. *Idem*, 16 mai 1945 ; *The Quebec Chronicle-Telegraph*, 17 mai 1945.

100. *Le Devoir*, 16 mai 1945.

conservateur sera toujours le « champion de l'autonomie provinciale » : il décentralisera l'industrie et opérera des réajustements financiers qui permettront aux provinces d'assumer leurs responsabilités constitutionnelles [101]. D'ailleurs, le parti de Bracken est opposé à une trop grande centralisation des pouvoirs à Ottawa [102]. À ceci on n'a rien à redire, mais reste le problème de la guerre.

Le Canada, pays du Commonwealth, doit aider à gagner la guerre qui se poursuit maintenant contre le Japon [103], et Bracken attaque la conscription mitigée de King grâce à laquelle « certaines régions du pays n'ont fait que 20 pour cent de l'effort de guerre [104] ». L'allusion est directe. Cependant, les Canadiens français n'ont rien à craindre : les droits que leur garantit la constitution, égaux à ceux des Canadiens anglais, seront scrupuleusement respectés [105], mais ils devront, eux aussi, porter le fardeau de la guerre [106]. C'est à cause de King que l'effort de guerre du Québec a été mal interprété [107], mais lui, Bracken, redressera la situation en imposant partout une même conscription [108]. Ce qui revient à dire que Bracken et les conservateurs font, dans le reste du Canada, leur élection « sur le dos du Québec ».

Face à tout cela, que se passait-il au Québec ? Dès 1944, la *Winnipeg Free Press* avait fait grand état de l'alliance tacite des impérialistes conservateurs et des nationalistes de Duplessis, et l'on avait cru y voir la répétition des duperies de 1911, 1925 et 1930, alors que les conservateurs fournissaient les fonds et les nationalistes les candidats [109]. Les événements

---

101. *Idem*, 14 mai 1945.
102. *The Gazette*, 16 mai 1945.
103. *Le Devoir*, 14 mai 1945.
104. *Idem*, 17 mai 1945.
105. *The Gazette*, 16 mai 1945.
106. *Idem*, 6 juin 1945.
107. *Idem*, 17 mai 1945 ; *le Devoir*, 17 mai 1945.
108. *The Gazette*, 26 mai 1945.
109. Grant DEXTER, « And They Welcome Mr. Bracken ». Quatre articles réunis en brochure par la *National Liberal Federation of Canada*.

INQUIÉTUDE BLEUE D'UN INDÉPENDANT

« Aie ! Brack ! Qu'est-ce qu'on disait à Winnipeg à propos de la guerre dans le Pacifique ? »

Le Canada, 9 avril 1945.

antérieurs à l'élection de 1945 donnent une allure de vraisemblance à ces assertions. Duplessis proclame que « l'Union Nationale est indépendante de tous les groupes politiques fédéraux » ... et que « Québec doit élever sa cause au-dessus des partis[110] », mais il prend soin de faire remarquer qu'il épaule « des hommes qui ont le courage de se tenir debout[111] ». Ces hommes qui se tiennent debout sont sans aucun doute les Indépendants qu'Onésime Gagnon, premier lieutenant de Duplessis, déclare appuyés par l'Union Nationale. Gagnon lui-même se proclame indépendant, incapable de soutenir l'impérialiste Bracken[112].

Les Indépendants présentent 95 candidats dans la province, des anticonscriptionnistes, anciens conservateurs pour la plupart. Frédéric Dorion a repoussé toute offre de son ancien parti avec lequel il ne veut « rien avoir à faire[113] » ; Sasseville Roy fait de même. Le parti « officiel » ne présente que 29 candidats. Le Bloc Populaire a ses candidats, le Front National de Cardin a les siens ; Camillien Houde fait partie du Bloc et veut réaliser l'unité nationale des Canadiens français[114]. Mais l'union sacrée n'est pas faite ; l'opposition à King est trop diversifiée[115], ce que Cardin avait tellement voulu éviter, à un certain moment[116].

King a beau jeu de déclarer que les conservateurs appuient les Indépendants et certains éléments d'autres formations[117], et qu'ils essaient de le défaire en utilisant la tactique qui leur avait servi à vaincre Laurier en 1911[118]. Le fait que Bracken ne présente pas d'opposition aux cinq Indépendants donne des munitions à la *Winnipeg Free Press*. Le parti conserva-

110. *Le Devoir*, 16 mai 1945 ; voir aussi 14 février 1945.
111. *The Gazette*, 17 mai 1945.
112. *Le Devoir*, 6 juin 1945.
113. *Idem*, 16 mai 1945.
114. *Idem*, 6 mai 1945.
115. 294 candidats se disputent les 65 comtés du Québec.
116. *Le Devoir*, 27 avril 1945.
117. *The Gazette*, 25 mai 1945.
118. *The Quebec Chronicle-Telegraph*, 4 juin 1945.

teur appuie un anticonscriptionniste aussi virulent que Camillien Houde tandis que, dans le reste du Canada, il attaque la tiédeur de l'effort de guerre de King. Hypocrisie et double jeu, par conséquent[119]. Comment offrir une défense adéquate ? Le *Quebec Chronicle-Telegraph* fait une subtile distinction entre «ne pas faire d'opposition» à un candidat et «supporter» un candidat, disant que l'on ne «fait pas d'opposition» à des hommes — comme Frédéric Dorion — qu'on ne peut défaire[120]. L'organisateur Paul Lafontaine, lui, stipule que le parti progressiste-conservateur assiste 60 candidats, au Québec, dont 27 seulement se rangent derrière l'étiquette officielle, les 33 autres — dont Dorion, Roy, Houde, Cardin, Lacombe — se proclamant indépendants[121]. Voilà qui donne raison au journal de Winnipeg. Trois jours plus tard, Lafontaine doit se raviser et préciser que cet appui n'indique pas que le parti souscrit à toutes les idées de ces indépendants[122]. On pouvait certes le supposer ! Quant à Bracken, il nie que son parti ait eu des ententes avec certains candidats du Québec[123] : pour être appuyé officiellement (*endorsed*) par le parti progressiste-conservateur, un candidat doit se conformer à certains principes essentiels dont l'unité de la nation, l'assistance mutuelle militaire avec les États-Unis et l'effort illimité de guerre[124].

Une équivoque aussi grossière, teintée de duplicité, ne pouvait plaire à l'électorat québécois qui appuya King massivement. Le parti conservateur n'a fait élire que deux députés au Québec, et ce sont deux anglophones. Sa force principale lui vient de l'Ontario et, au Québec, on s'interroge encore sur le sort que l'avenir peut lui réserver. Comme toujours, on conclut à la mort de ce parti qui, cette fois, s'est

---

119. *Winnipeg Free Press*, 24 et 28 mai 1945.
120. *The Quebec Chronicle-Telegraph*, 23 mai 1945.
121. *The Gazette*, 15 mai 1945.
122. *Idem*, 18 mai 1945.
123. *Idem*, 21 mai 1945.
124. *The Quebec Chronicle-Telegraph*, 26 mai 1945.

Le Soleil, 2 juin 1945.

tué par manque d'organisation et parce qu'il est allé chercher Arthur Meighen, en 1941, pour ramener à la surface la funeste question de la conscription[125].

125. *Idem*, 15 juin 1945. La remarque concernant l'organisation est sujette à caution. Le manque d'organisation était peut-être évident au Québec mais, sur le plan canadien, ce fut la doctrine et non l'organisation qui fit défaut.

CHAPITRE SIXIÈME

LE POUVOIR, AVEC OU SANS LE QUÉBEC, 1945-1956

Si les élections de juin 1945 portèrent un rude coup aux illusions de John Bracken, elles lui donnèrent au moins un siège à la Chambre des Communes. C'est là que ses déficiences sautèrent aux yeux de ses partisans qui durent admettre, après un temps, que leur choix de décembre 1942 n'avait pas été heureux [1]. Toutefois, entre son élection et son remplacement, en 1948, la situation n'est pas demeurée totalement statique au Québec.

Dès octobre 1945, un conservateur de cette province, Louis Seigneur, préconise une campagne publicitaire et une organisation efficace qui ne limiterait pas ses activités aux périodes électorales [2]. Sa platonique suggestion fut reléguée aux oubliettes, car son seul but semblait être de se faire appuyer dans une élection partielle [3]. Mais, en 1946, on entreprend un sérieux travail d'organisation. J. M. Macdonnell, financier torontois à l'esprit large, âme dirigeante de la conférence de Port Hope. et le directeur national R. A. Bell discutent avec

---

1. John R. WILLIAMS, *The Conservative Party of Canada : 1920-1949*, p. 75, n. 121.
2. Louis Seigneur à John Bracken, 23 octobre 1945, Archives du parti conservateur, Correspondance générale.
3. Mémo de R. A. Bell (?) à Melville Jack, oct. 1945, Archives du parti conservateur, Correspondance générale.

plusieurs Québécois sympathiques au parti conservateur. Ils chargent l'ancien député de Compton, Samuel Gobeil, de visiter une trentaine de localités de la province pour pouvoir, ensuite, dépeindre à l'exécutif du parti la situation telle qu'elle existe. Puis, l'on place divers Québécois au sein des comités de direction[4]. Cette même année, une élection complémentaire tenue dans le comté de Pontiac, sans organisation valable, donne une lueur d'espoir, car le vote conservateur francophone a considérablement augmenté en regard de l'élection de 1945[5]. On en profite donc pour nommer Ivan Sabourin organisateur général pour le Québec et on lui adjoint un directeur des relations extérieures du nom de Beauregard[6]. Du même coup, on suggère à Bracken de ne pas parler plus de quinze minutes en anglais dans le Québec, de n'y jamais faire mention de la guerre, et d'insister sur le fait que le Canada est un pays libre qui oriente lui-même sa politique[7].

L'année suivante, soit en 1947, Sabourin et Beauregard continuent leur travail, malgré certaines difficultés que l'on espère bientôt surmonter[8]. On publie un bulletin mensuel en français qui se dirige vers 10,000 foyers et l'on inaugure des séries de causeries à la radio[9]. Sabourin attaque les libéraux suspects d'association avec le communisme[10] tandis que Bracken, lui-même, vient dire à ses organisateurs qu'il épouse pleinement les vues autonomistes du Québec[11]. Il y

4. « Report of the Annual Meeting of the Progressive Party of Canada, 1946 », Fonds Bell, vol. 1.

5. Rapport de R. A. Bell à la réunion générale du parti conservateur, le 28 mars 1947, Fonds Bell, vol. 1.

6. *Loco cit.*

7. G. Hewelcke à R. A. Bell, 19 novembre 1946, Archives du parti conservateur, Correspondance générale.

8. Rapport de R. A. Bell à la réunion générale du parti conservateur, le 19 avril 1948, Fonds Bell, vol. 1.

9. Mémo de J. M. Macdonnell, 23 septembre 1947, Archives du parti conservateur, Correspondance générale.

10. *The Gazette*, 17 mars 1947.

11. *Idem*, 14 juin 1947.

a donc regain d'activité : on prend la ferme résolution de doter le Québec d'une organisation solide [12], les jeunes conservateurs travaillent efficacement [13], mais la presse conservatrice francophone demeure inexistante. La nomination de Léon Trépanier, journaliste et politicien, publiciste et historien, comme représentant spécial du directeur du parti [14] ne semble pas améliorer les choses.

De fait, on conclut — à tort ou à raison — à l'inefficacité de Bracken, pendant que monte la popularité de George Drew, premier ministre d'Ontario. Sabourin continue de vilipender les libéraux qui « flirtent » avec les socialistes et les gauchistes [15], le quartier général conservateur recommande une recrudescence d'activité au Québec [16], George Drew se dit prêt à collaborer avec Maurice Duplessis [17]. Tout ceci est tellement symptomatique que, le 17 juillet 1948, John Bracken présente sa démission. Il allègue des raisons de santé, mais chacun sait bien qu'il n'est plus *persona grata* auprès d'un parti qui veut redorer son blason avec un autre chef [18].

Les préparatifs du congrès ne manquent pas d'intérêt, surtout après la déclaration du directeur national du parti voulant qu'une alliance avec l'Union Nationale serait souhaitable [19]. L'Union Nationale, forte de sa formidable victoire du mois de juillet, prend figure de centre d'attraction et c'est à qui gagnerait ses faveurs. Mais Duplessis ne se compromet pas publiquement. Les partisans d'un tiers parti — dont Camillien Houde et Paul Bouchard, un farouche nationaliste des années 1930, maintenant inféodé à l'Union Nationale —

---

12. *Ibid.*
13. Rapport de E. Davie Fulton, « Annual Meeting of the Progressive Party of Canada, 1948 ». Archives du parti conservateur.
14. R. A. Bell à Melville Jack, 12 février 1948, Archives du parti conservateur, Correspondance générale.
15. *The Gazette*, 15 avril 1948.
16. *Idem*, 22 avril 1948.
17. *Idem*, 16 avril 1948 ; D.P. O'HEARN, « Has Premier Drew the Capacity to Head a Party Nationally ? » *Saturday Night*, 29 mai 1948, pp. 6-7.
18. WILLIAMS, *op. cit.*, p. 75.
19. *The Gazette*, 11 et 12 août 1948.

appuient le candidat Donald Fleming, comme le font les conservateurs autonomistes[20]. Et d'ailleurs tout ce qui touche à l'autonomie jouit d'une grande popularité auprès des délégués.

Ivan Sabourin, chef de la délégation du Québec, dit que les conservateurs de cette province veulent une conférence fédérale-provinciale sur les problèmes de la taxation, le respect rigoureux de l'article 133 de l'*AANB* et une juste représentation des Canadiens français dans la fonction publique[21]. Il est clair que l'on veut une réduction de l'impôt sur le revenu[22] et un ancien député, C.-N. Dorion, ajoute le rejet formel du communisme, l'égalité des deux races au pays et la représentation canadienne auprès du Vatican[23]. Chacun insiste sur l'autonomie et le comité des résolutions adoptera, en très forte proportion, les résolutions émanant des francophones[24]. Fait à noter — et qui indique la complaisance que le congrès montre envers le Québec —, en plus de proclamer la nécessité de l'autonomie des provinces et le rejet du communisme, l'assemblée ne fait aucune mention de conscription ou d'entraînement militaire obligatoire en temps de paix[25]. Donc, cette fois, la délégation du Québec n'avait pas à se plaindre de l'orientation générale de la politique du parti.

Mais qu'en était-il du choix du chef ? Sabourin avait déclaré que sa délégation n'appuyait aucun candidat[26], mais il devint assez évident que lui-même favorisait George Drew — il appuiera son choix, d'ailleurs, au congrès — et on

20. *Le Devoir*, 1er et 29 septembre 1948.
21. *The Quebec Chronicle-Telegraph*, 30 août 1948.
22. *The Gazette*, 30 septembre 1948.
23. *The Quebec Chronicle-Telegraph*, 24 septembre 1948.
24. *Le Devoir*, 1er octobre 1948 ; *The Gazette*, 2 septembre 1948.
25. *Toronto Star*, 1er octobre 1948.
26. *Idem*, 31 août 1948 ; *The Gazette*, 25 septembre 1948. Il apparaît clairement, d'après une étude sérieuse, que le processus de sélection des délégués québécois ne fut pas très démocratique et que Sabourin avait eu la main haute sur leur choix. Ruth M. BELL, *Conservative Party National Conventions, 1927-1956 : Organization and Procedure*, pp. 118-119.

l'accusa de manipulations[27]. John Diefenbaker, le troisième candidat, n'avait aucun soutien au Québec, dit-on[28], tandis que Donald Fleming était représenté comme celui qui y « enjoyed a measure of adulation[29] ». Quelles sont les raisons de cet appui ? Fleming parle français ; il a contredit Louis St-Laurent qui prétendait qu'Ottawa pouvait abolir le fameux article 133 de la Constitution sans le consentement des provinces ; il est aussi un ardent défenseur de l'autonomie provinciale[30] et il proclame que le Québec « holds the key to the political situation today[31] ». L'un de ses organisateurs, René Gobeil, fils de Samuel, se dit sûr de 200 votes au Québec[32] et il est même rumeur qu'il (Fleming) possède la faveur de Duplessis, ce que Sabourin nie avec vigueur[33]. *Le Devoir* se charge de rappeler que Manion, dix ans plus tôt, a été le choix du Québec et que cela n'a pas donné de résultats tellement satisfaisants[34].

Mais ce n'est pas cet avertissement, sans aucun doute, qui fait osciller la balance vers George Drew. L'organisateur Sabourin l'affirme ouvertement[35] et lui prédit un fort appui de sa délégation[36] ; Mark Drouin, avocat influent de Québec, et John Basset fils se prononcent publiquement en sa faveur[37] et l'on fait grand état de sa tolérance à l'égard des Franco-Ontariens dont il a pris l'un des porte-parole dans son cabinet[38]. Même sans l'appui officiel de Duplessis[39], et

27. *Toronto Star*, 9 septembre 1948.
28. *Le Devoir*, 15 et 22 septembre 1948.
29. W. EGGLESTON, « Long or Short P. C. Plan ? » *Saturday Night*, 25 septembre 1948, p. 4.
30. *The Gazette*, 20 août et 24 septembre 1948.
31. *Idem*, 2 octobre 1948.
32. *L'Événement-Journal*, 25 septembre 1948.
33. *Le Devoir*, 30 septembre 1948 ; *The Gazette*, 30 septembre 1948.
34. *Le Devoir*, 27 septembre 1948.
35. *L'Événement-Journal*, 25 septembre 1948.
36. *The Gazette*, 25 septembre 1948.
37. *The Quebec Chronicle-Telegraph*, 27 septembre 1948.
38. *The Gazette*, 18 septembre 1948.
39. *Toronto Star*, 28 août 1948.

malgré toutes ces rumeurs de soutien massif en faveur de Fleming, Drew reçoit une part très considérable des votes du Québec[40] et l'emporte très aisément sur ses deux adversaires.

Le Québec semble fort satisfait de ce congrès et ne prête pas attention au passé assez chargé de Drew qui pouvait indisposer les francophones[41]. Selon eux, le parti désire vraiment faire des gains au Québec et, pour ce faire, il a tenu compte des sentiments canadiens-français[42]. Avec le programme presque nationaliste qu'ils se sont donné, les conservateurs sont convaincus que leur parti va reprendre sa place au Québec et au pays. C'est donc dans l'euphorie que le congrès se termine. Période d'euphorie qui d'ailleurs subsiste un certain temps : Drew gagne facilement un siège au Parlement et une élection partielle dans Nicolet-Yamaska permet d'augurer des succès encore plus tangibles.

* * *

George Drew, si l'on croit la propagande conservatrice, « s'oppose à la centralisation et à l'asservissement qui en découle[43] ». Il partage donc la thèse autonomiste de Duplessis. Lorsqu'il ajoute l'anticommunisme à ce cheval de bataille et qu'il évite de s'engager sur les autres problèmes, il permet de déduire — comme le fait Gérard Filion — qu'il espérait « conduire à la victoire une coalition entre les éléments nationalistes du Québec et les éléments tories des autres provinces[44] ». Le premier ministre St-Laurent en arrive aux mêmes conclusions, en soulignant les anciennes prises de positions impérialistes du chef de l'opposition[45]. Quoi qu'il

40. *The Quebec Chronicle-Telegraph*, 4 et 5 octobre 1948 ; *le Devoir*, 2 octobre 1948.

41. *Toronto Star*, 20 septembre 1948. Drew, on le sait, avait un lourd passé conscriptionniste et, de plus, il avait combattu les allocations familiales du gouvernement King accordées, soutenait-il alors, pour gagner l'électorat du Québec où les familles étaient nombreuses.

42. *Le Devoir*, 5 octobre 1948.

43. *Idem*, 26 janvier 1949.

44. *Idem*, 29 janvier 1949.

45. *Idem*, 1er février 1949.

Plus je me regarde, plus je me ressemble

Le Canada, 5 mars 1945.

SUR LA SCÈNE QUÉBÉCOISE

Yvan — Hé, George ! ta « slip » dépasse !

Le Canada, 19 mai 1949.

en soit, Drew joue le jeu dans Nicolet-Yamaska, en laissant à l'Union Nationale le soin d'organiser une éventuelle victoire. Le seul conservateur admis à participer à la campagne est un fidèle de Duplessis, Georges Héon, l'ancien député d'Argenteuil, qui laisse entendre qu'il faut avoir de véritables Québécois à Ottawa[46] où ils formeront bloc[47]. Un nationaliste de la trempe de Noël Dorion fait campagne[48], tandis que Drew et son fidèle Sabourin sont manifestement absents[49]. Renaud Chapdeleine est élu, grâce à l'Union Nationale, affirme-t-on[50]. Et Drew exulte[51] :

> ... The voters of Nicolet-Yamaska have demonstrated in no uncertain manner their firm belief in national unity based upon respect of our Canadian Constitution. The result of today's voting (proves) that the Progressive-Conservative party is on the march in every part of Canada.

La mode est donc à l'optimisme chez les conservateurs et ils défient les libéraux de déclencher les élections[52]. L'entrée de Terre-Neuve dans la Confédération permet à Drew de faire du capital politique en prêchant que les provinces doivent être consultées, mais son amendement ne va pas jusqu'à exiger le consentement des provinces en matières constitutionnelles, ce qui enlève du poids à sa démarche[53]. Il essaie d'y remédier en travaillant à une consolidation de son alliance avec le Québec[54]. Tout en déclarant que Sabourin demeure chef du parti au Québec[55], il courtise Héon et

---

46. *Idem*, 2 février 1949.
47. *Idem*, 5 février 1949.
48. *L'Événement-Journal*, 7 février 1949.
49. *Le Devoir*, 5 février 1949.
50. *Idem*, 8 février 1949 ; *Toronto Star*, 25 mai 1949 ; *The Gazette*, 8 et 17 février 1949.
51. *Le Devoir*, 8 février 1949.
52. WILLIAMS, *op. cit.*, p. 174.
53. *Le Devoir*, 17 février 1949.
54. M. LEVITT, « Drew-Duplessis Alliance », *Canadian Forum*, février 1949, pp. 251-252.
55. *L'Événement-Journal*, 19 février 1949.

Chapdelaine qui assistent à un caucus conservateur[56] ; on parle d'un entretien entre Drew, Duplessis, Héon, Sabourin et Gérald Martineau[57], mais Duplessis ne bronche pas lorsque René Chaloult déclare, à l'Assemblée législative, que les nationalistes ne sont pas disposés à suivre le trop impérialiste Drew[58].

On peut supposer que Duplessis, qui détestait cordialement les « vieux bleus », a donné à comprendre qu'on ne peut rien gagner avec Ivan Sabourin. Le rôle de Georges Héon s'accroît alors du fait qu'il devient organisateur en chef des forces conservatrices au Québec à la veille des élections générales[59]. On souligne qu'il faut lui donner carte blanche dans le choix des candidats, lui accorder justice et influence, lui fournir des thèmes qui pourraient enthousiasmer le Québec (le nationalisme économique par exemple[60]) et, surtout, ne pas répéter les erreurs de jadis[61]. Or, enthousiasmer le Québec équivaut à courtiser son nationalisme officiel ou latent.

Le *Toronto Star*, un farouche organe libéral, insiste beaucoup sur les liens qui unissent des nationalistes « extrémistes » comme Paul Bouchard à George Drew[62] ; la même chose existerait avec des indépendants comme Frédéric Dorion, Camillien Houde et Jacques Sauriol à qui les conservateurs opposent des « hommes de paille » et à qui ils donnent l'appui de leur « machine[63] ». La cible préférée demeure Houde. Les

56. *Le Devoir*, 3 mars 1949. Ils se seraient officiellement joints à Drew pour que celui-ci fasse jouer son influence dans la promotion des droits scolaires des Franco-Ontariens. Voir aussi *idem*, 11 et 22 novembre 1949.

57. *Le Devoir*, 3 mars 1949. On peut ajouter ici que Jean Fournier, le publiciste de l'Union Nationale, possède un certain montant d'argent pour veiller à la propagande conservatrice. R. A. Bell à J. S. D. Tory, 19 août 1949, Archives du parti conservateur, Correspondance générale.

58. *Le Devoir*, 2 mars 1949.

59. *The Gazette*, 14 avril 1949 ; *idem*, 20 juin 1949. « My first lieutenant in Quebec », dit George Drew en parlant de Héon.

60. *Le Devoir*, 28 avril 1949.

61. *Ibid.*

62. *Toronto Star*, 25 mai 1949.

63. *Idem*, 16 et 22 juin 1949 ; *le Devoir*, 19 mai 1949.

conservateurs l'appuient subrepticement, dit le *Star*, car ils veulent l'avoir en Chambre pour attaquer St-Laurent[64] et l'on parle même de la promesse qu'on lui a faite d'un portefeuille[65]. Malgré les appels dans le genre de « Keep Canada British — Destroy Drew's Houde[66] », l'on sent que les craintes sont bien plus dirigées du côté de l'Union Nationale, Houde ne devant servir qu'à mousser le loyalisme anglo-saxon et l'orienter vers le camp libéral.

Car l'adversaire des libéraux, au Québec, est sans contredit le parti de Maurice Duplessis auquel s'est identifié George Drew[67]. L'Union Nationale ne cache pas, cette fois, ses sympathies. Le « chef » est en vacances, mais son état-major accueille Drew aux Trois-Rivières[68] et ce dernier ne voile pas le plaisir que lui procure cette coopération[69]. Les ministres Antonio Barrette, J.-D. Bégin, Roméo Lorrain, Albiny Paquette, Camille Pouliot donnent leur concours actif[70]. Lors d'une assemblée conservatrice tenue à Amqui, Onésime Gagnon déclare que cette élection est une confirmation de la lutte pour l'autonomie provinciale jadis menée par Drew et Duplessis[71]. À cette même réunion, Donald Fleming affirme que Drew « loves your province, your government and your leader[72] ». Il ne fait aucun doute que l'Union Nationale appuie fortement Drew ; J.-D. Bégin aurait même admis que, dans 75 pour cent des comtés, l'organisation conservatrice est dirigée par l'Union Nationale[73] et les conservateurs

64. *Toronto Star*, 10 juin 1949.
65. *Idem*, 6 juin 1949.
66. *Ibid.*
67. *Idem*, 16 juin 1949 ; *The Gazette*, 24 juin 1949.
68. *The Gazette*, 19 juin 1949.
69. *Idem*, 18 juin 1949.
70. *Idem*, 7 juin 1949.
71. *Idem*, 6 juin 1949 ; *The Quebec Chronicle-Telegraph*, 6 juin 1949.
72. *Toronto Star*, 6 juin 1949.
73. *Idem*, 25 mai 1949 ; *The Gazette*, 24 mai 1949.

croient, de la sorte, pouvoir remporter une vingtaine de sièges[74].

Il appert cependant que, si beaucoup d'unionistes favorisent Drew, certains ne le font pas. Un député appuie même St-Laurent[75], ce qui implique une certaine latitude donnée aux hommes de Duplessis. Par ailleurs, certains conservateurs détestent cette alliance ouverte : Jean-Paul Chauvin, candidat conservateur dans Montréal-Hochelaga, se désiste pour ces raisons[76]. De telles défections — mineures, somme toute — ne font pas oublier aux libéraux le danger. On rappelle à l'électorat les déclarations impérialistes de Drew[77] et St-Laurent affirme que, advenant une victoire conservatrice, ce sont les réactionnaires du Québec qui gouverneraient[78].

Mais les espoirs des conservateurs furent amèrement déçus. Ils subirent l'une des pires reculades de leur histoire, remportant 42 sièges au pays et deux au Québec[79], soit Labelle avec Henri Courtemanche et Trois-Rivières avec Léon Balcer. Les Québécois n'avaient pas cru Georges Héon qui avait déclaré que Drew lui avait donné « les garanties [qu'il jugeait] nécessaires et essentielles à Québec sur la politique extérieure, l'autonomie des provinces, le fonctionnarisme, le communisme, l'entreprise privée et les valeurs morales et la rechristianisation de la législation[80] ». Ils préférèrent avoir l'un des leurs à la direction du pays et, comme le reste des Canadiens, ils étaient satisfaits du gouvernement libéral qui apportait la prospérité et la stabilité, alors que

74. *Le Devoir*, 20 mai 1949.

75. Alfred Plourde, député unioniste de Kamouraska. Voir *The Quebec Chronicle-Telegraph*, 27 mai 1949.

76. *The Gazette*, 1er juin 1949.

77. Voir à ce sujet les propos du libéral franco-ontarien Lionel Chevrier, rapportés dans *le Devoir*, 28 mai 1949.

78. *Toronto Star*, 17 juin 1949.

79. Les conservateurs récoltèrent 25 pour cent du vote total selon K. KEARNS, *Survey of 1949 General Election Results*, copie miméographiée, Fonds Bell, vol. 7, folio 32.

80. *Le Devoir*, 3 juin 1949.

DÉGUISEMENT INSUFFISANT

Who would have thought that I, Colonel George Alexander Drew, leader of the indefatigable Progressive Conservative Party, would have one day to stoop so low as to solicit anything from a vanquished race. How disgraceful!

Baptiste. — T'as menti pour m'avoir, toi!

Le Canada, 14 mai 1949.

Le totem du dernier tory
Le Canada, 22 juin 1949.

Drew avait mené une campagne fort peu sérieuse, allant d'une affirmation farfelue à une autre[81].

* * *

Après la débâcle de 1949, le pessimisme est de mode chez les partisans québécois de George Drew. Si le soutien actif de l'Union Nationale n'a pu leur procurer plus de deux sièges, quelle force naturelle leur permettra donc d'entamer le bloc libéral ? Néanmoins, il ne faudrait pas penser qu'il n'existe plus de conservateurs au Québec. À la réunion annuelle du parti, tenue en avril 1950, le Québec compte 70 délégués, ce qui fait quand même piètre figure à côté des 216 envoyés de l'Ontario. Sur ces 70 délégués, 30 portent des noms à consonance française[82]. Le parti, en nommant ses officiers pour les années à venir, choisit Henri Courtemanche et Léon Balcer (les deux députés du Québec) comme premier et quatrième vice-présidents, et Frédéric Dorion, René Gobeil, Hervé Baribeau, entre autres, font partie de différents comités[83]. D'après les minces renseignements que nous pouvons glaner sur les préparatifs de cette réunion annuelle, il nous apparaît que la section conservatrice de Québec est plus active que celle de Montréal. La section de Québec avait d'ailleurs proposé une série d'amendements pour faire changer, dans la constitution, le mot « Dominion » par « National » ou « Federal » selon les cas[84]. La requête ne semble pas avoir donné de résultats concrets.

À la réunion de 1952 — il n'y eut pas de réunion en 1951 — la proportion québécoise fut encore inférieure de loin à celle de l'Ontario : 75 contre 200, mais les noms des représentants québécois demeurent sensiblement les mêmes qu'en 1950[85].

81. Sur l'analyse de cette élection et sur la campagne menée par Drew, voir WILLIAMS, *op. cit.*, pp. 171-188.

82. « Annual Meeting of the Progressive Conservative Party of Canada, April 17, 18, 19, 1950 », Archives du Parti conservateur. Dorénavant, nous indiquerons « Annual Meeting... » suivi de l'année de la réunion.

83. *Ibid.*

84. Frédéric Dorion à J. M. Macdonnell, 24 mars 1950. *Ibid.*

85. « Annual Meeting... 1952 ».

George Drew est optimiste, car son parti vient de remporter cinq victoires dans des élections complémentaires et il déclare que « sans l'ombre d'un doute, le parti libéral perd de sa popularité [86] ». Léon Balcer devient président national de l'Association des Jeunes Conservateurs et le congrès adopte des résolutions recommandant des réductions de taxes fédérales et des mesures visant à diminuer le coût de la vie [87]. Le gros problème, encore une fois, demeure l'organisation québécoise au sein de laquelle tensions et difficultés se multiplient.

Une réunion des hauts stratèges du parti se tient à Ottawa en septembre. Tout en reconnaissant que les chances de succès s'améliorent au Québec, on indique que les rapports internes entre les membres de son association sont tellement tendus que Drew lui-même devra y voir [88]. Qu'y a-t-il au fond de tout ceci ? Frédéric Dorion et Henri Courtemanche répandraient un peu partout la rumeur que René Gobeil est remplacé comme organisateur québécois du parti [89] et, en fait, il abandonna ses fonctions [90]. À Montréal, l'association locale réclame une plus large autonomie et une consultation plus adéquate des Québécois avant toutes déclarations générales de politique faites par Drew [91]. Cette association — qui obtient effectivement la latitude désirée [92] — charge Abel Vineberg, de la *Montreal Gazette*, et un journaliste du nom de Bourdon de préparer la doctrine du parti, Bernard Goulet et Jean Baulu devant répandre cette doctrine par la radio [93]. Malgré tout, c'est une organisation conservatrice débile,

86. *Le Devoir*, 26 mars 1952.
87. *Idem*, 24 mars 1952.
88. « Minutes of a meeting held at National Headquarters, Ottawa », 22-23 septembre 1952. (« Strictly Confidential »), Archives du parti conservateur.
89. A. R. Gobeil à R. A. Bell, 29 décembre 1952, Fonds Bell, vol. 3, folio 12.
90. J.-Claude Nolin à R. A. Bell, 23 février 1953, Fonds Bell, vol. 3, folio 12.
91. « Minutes of the Meeting of the Executive Committee, Montreal Island Region », 14 janvier 1953, Fonds Bell, vol. 8, folio 38.
92. R. A. Bell à J. H. Bender, 19 janvier 1953, Fonds Bell, vol. 3, folio 12. Copie.
93. J.-Claude Nolin à R. A. Bell, 26 janvier 1953, Fonds Bell, vol. 3, folio 13.

minée par les dissensions internes et les conflits de personnalités qui s'engage dans la lutte en 1953. De plus, à la différence de 1949, il n'y aura pas d'appels particuliers au Québec ni de participation généralisée de l'Union Nationale [94]. Le Québec fit un peu — pour une fois — comme le reste du pays [95].

Quelques mois avant les élections, l'on parlait de la désintégration des forces conservatrices au Québec parce que les efforts réels de Drew n'avaient pu faire disparaître le sentiment de suspicion qui prévalait, dans la province, vis-à-vis de son parti [96]. Les efforts de Drew pour apprendre le français sont accueillis avec bienveillance et l'on note qu'il prononce d'entiers discours en cette langue [97]. Quant au fond même de ces allocutions, on ne trouve pas trop à y redire. Il s'engage, advenant son élection, à faire entrer dans son cabinet un nombre de Québécois proportionnel à la population de la province [98], mais la publication de son manifeste électoral ne se réfère à aucun problème qui soit exclusif au Canada français [99]. Toutefois, c'est avec vigueur qu'il s'élève contre la centralisation, menace constitutionnelle [100], et contre le gaspillage que les libéraux font des deniers publics. Pour pallier à ces deux maux, les conservateurs élimineront les abus et pourront ainsi réduire les taxes de $500 mil-

94. Il semble que certains députés ou ministres de l'Union Nationale — Jolicœur (Bonaventure), Lizotte (L'Islet), Pouliot (Gaspé-Sud), Chalifour (Portneuf) et quatre ou cinq autres — aient aidé à préparer des congrès locaux, mais sans se lier par des promesses définitives. Lucien Boucher à W. H. Kidd, 9 juin 1953, Fonds Bell, vol. 3, folio 12.

95. *The Gazette*, 20 juillet 1953.

96. *Le Devoir*, 19 mars 1953.

97. *Idem*, 25 juillet 1953 ; *The Gazette*, 27 juillet 1953.

98. *Toronto Star*, 5 août 1953.

99. Le texte complet de ce programme est dans *The Gazette*, 20 juin 1953. Notons que l'on avait décidé en janvier 1953, lors d'une réunion tenue à Montréal entre Drew et les chefs conservateurs québécois, que les thèmes utilisés au Québec seraient : l'autonomie des provinces, les problèmes de taxation, le communisme, l'aide à l'agriculture. Au député Courtemanche qui s'éloignait de ces thèmes, Bell rappela que cette attitude risquait de faire contre-attaquer l'Ontario et de faire perdre des votes et au Québec et dans le reste du pays. R. A. Bell à Henri Courtemanche, 29 mai 1953. (« Private and Confidential »), Fonds Bell, vol. 3, folio 12. Copie.

100. *Le Devoir*, 22 juillet 1953 ; *The Gazette*, 22 juillet 1953.

lions[101], tandis qu'ils défendront l'autonomie des provinces en matière de fiscalité. La carrière passée de Drew est d'ailleurs garante de ses actes futurs[102] et on lui conseille, au Québec, de miner le prestige de St-Laurent en insinuant délicatement qu'il est une sorte d'homme de paille aux mains des puissants de son Cabinet[103].

Les libéraux, il va de soi, répliquent. Leur propagande continue toujours d'associer les noms de Drew et de Duplessis et la *Winnipeg Free Press* parle de l'autonomisme de Drew comme d'une tentative de domination de la part du Québec et de l'Ontario[104]. Dans le Québec, cependant, on ne le dépeint pas comme l'ami, mais comme l'ennemi des Canadiens français, comme un franc-maçon à la solde des intérêts financiers de Montréal et de Toronto[105].

L'alliance supposée avec Duplessis — qui, de plus en plus, est la bête noire du Canada anglais — ne peut gagner à Drew de très grandes sympathies hors du Québec. Mais cette alliance est loin, nous semble-t-il, d'être aussi serrée qu'en 1949[106]. Dans des cas isolés, des dirigeants de l'Union Nationale endossent la candidature d'un de leurs amis : Tancrède Labbé et Patrice Tardif le font dans Mégantic[107] ; Léon Balcer est censé avoir derrière lui le ferme appui de la machine trifluvienne[108] ; Jos.-D. Bégin affiche une sympathie active envers Drew[109]. Mais cette aide fut loin d'être organisée ou

101. *Le Devoir*, 27 juillet 1953.

102. *The Gazette*, 27 juillet 1953.

103. W. L. Rowe à George Drew, 7 juillet 1953, Fonds Bell, vol. 7, folio 29.

104. Tel que rapporté dans *le Devoir*, 18 juillet 1953.

105. *Le Devoir*, 27 juillet 1953 ; *The Gazette*, 5 août 1953 ; par ailleurs, un député libéral aurait déclaré, à la radio : « Comme chef, le parti conservateur a un mange-canadien-français, un franc-maçon marié à une catholique qui a abandonné sa religion et qui envoie instruire ses enfants en Suisse, pays de l'idolâtrie et des sans religion », Fonds Bell, vol. 3, folio 12 ; enfin *l'Avenir de la Mauricie*, propriété du candidat libéral J.-A. Mongrain, parle des « partisans du FRANC-MAÇON Drew » dans son édition du 4 juillet 1953. Coupure dans le Fonds Bell.

106. *The Gazette*, 31 juillet 1953.

107. *Idem*, 21 juillet 1953.

108. *Idem*, 31 juillet 1953.

109. *Idem*, 6 août 1953.

Monsieur DREW
CHEF DU PARTI CONSERVATEUR

n'a pas
RÉTRACTÉ
ni
EXPLIQUÉ
ses paroles injurieuses:

A - "Je ne crois pas qu'il soit injuste de rappeler aux Canadiens français qu'ils sont une race de vaincus." Discours du 29 novembre 1936, à Plainfield, Ont.)

B - "Le gouvernement de l'Ontario entend faire tout en son pouvoir pour que ce bill inique (celui des allocations familiales) ne soit pas mis en vigueur."
le 9 août 1944, à la radio)

Parce qu'il ne le peut pas !

LES CANDIDATS DREW PROMETTENT

- *UN AMBASSADEUR AU VATICAN*
- *UN DRAPEAU NATIONAL*

MONSIEUR DREW A VISITE QUEBEC TROIS FOIS, MAIS PAS UNE FOIS IL N A OSE ENDOSSER CES PROMESSES

Pourquoi? Pourquoi?

Le Soleil, 7 août 1953.

généralisée[110]. N'empêche qu'on attaque encore l'alliance de Drew avec les ultra-nationalistes, type Frédéric Dorion[111]. N'est-il pas vrai que le chef conservateur va à des assemblées, au Québec, où l'on ne voit ni *Union Jack* ni *Red Ensign* mais simplement le drapeau fleurdelisé[112] ? N'est-il pas vrai que les candidats conservateurs, au Québec, « are hammering away on the nationalist theme almost to the exclusion of other issues[113] » ? Comment, alors, faire confiance à un tel homme ?

On peut se demander si les effets de pareille démagogie peuvent être efficaces, mais un fait susbiste : Drew subit, encore une fois, une cuisante défaite, faisant élire 50 candidats dont 4 au Québec[114]. Les conservateurs se consolent à la pensée qu'ils ont reçu près du tiers des votes au Québec et qu'un politicien de la trempe de Balcer est un homme précieux qui permettra d'obtenir des succès futurs[115]. Une étoile — après ces années de ténèbres qui semblent ne devoir jamais se dissiper — pointe à l'horizon, selon *le Devoir*. Cette étoile est celle de John Diefenbaker qui vient de remporter une impressionnante victoire et qui remplacerait Drew si celui-ci se retirait[116].

* * *

Drew se retire, de fait, en 1956, laissant à son éventuel successeur un parti désuni, qui ne s'est pas relevé de la débâcle de 1953, et qui a littéralement abdiqué face aux

110. Dans Gaspé, par exemple, le candidat conservateur ne reçut aucune aide de l'Union Nationale, fait très inusité. Renseignement fourni par M. Roland L. English, ancien député de Gaspé et candidat conservateur dans ce comté en 1953.

111. *Toronto Star*, 6 août 1953. Il fallait vraiment, même en 1953, un très grand effort d'imagination pour faire un ultra-nationaliste de Frédéric Dorion !

112. *Ibid.*

113 *Idem*, 1er août 1953.

114. Selon Pierre Elliott Trudeau, la grande raison de la victoire libérale réside dans le fait que ce parti est plus « conservateur » que le parti progressiste-conservateur et que la population apprécie la stabilité fournie par le régime St-Laurent. Voir P. E. Trudeau, « L'élection fédérale du 10 août 1953 : prodromes et conjectures », *Cité libre*, novembre 1953, pp. 4–6.

115. *The Gazette*, 12 août 1953.

116. *Le Devoir*, 17 août 1953.

« surhommes » libéraux. Le débat sur le gazoduc, en juin 1956, semble être l'exception qui confirme la règle de conduite des conservateurs. On ne s'entend pas sur une future politique sociale à préconiser et le sentiment se généralise que le parti est plus que jamais dominé par les intérêts financiers de Montréal et de Toronto. Enfin, ils sont dans l'opposition depuis 21 ans, n'ayant jamais pu obtenir plus de cinquante sièges aux Communes, pendant que le Crédit Social gagne de plus en plus de terrain. Par conséquent, il faut trouver un chef de taille pour assumer cette succession, mener le parti à la victoire et lui donner suffisamment de vigueur pour que son existence même ne soit plus mise en doute [117]. Aux yeux de la majorité des conservateurs, ce défi pourra être relevé si le Québec donne son appui au nouveau chef [118] qui sera Davie Fulton, Donald Fleming ou John Diefenbaker, les trois candidats en lice. À cet égard, le congrès de 1956 vaut d'être analysé puisque l'avenir du parti conservateur dépendra en grande partie de cette assemblée qui semble bien être celle de la « dernière chance ».

Davie Fulton est un candidat sérieux. Avocat de la Colombie britannique, il a rendu de nombreux services politiques au fédéral et au provincial. Sa tournure d'esprit et ses manières le rapprochent des intellectuels conservateurs. D'autre part, son catholicisme constitue un atout auprès des délégués du Québec [119]. Voilà pourquoi il compte sur eux pour lui donner une centaine de voix et il croit même pouvoir augmenter ce nombre à cause de son « secondeur », Jean Méthot, qui jouit d'un prestige considérable auprès de la délégation québécoise [120]. Cependant, il semble que celle-ci soit prête à ne lui donner que cinquante voix au premier tour de scrutin, quitte à l'appuyer au deuxième si Fleming doit alors retirer sa candidature [121].

117. John MEISEL, *The Canadian General Election of 1957*, pp. 18-20.

118. *Idem*, p. 30.

119. *Idem*, p. 26.

120. *L'Événement-Journal*, 14 décembre 1956.

121. *Le Devoir*, 13 décembre 1956.

Car Fleming demeure tout au long du congrès le candidat le plus prisé de l'ensemble des délégués québécois [122]. On note qu'il peut devenir un adversaire sérieux de Diefenbaker s'il réussit à entraîner derrière lui la masse des délégués francophones du Québec et d'ailleurs [123]. Anglo-Canadien authentique et protestant militant, il a appris le français et, depuis 1945, il essaie honnêtement et obstinément de comprendre le point de vue canadien-français [124]. Un grand nombre de Québécois se rangent donc sous la bannière de Fleming. Gérald Martineau ayant déclaré l'appuyer, plusieurs ont, par là, voulu entendre la voix de Duplessis lui-même [125]. Cependant, l'on peut se demander si l'on est en présence d'amitié envers Fleming ou plutôt d'hostilité envers Diefenbaker [126].

Avant le début du congrès, un journaliste note que les Québécois vont voter contre Diefenbaker, même s'ils n'ont pas encore pris officiellement position contre lui [127] :

> In the convention (next month) Quebec will have about 300 votes out of approximately 1300. All of them, barring one or two mavericks, will be cast against John Diefenbaker.

D'ailleurs, à ce moment-là, la presse dit bien pourquoi Diefenbaker est inacceptable au Québec et pourquoi les conservateurs de cette province lui sont hostiles. Ils lui reprochent son incapacité de parler français et ses positions prises aux Communes contre la radio française de l'Ouest ; et ils s'en prennent également à sa campagne pour l'abolition des chiffres concernant l'origine ethnique dans le recensement [128]. On ajoute même « qu'il n'est pas acceptable à l'électorat de langue française... [et qu']il ne

122. La moitié des délégués québécois arborent son insigne. *L'Événement-Journal*, 14 décembre 1956.

123. *Le Devoir*, 23 octobre 1956.

124. *Ibid.*

125. Pierre SÉVIGNY, *le Grand Jeu de la politique*, p. 47.

126. Pierre Vigeant dit que c'est par fierté que les conservateurs de langue française soutiendront Fleming. *Le Devoir*, 23 octobre 1956.

127. Blair FRASER, « Why the Conservatives Are Swinging to Diefenbaker ? » *Maclean's Magazine*, 24 novembre 1956, pp. 75-76.

128. *Ibid.* ; *le Devoir*, 9 et 23 octobre 1956.

pourra jamais triompher de l'opposition irréductible de la province de Québec[129] ».

Toute la presse défavorable à Diefenbaker correspond vraisemblablement aux idées des conservateurs québécois sur ce candidat. Arrivés au congrès, ils semblent déterminés, du moins officieusement, à ne pas l'accepter[130]. Cette attitude se concrétise lorsque Diefenbaker choisit, pour proposer et appuyer sa mise en candidature, deux anglophones, l'un du Nouveau-Brunswick, Hugh John Flemming, et l'autre de la Colombie britannique, George V. Pearkes. À la suite de cet incident, des délégués québécois adoptent ouvertement une position hostile envers Diefenbaker[131]. Ils tiennent alors un caucus anti-Diefenbaker et s'entendent pour appuyer Fleming en premier et pour se ranger derrière l'adversaire de Diefenbaker au second tour, si second tour il y a[132]. Balcer attaque publiquement Diefenbaker et un bon nombre de délégués québécois sortent de la salle lorsque l'avocat de l'Ouest fait son discours d'acceptation[133].

On peut se demander pourquoi Diefenbaker a ainsi heurté de front les conservateurs du Québec. Diefenbaker répond à cela qu'il a choisi H. J. Flemming et George Pearkes en tenant compte du fait que le parti s'étendait de l'Atlantique au Pacifique. De plus, il rappelle à son auditoire qu'en 1927 le leader avait été proposé par un habitant du Nouveau-Brunswick et appuyé par un autre de l'Ouest[134]. Mais ses explications n'ont alors convaincu personne et encore aujourd'hui elles sont loin d'être satisfaisantes.

Diefenbaker voulait être victorieux. Pour cela il lui fallait amoindrir les chances de Fulton qui pouvait avoir beaucoup

---

129. *Le Devoir*, 9 octobre 1956.

130. Avant la convention, Pierre Sévigny aurait fait parvenir un questionnaire à une centaine de conservateurs du Québec : 94 pour cent ont répondu qu'ils n'étaient pas prêts à appuyer Diefenbaker. SÉVIGNY, *op. cit.*, p. 33.

131. *L'Événement-Journal*, 14 décembre 1956.

132. *Le Devoir*, 14 décembre 1956.

133. MEISEL, *op. cit.*, p. 31.

134. *Ibid.*

de votes au premier tour et peut-être ainsi l'emporter au second. Par conséquent, Diefenbaker devait obtenir la sympathie du plus grand nombre possible de délégués[135]. Il fallait alors provoquer la délégation du Québec pour qu'elle l'attaque en retour. L'adversaire de Fulton serait donc considéré comme un candidat traité injustement. Et cette attaque avait toutes les chances de se produire si Diefenbaker s'abstenait de choisir un Québécois pour la mise en nomination. D'autre part, s'il procédait normalement et se choisissait un « secondeur » venant du Québec, il lui fallait absolument prendre aussi un conservateur de l'Ontario, cette province étant celle où le parti était le plus fort[136]. Mais, alors, on lui aurait encore reproché d'être dominé par les intérêts de Montréal et de Toronto et cela aurait semblé d'autant plus curieux que Diefenbaker se faisait le défenseur des provinces pauvres[137]. Ceci aurait été une grave erreur et Diefenbaker en était sûrement conscient. Cette explication nous semble être la plus valable même si elle n'est pas entièrement satisfaisante. En effet, il aurait pu choisir, pour appuyer sa nomination, un francophone venant soit des Maritimes soit de l'ouest du pays.

Malgré l'opposition de la majorité des membres de la délégation du Québec, Diefenbaker demeure le candidat le plus fort, même si les milieux financiers l'ignorent et s'il a très peu collaboré avec ses collègues parlementaires[138]. Il compte admirateurs et partisans dans toutes les provinces anglaises et il s'est fait connaître comme un politicien aux idées libérales[139]. Ses principaux collaborateurs, George Hees, Gordon Churchill et Allister Grosart, avaient mené une campagne très active et très efficace pour recruter des

135. Un renseignement qui nous paraît sûr — mais dont la source ne peut être divulguée — affirme que tous les anciens chefs conservateurs appuyaient Donald Fleming à cette convention, ce qui ne pouvait manquer d'inquiéter Diefenbaker.

136. MEISEL, *op. cit.*, p. 32.

137. *Ibid.*

138. *Idem*, 27.

139. *Le Devoir*, 28 septembre 1956.

partisans et des collaborateurs et le faire connaître de tout le pays[140].

Par ailleurs, même s'il ne peut escompter de soutien réel au Québec, Pierre Sévigny et René Duranleau l'appuient sans réserve[141]. Le 15 novembre, *l'Événement-Journal* rapporte que les chefs de file de la région de Montréal lui accordent leur appui et ne voient pas pourquoi les autres Québécois agiraient différemment[142]. Cependant, cet appui n'est pas suffisant pour faire croire aux délégués des autres provinces que la candidature de Diefenbaker est acceptée de ceux du Québec. Voilà pourquoi les organisateurs mettent sur pied, à Montréal, le Comité des Bleus dont faisaient partie une vingtaine de membres, parmi lesquels plusieurs personnalités de marque, par exemple le bâtonnier de Montréal et le président du *Canadian Club* de la même ville. Les activités de ce comité étaient décrites dans les journaux anglophones. Il ne s'agissait pas d'influencer la délégation québécoise mais d'impressionner celles des autres provinces[143].

Au congrès, parallèlement au choix d'un nouveau chef, on discute, en comité, les projets soumis par les délégués. Ceux du Québec demandent que les Canadiens français soient mieux représentés dans le gouvernement central, que les chèques du fédéral soient bilingues, que le Canada ait un drapeau distinctif, que le parti conservateur prône l'autonomie du Canada dans les affaires internationales et s'oppose fermement à l'esprit colonial[144]. Or, dans le programme officiel du parti, il n'y aura ni drapeau distinctif, ni ambassadeur au Vatican, ni chèques bilingues, ni prise de position sur le bilinguisme dans le fonctionnarisme. Même s'ils ont fait

140. MEISEL, *op. cit.*, p. 29.
141. SÉVIGNY, *op. cit.*, p. 51.
142. *L'Événement-Journal*, 15 novembre 1956.
143. MEISEL, *op. cit.*, pp. 30-31.
144. *Le Devoir*, 11 décembre 1956.

preuve de faiblesse au comité des résolutions, les conservateurs canadiens-français sont déçus[145].

L'élection facile de Diefenbaker vient alors généraliser leur mécontentement qui se manifeste de façon bruyante. Il est rumeur qu'une partie des délégués québécois, surtout des jeunes, lancent un parti conservateur québécois, laissant tomber l'étiquette «progressiste» et le chef national[146]. La scission semble imminente et le choix de Diefenbaker n'aura pas augmenté les chances du parti dans cette province. Néanmoins, dans sa première conférence de presse, Diefenbaker déclare qu'il s'efforcera d'unir le parti et, pour ce faire, il réclame l'appui du Québec[147]. Les objectifs mêmes qu'il propose — remporter le pouvoir et revenir au système des deux partis — nécessitent ces conditions préalables.

Le congrès terminé, le parti conservateur a un nouveau chef en la personne de Diefenbaker. Face à des adversaires sérieux, dont un, Fleming, était le candidat des délégués du Québec, il a réussi à l'emporter grâce à un comité d'organisation actif et dynamique, à un merveilleux travail de coulisse auprès des délégués, grâce enfin au soin que ses lieutenants et lui-même ont pris de cultiver sa réputation dans les journaux canadiens. Malgré tout ce travail bien synchronisé, Diefenbaker n'a pu rallier à sa cause la délégation du Québec. Ses activités antécédentes aux Communes, le choix de ceux qui ont officiellement présenté sa candidature et l'image que les journaux francophones du Québec donnaient de lui, continuaient à lui nuire. Si bien qu'on peut se demander jusqu'à quel point, au lendemain du congrès, le parti conservateur était mieux placé qu'en 1935, 1940, 1945 ou 1953 pour remporter l'élection fédérale qui aurait lieu dans moins d'un an.

145. *Idem*, 12 décembre 1956.

146. *Idem*, 15 décembre 1956.

147. *Ibid.*

CHAPITRE SEPTIÈME

ENFIN, LA TERRE PROMISE ! 1956–1958

LE choix de John Diefenbaker représente clairement une défaite pour la vieille garde du parti progressiste-conservateur, identifiée aux intérêts financiers du centre du pays. Mais on imaginerait mal que le nouveau chef puisse faire plus piètre figure, électoralement, que son prédécesseur immédiat, George Drew, qui démissionne même comme député au début de 1957.

Dans ses préparatifs électoraux, Diefenbaker est entouré du trio qui lui a permis d'accéder à la direction de son parti. George Hees, député torontois, apporte un enthousiasme débordant, une connaissance d'à peu près tous les organisateurs conservateurs régionaux et locaux du pays, la caution un peu craintive peut-être des milieux d'affaires torontois dont il est issu, mais surtout un entregent et une facilité d'adaptation qui en font un atout précieux. Sa philosophie politique semble se résumer, comme il l'avoue lui-même, à serrer toute main qui dépasse la manche d'un veston, mais n'empêche que son goût du spectaculaire et de l'inédit ne diminue pas son efficacité et sa rentabilité [1]. Gordon Chur-

1. On trouve une piquante description de George Hees dans Peter C. NEWMAN, *Renegade in Power: the Diefenbaker Years*, pp. 147–158.

chill, député manitobain, a probablement fait le pont entre la vieille garde et le groupe Diefenbaker ; il a sûrement conféré une forte note de crédibilité et de respectabilité à l'avocat de Prince-Albert. Quant à Allister Grosart, publiciste de profession, il apporte une imagination alerte, constamment en éveil, une profonde connaissance de l'histoire du parti conservateur et des procédures électorales, et le recours aux trucs publicitaires les plus nouveaux et les mieux adaptés. En mars, à trois mois des élections seulement, Diefenbaker lui confie officiellement la direction de l'organisation du parti [2]. C'est donc avec fébrilité qu'il doit en réorganiser le quartier général et coordonner son travail avec les sections provinciales. Les trois hommes se complètent. Hees va fournir l'argent et le divertissement, Churchill la stratégie et Grosart la tactique. Ils croient en Diefenbaker et, surtout, ils croient à la possibilité d'une victoire. Churchill peut-être plus que tout autre, parce qu'il a longuement réfléchi au problème.

À l'époque, les conservateurs comptent 50 députés aux Communes et seulement quatre sont québécois [3]. C'est une proportion décevante que des efforts répétés n'ont jamais pu corriger, d'autant plus décevante qu'on est convaincu de l'impossibilité de prendre le pouvoir à Ottawa sans une représentation numériquement appréciable de la province de Québec. Gordon Churchill n'accepte pas cette conception les yeux fermés. Il sait que, pour gouverner majoritairement, un parti doit posséder 137 députés, ce qui revient à dire que les conservateurs doivent ajouter 87 sièges aux 50 qu'ils occupent déjà. Mais où peut-on gagner 87 sièges ? On peut effectuer des gains en Ontario et dans les provinces Maritimes, c'est-à-dire dans des régions qui ont manifesté assez récemment de la sympathie à l'endroit des conservateurs, et

2. Sans que Léon Balcer soit consulté. John MEISEL, *The Canadian General Election of 1957*, pp. 73-74.

3. Ce sont Léon Balcer (Trois-Rivières), Wilfrid Dufresne (Québec-Ouest), William Hamilton (Montréal – Notre-Dame-de-Grâce), Robert Perron (Dorchester).

non au Québec où le parti est moribond depuis trop longtemps. Donc, il préconise de concentrer efforts et argent aux endroits où l'expérience récente a enseigné qu'on a des chances de succès et non où l'on est allé constamment d'échec en échec. Une analyse attentive convainc Churchill que le parti progressiste-conservateur, sans efforts particuliers au Québec, pourrait s'assurer d'une pluralité de sièges aux Communes. Si, par un heureux hasard que l'on ne chercherait pas délibérément à provoquer, cette province fournissait un contingent d'une vingtaine de députés, les conservateurs détiendraient une majorité absolue[4].

Cette stratégie, adoptée par Diefenbaker et son état-major, a donné à croire au Québec qu'on le délaissait de façon offensante. Le reproche ne manque pas de fondement, mais il faut rappeler que les traitements de faveur des élections précédentes ont donné des résultats minimes et que, d'autre part, cette orientation stratégique différente ne risquait que de coûter quatre sièges. Toutefois, ceci se produit au moment où l'on pourrait espérer entamer le bloc libéral québécois dont les organisateurs pêchent par suffisance et excès de confiance[5]. La presse semble lasse de ce gouvernement dont les membres ont vieilli, qu'on accuse d'arrogance, et qui, dans l'ensemble, donne autant l'impression d'être choisi par Dieu qu'élu par le peuple canadien. Chacun sait que St-Laurent, qui fête son soixante-quinzième anniversaire le 1er février 1957, cédera très bientôt sa place à un autre Canadien français de prestige. Or, le parti libéral a jeté son dévolu sur Lionel Chevrier, un Franco-Ontarien, politicien de la vieille école, plus à l'aise dans les manipulations électorales que dans les questions d'ordre philosophique ou intellectuel. Personne ne penserait à comparer Chevrier à St-Laurent, à Lapointe ou à Laurier, et un malaise réel existe au sein du parti libéral. Roch Pinard, secrétaire d'État, se retire offus-

4. Churchill a exposé sa théorie en deux mémorandums, l'un de 1954 et l'autre de 1956. Nous la résumons d'après MEISEL, *op. cit.*, pp. 166–168.

5. *Le Devoir*, 9 janvier 1957 et 30 mars 1957.

qué, et Jean Lesage reste, mais en rongeant son frein. Déçus par le parti libéral, les Québécois ne le sont pas moins, souvent, de certains aspects de l'administration qu'il donne, directement ou indirectement, au pays. Ainsi, une tempête de protestations entoure la décision du Canadien National de baptiser « Reine Elizabeth » et non « Château Maisonneuve » le nouvel hôtel qu'il construit à Montréal. Les journaux regorgent de lettres d'indignation, et les rues de manifestants qui pendent en effigie le président de cette corporation de la Couronne, Donald Gordon. Imperturbable et obstiné, il tient tête à la meute. Pendant ce temps, *le Devoir* mène une virulente campagne contre l'unilinguisme de l'Office national du film et les autonomistes critiquent vertement le programme fédéral d'aide aux universités et la création du Conseil des Arts du Canada. On voit que les sujets de mécontentement, d'ordre surtout émotif, ne manquent pas. Mais l'aile provinciale du parti progressiste-conservateur ne semble même pas penser à en tirer bénéfice.

On peut d'ailleurs s'interroger sur la valeur de cette aile québécoise que Pierre Sévigny, l'un des organisateurs de l'élection de 1957, décrit ainsi[6] ;

> Au début de 1957, nous n'avions guère de candidats en vue, notre programme était vague et formé de quelques vœux sans importance émis au congrès. Nous avions un trésorier, mais pas de caisse, et le parti était divisé en groupuscules éparpillés à travers la province. Le seul trait d'union semblait être une sincère aversion de John Diefenbaker.

Les conservateurs québécois ont une telle habitude de la défaite qu'ils respirent un pessimisme naturel que le nouveau chef ne dissipe pas. Dans le premier discours qu'il fait aux Communes, comme chef d'opposition, il prononce quelques phrases en français, faisant « son profit de la leçon du dernier congrès », dit-on[7], mais il n'a pas de lieutenant québécois. On fait des gorges chaudes de son « bras gauche »,

6. Pierre SÉVIGNY, *le Grand Jeu de la politique*, p. 69
7. *Le Devoir*, 11 janvier 1957.

Wilfrid Dufresne, député pittoresque mais fort sujet à caution[8] et à qui la rumeur prête des difficultés d'ordre judiciaire[9]. Néanmoins, Diefenbaker se rend à Montréal à deux reprises, au début de 1957, et il crée bonne impression. En l'absence de journalistes, il rencontre quelque 500 partisans à l'hôtel Windsor, fait appel à l'union sacrée, à l'esprit de famille, et courtise même ouvertement Henri Courtemanche, le chef des protestataires québécois au congrès de décembre[10]. L'autre réunion vise à la propagande et se déroule sous la forme d'un grand banquet au Mont-Saint-Louis, le 2 mars. L'idée d'une telle démonstration reviendrait à Maurice Duplessis — plus autoritaire que jamais, qui fait expulser de l'Assemblée législative, pour des vétilles, les députés Oswald Parent et Émilien Lafrance — mais cela, le champion des droits du parlement qu'est John Diefenbaker l'ignore. Quoi qu'il en soit, Diefenbaker proclame bien hautement ses idées autonomistes lors de ce banquet, son respect des « droits des provinces, que nous considérons comme un legs sacré », droits établis « sous l'égide de Cartier et de Macdonald » et que le parti conservateur « maintiendra[11] ». Duplessis ne pouvait qu'approuver cette profession de foi ; les conservateurs provinciaux, forts de sa sympathie tacite mais efficace, agissent de façon assez indépendante. Mais cette façon de procéder leur attire l'ire de leurs mentors d'Ottawa qui n'aimaient pas les voir pactiser avec la suspecte Union Nationale mais qui, d'autre part, ne leur donnaient aucun traitement de faveur[12].

Car il y eut certainement un appui actif de l'Union Nationale qui voulait affirmer ses principes autonomistes contre les menées centralisatrices de Louis St-Laurent. Les rumeurs veulent que l'on ait offert de financer l'élection

8. *Idem*, 19 janvier 1957.
9. MEISEL, *op. cit.*, p. 30.
10. SÉVIGNY, *op. cit.*, pp. 70-71
11. *Idem*, pp. 72-74.
12. *Idem*, p. 68.

d'une dizaine d'indépendants ou de conservateurs indépendants[13] et même qu'un troisième parti, à la solde de l'Union Nationale et dirigé par l'universitaire Esdras Minville, soit venu près d'être fondé[14]. Pierre Sévigny est plus explicite. Dès la mi-avril, Duplessis lui-même aurait suggéré de présenter des candidats conservateurs dans 25 circonscriptions et des indépendants dans une vingtaine d'autres, escomptant faire élire 15 adversaires des libéraux. « Il était prêt à appuyer et même à aider tous les candidats officiels du parti conservateur auxquels il concéderait quelques chances de victoire... Lui-même ne participerait pas à la campagne et quelques-uns seulement de ses ministres s'y engageraient activement. On prendrait grand soin d'éviter toute apparence d'alliance entre l'Union Nationale et les conservateurs fédéraux : ce genre d'alliance aurait été efficace dans le Québec, mais aurait pu être désastreux dans le reste du Canada[15] ».

Cette stratégie fut scrupuleusement respectée. L'appui de l'Union Nationale ne fut ni généralisé ni crié sur les toits, mais il fut évident et efficace en certaines circonscriptions[16]. Le premier ministre du Québec voulait punir les libéraux fédéraux qui l'avaient combattu en 1956 et il voulait, d'autre part, posséder des observateurs fidèles à Ottawa. Ses « hommes » œuvrèrent dans une quinzaine de comtés, au moins. Dans Lotbinière, ce fut une levée de boucliers contre Hugues Lapointe qui avait, aux élections provinciales, rallié les « fédéraux » autour de Georges-Émile Lapalme ; contre Jean Lesage, dans Montmagny-L'Islet, on présenta un bon candidat indépendant, Louis Fortin, qu'Antoine Rivard accompagna de paroisse en paroisse ; Henri Jolicœur, dans Bonaventure, déploya des énergies longtemps contenues pour abattre Bona Arsenault qui l'avait fait vaincre en 1956 ; Daniel Johnson, dans Saint-Hyacinthe–Bagot, fit sienne la lutte

13. *Le Devoir*, 4 avril 1957.

14. *Idem*, 29 avril 1957.

15. SÉVIGNY, *op. cit.*, pp. 77-78.

16. MEISEL, *op. cit.*, pp. 114-115 ; 174–178.

LE BAISER DE LA MORT

— **Dis-moi qui tu hantes . . .**

Le Devoir, 12 février 1958.

contre le député Fontaine ; Paul Sauvé essaya de faire battre Philippe Valois dans Argenteuil-Deux-Montagnes et Joseph-Damase Bégin mit tout en œuvre pour faire réélire son beau-frère Robert Perron dans Dorchester; Antonio Talbot patronna vigoureusement deux candidatures indépendantes dans son district. Un exemple encore plus révélateur de cette activité de l'Union Nationale se retrouve dans Kamouraska où le député unioniste, Alfred Plourde, avait déjà contribué à faire élire Arthur Massé, à deux reprises, comme libéral indépendant. Massé étant devenu candidat officiel du parti libéral, Plourde le fit battre par un indépendant [17].

Cette activité unioniste attira beaucoup plus l'attention que le programme conservateur qui promettait de réduire les taxes et d'aider concrètement les agriculteurs, d'équilibrer le commerce en favorisant l'Angleterre, de convoquer une conférence fédérale-provinciale qui mettrait fin à une centralisation qu'on jugeait excessive, et de restaurer les droits souverains du Parlement bafoués par les libéraux [18]. On ajouta, au Québec, de petits hors-d'œuvre comme le « respect intégral du pacte confédératif », la dénonciation du « gaspillage scandaleux des deniers publics », les promesses de donner une place plus grande aux Canadiens français dans la fonction publique et de doter le Canada d'un drapeau distinctif [19]. D'ailleurs, au Québec comme dans le reste du pays, on voulait faire oublier même le mot « conservateur » et on parlait du parti de Diefenbaker. Pierre Laporte, qui « couvrait » la campagne pour *le Devoir*, trouve que le chef conservateur « maîtrise déjà remarquablement la langue française [20], mais la campagne met un temps énorme à démarrer, ce qui fait écrire à son patron, Gérard Filion [21] :

17. *Le Devoir*, 6 et 14 juin 1957.
18. Les programmes des deux partis sont exposés dans MEISEL, *op. cit.*, pp. 37-63.
19. Lettre de Pierre Sévigny au *Devoir*, 17 avril 1957, p. 2.
20. *Le Devoir*, 29 avril 1957.
21. *Idem*, 18 mai 1957.

> M. Saint-Laurent parcourt le pays avec un boyau d'arrosage ; il éteint les commencements d'incendie allumés par M. Diefenbaker.
>
> Même l'opposition paraît gavée de bonne chère et de bons vins. On imagine les charges furieuses qu'un R. B. Bennett déclencherait contre l'administration Saint-Laurent. « Long John » Diefenbaker se comporte comme un bouvillon, non comme un taureau. Il ne beugle pas, il bêle.

Cette remarque s'applique particulièrement bien au Québec où il n'y a pas vraiment de lutte générale, les libéraux étant sûrs de leur succès et les conservateurs également certains de leur insuccès[22]. L'élection « la plus terne du siècle[23] » ne suscite pas d'émotion, même si, en certain cas isolé, on essaie encore de lier Diefenbaker à la campagne de 1929 du gouvernement Anderson de la Saskatchewan pour combattre « l'enseignement catholique dans les écoles publiques[24] ». On souligne cependant, dans *le Devoir*, que le chef conservateur n'a pas mené une campagne assez autonomiste et qu'il aurait dû promettre de céder aux provinces 25 pour cent de l'impôt sur les bénéfices des corporations et les revenus des particuliers, de même que 100 pour cent de l'impôt sur les successions[25].

Toutefois, on s'accorde généralement pour prédire la réélection du gouvernement libéral avec une majorité réduite. C'est l'invraisemblable, cependant, qui se produit et les conservateurs de Diefenbaker obtiennent la pluralité des sièges sans détenir la majorité absolue[26]. À la stupéfaction générale, Diefenbaker devient le treizième premier ministre du pays depuis la Confédération. Le Québec — s'il était superstitieux — pouvait se demander si ce treizième premier ministre allait choyer ou délaisser une province qui s'était

22. *Idem*, 28 mai 1957.
23. *Idem*, 7 juin 1957.
24. *Idem*, 31 mai 1957.
25. *Idem*, 8 juin 1957.
26. Il semblerait — d'après de nombreux entretiens que nous avons eus avec des gens du monde politique — que les conservateurs n'aient pas vraiment cru qu'ils prendraient le pouvoir en 1957. Plusieurs candidats furent élus sans avoir été judicieusement choisis et ce qui devait constituer une élection de rodage se mua en prise de pouvoir prématurée.

opposée à son choix en 1942, 1948 et 1956, et qui ne lui donnait maintenant que neuf députés, la plupart des émissaires de l'Union Nationale[27].

* * *

La province n'eut pas longtemps à s'interroger ; sa représensation au sein du Cabinet Diefenbaker lui fournit sa réponse. On s'attendait à avoir autant de ministres que dans l'administration St-Laurent, tout en sachant que seuls William Hamilton, Léon Balcer et Henri Courtemanche possédaient une certaine expérience parlementaire. Et les rumeurs allaient bon train, prêtant même à Diefenbaker l'intention d'aller chercher des ministres québécois hors de la députation ; on mentionnait même des noms, ceux de Paul Sauvé, de Noël Dorion, de Daniel Johnson, de Pierre Sévigny. Mais le nouveau premier ministre était déjà sourd aux rumeurs. Hamilton devint ministre des Postes et Balcer Solliciteur général. Plus tard, promit Diefenbaker, on nommerait un troisième ministre pour représenter la région de Québec. « Aux Canadiens français, Diefenbaker ne donne qu'un ministère fantôme », titra avec indignation *le Devoir*[28].

Cette nomination équivaut à un soufflet que reçoit Balcer — et l'on peut se demander pourquoi il a tendu la joue —, lui qui a réussi à se faire élire à trois reprises au Québec, qui a été président national des jeunes conservateurs, puis président national de son parti, lui qui a dirigé l'organisation conservatrice dans sa province. On lui jette au visage un portefeuille très mineur, un « prix de consolation[29] ». Sans

27. À la Chambre des Communes, Lionel Chevrier affirmera catégoriquement que les députés conservateurs francophones du Québec devaient leur élection à Duplessis et il les défiera de se lever pour le réfuter. Voir *Débats de la Chambre des Communes du Canada, 1957-1958*, pp. 158-164. Parmi les députés qui étaient redevables à l'Union Nationale de leur présence à Ottawa, mentionnons Nérée Arsenault (Bonaventure), Paul Comtois (Nicolet-Yamaska), Henri Courtemanche (Labelle), Roland English (Gaspé), Raymond O'Hurley (Lotbinière), Théogène Ricard (Saint-Hyacinthe - Bagot) et, à un degré moindre, Léon Balcer (Trois-Rivières) et Benoît Chabot, indépendant, de Kamouraska.

28. *Le Devoir*, 22 juin 1957.

29. *Ibid.*

budget à administrer, il est une sorte d'assistant du ministre de la Justice. Au seul porte-parole des Canadiens français au sein du Cabinet, on assigne un rôle très secondaire ; la rebuffade s'adresse peut-être autant à Balcer, qui a combattu Diefenbaker au congrès de 1956, qu'à ses compatriotes qui ont toujours boudé le nouveau premier ministre. Ce dernier pourtant, au début d'août, va faire accéder un second francophone au ministère ; il s'agit de Paul Comtois, agronome, qui devient titulaire des Mines et Relevés techniques. On laisse alors entendre que Diefenbaker garde des postes libres afin d'attirer des candidats prestigieux lors des prochaines élections[30] car, avant cette échéance que l'on sait prochaine, il ne peut nommer ministres des personnes qui ne sont pas encore députés[31]. Le premier ministre détruit ce laborieux échafaudage, le 7 septembre, alors que le président de l'Université de Toronto, Sidney Smith, devient secrétaire d'État aux Affaires extérieures, donnant à l'Ontario un septième ministère contre les trois dévolus au Québec.

On peut affirmer que, dans cette question de la représentation québécoise, Diefenbaker a commis un impair et une erreur de psychologie manifeste à l'endroit d'un groupe ethnique déjà soupçonneux et susceptible. Il aurait pu faire les premiers pas, donner certains gages au Québec, sans aller — comme on le lui suggérait[32] — jusqu'à faire de Marcel Faribault son véritable lieutenant canadien-français. À l'été de 1957, un geste positif de Diefenbaker envers les francophones aurait été rentable, car l'image générale que sa politique dégageait plaisait à la population. On pense, en particulier, à l'augmentation des crédits pour la construction domiciliaire, à l'annonce de la tenue prochaine d'une conférence fédérale-provinciale, aux restrictions imposées à l'entrée des immigrants. Par ailleurs, l'impression d'énergie débordante et même d'ubiquité qu'il créait frappait l'imagi-

30. *Idem*, 10 août 1957.

31. *Idem*, 18 juin 1957.

32. *Idem*, 22 juillet 1957.

nation populaire et contrastait avec l'apparent immobilisme de l'administration précédente. Mais, à l'endroit des Canadiens français, c'est bel et bien d'immobilisme qu'il faut alors taxer le chef conservateur : que les Canadiens français viennent à lui, alléchés qu'ils pourraient être par la promesse de construire à Québec un parc historique, le parc Cartier-Brébeuf, ou par le désir, exprimé par le premier ministre, d'avoir un Cabinet entièrement bilingue [33]. Il ne faut pas alors trop s'étonner si *le Devoir* prévient Diefenbaker de ne pas se mettre à la remorque des impérialistes ni des orangistes [34]. Mais on attend l'ouverture des Chambres, en octobre, pour vraiment voir l'homme à l'œuvre et l'on se demande s'il ne posera pas alors quelque « acte éclatant [35] ». Le moment serait propice, St-Laurent venant d'annoncer sa démission et les libéraux semblant plus confus et désemparés que ne le justifierait une simple défaite électorale.

Tous savent que cette session qui commence, le 14 octobre, sera transitoire et servira de tremplin à une autre campagne électorale. Son début coïncide avec deux nouvelles d'importance. Lester B. Pearson, ancien secrétaire d'État aux Affaires extérieures, recevra en décembre le prix Nobel de la paix et, le mois suivant, les libéraux se donneront un nouveau chef. Mais c'est la reine Élisabeth qui vole la vedette. Arrivant des États-Unis où elle a participé aux fêtes du 350e anniversaire de la fondation de Jamestown, la « reine du Canada » se rend « dans la salle de l'honorable Sénat » et y lit le discours du trône qui ouvre la 23e législature canadienne. Monarchiste convaincu, le nouveau premier ministre participe pleinement à ce déploiement de prestige royal. Il ne cache pas son émotion : « en ce jour de la reine, dit-il, les membres des

---

33. *Idem*, 3 août 1957. Pierre Laporte, correspondant du *Devoir* jusqu'en octobre, alors qu'il est remplacé par Clément Brown, s'émerveille des progrès de Diefenbaker en français, langue qu'il parle « avec de moins en moins d'efforts » (15 juillet) et dans laquelle il fait des progrès « rien de moins qu'étonnants » (3 août).

34. *Idem*, 4, 18 et 30 juillet 1957.

35. *Idem*, 26 septembre 1957.

Communes et du Sénat vivront une heure historique[36] ». L'émotion et le lyrisme gagnent des collègues. L'austère ministre des Finances, Donald Fleming, peu enclin aux effusions même verbales, note que cette cérémonie a apporté « à l'âme canadienne quelque chose qui va l'enrichir pour plusieurs générations à venir[37] ». Solon Low, chef du Crédit social, ne prophétise pas ainsi ; il retourne aux sources et relève l'ascendance de « notre reine bien-aimée... jusqu'à David de l'Ancien Testament, que le prophète Samuel a sacré roi d'Israël[38] ». Le député de Saint-Boniface ne veut pas être en reste et s'incline devant ce « symbole de l'autorité au Canada. Au fait, nos hommages s'imprégnaient à travers son auguste personne pour l'entraîner avec nous vers l'autel de la patrie canadienne[39] ». Mais les activités gouvernementales, durant cette session ouverte avec tant de pompe, ne donneront pas souvent aux Québécois l'occasion d'entonner de tels hymnes de joie.

Malgré tout, leurs exigences étaient assez platoniques ; elles se limitaient à demander une plus adéquate représentation au cabinet, l'émission de chèques bilingues en provenance des organismes gouvernementaux et l'installation d'un système de traduction simultanée à la Chambre des Communes. Là semblent se borner leurs requêtes. La nomination d'un nouveau gouverneur général, pour remplacer Vincent Massey dont le mandat arrive à terme, ne les préoccupe pas outre mesure. On veut que ce soit un Canadien et non un Britannique ; on suggère le nom de George Drew, mais on ne semble pas penser à la possibilité qu'un Canadien français occupe ce poste[40].

---

36. *Débats de la Chambre des Communes du Canada, 1957-1958*, p. 1.
37. Donald Fleming, 17 octobre 1957, *Débats... 1957-1958*, p.89.
38. Solon Low, 18 octobre 1957, *Débats... 1957-1958*, p. 148.
39. Louis Deniset, 21 octobre 1957, *ibid.*, p.249.
40. *Le Devoir*, 20 septembre 1957. En novembre 1957, Diefenbaker va prolonger d'un an le mandat de Vincent Massey.

À OTTAWA

Charles : Je ne vous ai pas compris

Le Devoir, 20 avril 1960.

Le nombre des ministres québécois n'est pas augmenté. Henri Courtemanche devient vice-président des Communes et Raymond O'Hurley, le vainqueur de Hugues Lapointe, est le seul adjoint parlementaire représentant une circonscription du Québec. Par contre, trois Canadiens français accèdent au Sénat, soit Léon Méthot, Gustave Monette et Mark Drouin, ce dernier recevant la présidence de cette auguste assemblée. Les principaux articles de législation — paiements anticipés aux fermiers de l'Ouest, stabilisation des prix des produits agricoles et aide financière aux provinces de l'Atlantique — ne touchent pas directement la « belle province ». Une réduction d'impôts de $178 millions et le prolongement de la durée des prestations d'assurance-chômage y sont bien accueillis, mais pas au point de faire s'exclamer, avec Théogène Ricard : « Que le pays sache que le parti conservateur n'est pas le parti de la famine, de l'oubli, n'est pas le parti qui sème la misère partout, mais plutôt celui qui peut se pencher sur la misère humaine, et celui dont les membres s'efforcent, tous ensemble, d'apporter une solution aux problèmes que nos prédécesseurs nous ont légués[41] ». Par ailleurs, la conférence fédérale-provinciale de novembre ne nous paraît pas réellement susciter cet « esprit nouveau » dont parle Diefenbaker. Maurice Duplessis, lui, y est venu « l'esprit ouvert » mais après avoir pris bien soin de déclarer à « son » Assemblée législative qu'il « n'y a pas un gouvernement, pas un chef politique, si fort soit-il, capable de faire flancher le gouvernement actuel ». Rien, ajoute-t-il, ne lui fera abandonner « des droits qui nous ont coûté très cher en sang, en vies humaines, en sacrifices[42] ». Sans mémoires fouillés, sans texte même, sans cohorte de spécialistes, mais précédé de sa renommée et sûr des principes qu'il manie avec virtuosité, Duplessis exige que le gouvernement central remette aux provinces une plus forte proportion des impôts directs et la totalité des droits d'impôts sur les successions. La

41. Théogène Ricard, 27 novembre 1957, *Débats... 1957-1958*, p. 1677.

42. *Le Devoir*, 20 novembre 1957.

conférence est ajournée à janvier, mais, à cette date, Diefenbaker la fera encore remettre parce que, selon lui, les libéraux l'empêchent de travailler normalement aux Communes.

D'autre part, la session ne règle pas les problèmes assez « sentimentaux » du drapeau distinctif, de la traduction simultanée et de l'émission de chèques bilingues. C'est un député libéral, Wilfrid Lacroix, qui présente une motion pour doter le Canada d'un drapeau national. Présentée comme question de confiance à l'endroit du gouvernement, elle est rejetée par libéraux et conservateurs [43]. Un autre libéral, Maurice Breton, demande la formation d'un comité qui étudierait la possibilité de munir les Communes d'un système de traduction simultanée. Des conservateurs s'y opposent parce que cette « installation mécanique » séparerait les députés au lieu de les unir et découragerait ceux qui sont désireux d'apprendre l'autre langue. Le leader parlementaire du gouvernement, Howard Green, dit qu'il faut, à cette session, parer au plus urgent, tandis que Léon Balcer affirme qu'un comité de régie interne se penche présentement sur la question [44]. Sous ce rapport, rien n'est donc réglé. Restent les chèques bilingues. Cette fois, c'est l'indépendant Raoul Poulin qui propose l'« impression en français et en anglais des effets négociables du gouvernement fédéral [45] ». Un appui massif, et rapide, des conservateurs au projet de loi Poulin leur permettrait de porter « un grand coup au Québec [46] ».

Mais il y a tergiversations. Le 16 octobre, le ministre des Finances admet qu'il s'agit d'une question de politique gouvernementale [47] ; le 3 décembre, à l'étape de la deuxième lecture, les conservateurs canadiens-français l'appuient avec assez de volubilité pour que les règles de la procédure

43. *Débats... 1957-1958*, pp. 1268 ss.
44. *Ibid.*, pp. 1535–1572 (25 novembre 1957).
45. *Ibid.*, p. 28 (16 octobre 1957).
46. *Le Devoir*, 19 octobre 1957.
47. Donald Fleming, 16 octobre 1957, *Débats... 1957-1958*, p. 41.

parlementaire empêchent que l'on prenne le vote. Il n'est enfin adopté, en deuxième lecture toujours, que le 31 janvier 1958, par 167 voix contre 9. L'opposition vient de conservateurs anglophones et l'un d'eux, Small, après avoir fait le panégyrique de l'Ordre d'Orange, note que, «périodiquement», les Canadiens français «tiennent à présenter une mesure de ce genre pour se rappeler qu'ils sont ici et qu'ils doivent y rester[48]». Quoi qu'il en soit, la fin précipitée de la session empêche la discussion du projet de loi Poulin en comité, et le sort des chèques bilingues est le même que celui qu'on a réservé au drapeau et à la traduction simultanée. Que les francophones se consolent : Léon Balcer a obtenu que les menus soient bilingues au café du Parlement[49] ! On peut quand même douter de l'influence et de l'efficacité de ces conservateurs de langue française.

Il est évident qu'aucun d'entre eux ne joue le rôle de porte-parole officiel ou officieux de son parti aux Communes. Ni Léon Balcer ni Paul Comtois ne bronchent quand un député libéral les désigne, à tour de rôle, comme «représentant officiel de notre province[50]». Comtois présente laconiquement les crédits d'un ministère dont il ignore les rouages et qui traite de questions techniques qui le dépassent. Quant à Balcer, qui n'a pas été «jugé digne d'occuper le poste de ministre de la Justice[51]», il ne desserre à peu près pas les dents aux Communes et son mutisme ne manque pas de dignité. Dans l'ensemble, et sans manquer de charité, on peut dire que la participation des conservateurs francophones aux débats de la Chambre est insignifiante en quantité et en qualité. Le plus volubile — et encore l'est-il peu lors de cette session — est Théogène Ricard, député de Saint-Hyacinthe-Bagot. Même là, il gagnerait souvent à se taire, accumulant poncifs et remerciements à l'endroit du premier

48. Robert H. Small, 31 janvier 1958, *ibid.*, p. 4325.
49. *Le Devoir*, 14 novembre 1957.
50. Maurice Breton, le 18 octobre 1957, *Débats... 1957-1958*, p. 134
51. J. W. Pickersgill, 17 octobre 1957, *ibid.*, p. 102.

ministre « pour l'honneur qu'il a fait à la population de son comté en le nommant délégué suppléant à la douzième session des Nations-Unies[52] ».

Devant cette faiblesse, qu'on peut imputer à l'inexpérience, on s'étonne que les libéraux ne fassent pas montre de plus d'agressivité. Jusqu'à un certain point, ils sont prisonniers de l'attitude de St-Laurent qui n'a pas présenté de motion de défiance à l'adresse en réponse au discours du trône, indiquant par là même qu'il ne voulait pas d'élections précipitées. La session se déroule selon une mise en scène uniforme : les libéraux indiquent aux conservateurs ce qu'ils doivent faire tandis que ces derniers leur rétorquent qu'ils ont eu 22 ans pour faire cette même chose et qu'ils ne l'ont pas faite. « Solides dans leur fluidité et tout-puissants dans leur impuissance », leur dit Donald Fleming en répétant Winston Churchill[53], les libéraux s'affairent à donner un successeur à Louis St-Laurent. Paul Martin, qui veut à tout prix se mettre en évidence, Lionel Chevrier, Jack Pickersgill, James Sinclair et Jean Lesage donnent, à peu près dans cet ordre, un semblant de vigueur à cette opposition qui critique mais qui vote presque toujours avec le gouvernement. On pose des banderilles aux conservateurs québécois dont on raille le manque d'influence et on essaie de les associer à l'Union Nationale. Chevrier les attaque même « sauvagement » à ce sujet[54], mais on sent que les libéraux craignent une élection hâtive[55]. Le choix de Pearson comme chef du parti, le 16 janvier 1958, peut faire croire à un regain

52. Théogène Ricard, 12 novembre 1957, *ibid.*, p. 1097.

53. Donald Fleming, 12 décembre 1957, *ibid.*, p. 2389.

54. *Le Devoir*, 23 octobre 1957.

55. En janvier 1958, *le Devoir* publie les résultats d'un sondage auquel 1559 de ses lecteurs ont répondu. A la question suivante : « Estimez-vous que, depuis son accession au pouvoir et dans l'ensemble, M. Diefenbaker a bien traité les Canadiens français ? » 1044 répondent non et 441 disent oui. Quand on leur demande : « Pour qui voteriez-vous ? » 769 affirment qu'ils appuieraient le parti libéral, 487 le parti conservateur, 263 les sociaux-démocrates, etc. *Le Devoir*, 4 janvier 1958. Cette crainte des libéraux ne leur vient donc pas du Québec, mais du Canada anglais. *Idem*, 18 janvier 1958.

d'énergie des libéraux, mais Diefenbaker, un peu indécis jusque-là, va réduire à l'impuissance, et de façon dramatique, le lauréat international devenu chef d'opposition.

C'est à ce titre que, pour la première fois, Pearson prend la parole aux Communes le 20 janvier 1958[56]. Il décrit la mauvaise situation de l'emploi et du commerce au Canada et ajoute qu'il faut, pour y remédier, « des mesures audacieuses et originales de la part du gouvernement ». Mais « un gouvernement qui vit au jour le jour et... établit sa ligne de conduite de la même façon » ne fait qu'empirer une situation pourtant bonne en juin 1957. Le chef de l'opposition possède la solution : que le gouvernement Diefenbaker démissionne pour donner la place à une administration libérale capable, elle, de régler ces graves problèmes. Ce discours inouï de cinquante minutes, inspiré par Pickersgill[57], était taillé expressément pour Diefenbaker. Pendant deux heures et demie[58], il lacère ce discours qui « manque de courage » et qui n'est qu'« abdication de responsabilités ». Il ridiculise et stigmatise, lui le lutteur, l'idée de donner le pouvoir sans combattre. Il brandit un document. C'est un rapport intitulé *Perspectives économiques canadiennes*, préparé par les experts du ministère du Commerce et distribué au Cabinet libéral en mars 1957. Que disait ce rapport ? Il prédisait une récession économique. Qu'ont fait les libéraux en juin 1957 ? Ils ont fait comme si la prospérité continuait et continuerait. Ils ont donc, alors, menti à la population et, maintenant, ils imputent cette récession aux conservateurs. Le doigt accusateur, la voix vengeresse, il fustige ces libéraux arrogants et menteurs, il les abat puis les piétine. Ceux-ci sont prostrés et accablés, ne pouvant se réclamer que du manque d'éthique d'un premier ministre qui utilise un document secret. Diefenbaker n'en a cure. Jamais, depuis le temps d'Arthur Meighen,

---

56. L. B. Pearson, 20 janvier 1958. *Débats... 1957-1958*, pp. 3683-3689.
57. Peter C. NEWMAN, *Renegade in Power : the Diefenbaker Years*, p. 66.
58. John G. Diefenbaker, 20 janvier 1958. *Débats... 1957-1958*, pp. 3689-3710.

on n'a assisté à pareil éreintement[59]. Il tient son cheval de bataille, ses troupes sont galvanisées et ses adversaires déjà anéantis. Le 1er février, il fait dissoudre les Chambres et déclenche de nouvelles élections générales.

* * *

Durant cette campagne électorale, l'attitude du Québec en est une de réserve, d'expectative. Pas de réclamations à grands cris, pas de vocifération. Quand les demandes revêtent un caractère plus précis, elles portent sur l'octroi de chèques bilingues et d'une plus nombreuse représentation canadienne-française au ministère. Selon *le Devoir*, le « grand enjeu », pour le Québec, consiste à donner ou à ne pas donner son amitié à Diefenbaker. « Autrement, même s'il réussissait à arracher... les 20 ou 30 comtés qu'il espère, il se retrouvera dans vingt ans au même point que Bennett en 1935, c'est-à-dire en face d'une province encore plus anticonservatrice que par le passé[60] ». Pour leur part, les conservateurs posent peu de gestes susceptibles de faire départir le Québec de sa réserve, si ce n'est la nomination au Sénat d'un Franco-Ontarien, Lionel Choquette, et l'annonce par Léon

59. La meilleure description de cette séance mémorable est sans contredit celle qu'en a faite le vieux député socialiste Colin Cameron... « Lorsque le chef de l'opposition se préparait à présenter son amendement, j'ai cru, d'après son rire nerveux et ses gestes affectés, qu'il se proposait de jouer un tour à la Chambre des Communes... J'ai ensuite constaté qu'il était sérieux... Il est tragique qu'un parti, grand déjà, ait l'effronterie de proposer, après avoir été jeté dehors par la porte de devant, qu'on lui permette de rentrer en se faufilant par la porte de derrière... Voilà de la politique du genre de celle qui se pratique au Venezuela, où le gouvernement change de mains sans qu'on fasse appel au peuple... Nous avons été témoins d'un magnifique travail d'abattage de l'opposition libérale... Cependant, je me demande si c'est bien le rôle que le premier ministre du Canada doit jouer... Quand je l'ai vu mettre en batterie toutes sortes de bouches à feu oratoires, des arsenaux complets de projectiles téléguidés, bourrés de vitriol et d'invectives, afin d'abattre un malheureux oiseau perché — car il s'agissait vraiment d'un oiseau perché, déjà souffrant d'une blessure qu'il s'était lui-même infligée, — je me suis demandé si le premier ministre croyait vraiment à l'abattage sans cruauté des animaux. » *Débats... 1957-1958*, p. 3743 (21 janv. 1958). Pearson constituait bel et bien la cible de Diefenbaker. C'était tellement manifeste que, à la reprise de son discours, à la séance du soir, le premier ministre s'en tint à des généralités jusqu'à ce que le chef de l'opposition, retenu ailleurs, eût regagné son fauteuil. Il revint alors allégrement à son abattage.

60. *Le Devoir*, 22 février 1958.

Balcer, le 8 février, qu'un décret ministériel vient d'établir la traduction simultanée à la Chambre des Communes. On laisse totalement de côté la politique extérieure canadienne, sans doute pour pouvoir ignorer officiellement le rôle qu'y a joué Pearson et pour ne pas avoir à mentionner l'honneur que représente un prix Nobel. Et l'on se replie sur les affaires intérieures, où nulle récompense n'a couronné l'inexpérience de Pearson et où l'équipe libérale décimée est vulnérable. Le chômage devient le terrain de rencontre des deux adversaires. Ce fléau est une séquelle de l'administration libérale, clament les conservateurs en utilisant jusqu'à l'épuisement les arguments employés par Diefenbaker le 20 janvier, mais un gigantesque programme de travaux va l'enrayer et va réparer l'imprévoyance et même la perfidie des libéraux. Ces derniers ont beau promettre, en plus de ces travaux, une diminution d'impôts de $400 millions, on ne semble pas vouloir les absoudre de leur responsabilité initiale.

À tout prendre, les libéraux manquent de dynamisme et de doctrine. Ils sont incapables d'endiguer l'élan insufflé par Diefenbaker le 20 janvier et ils ne peuvent écarter les accusations relatives au chômage. De plus, ils sont atterrés devant la puissance de Maurice Duplessis, maître incontesté de la politique provinciale, qui vient même d'évincer Jean Drapeau de la mairie de Montréal pour y placer le sénateur libéral Sarto Fournier, étalant ainsi au grand jour les faiblesses et les divisions de la famille libérale. Durant l'hiver de 1958, c'est contre eux que déferle cette force. Organisateurs de paroisses et militants unionistes accomplissent la besogne des candidats conservateurs. Des ministres donnent le ton. Ainsi Antoine Rivard ouvre la campagne d'Yvon Tassé dans Québec-Est contre le théoricien de la centralisation, Maurice Lamontagne[61]. Camille-Eugène

61. Maurice Lamontagne possédait nombre de caractéristiques pour susciter l'ire de Maurice Duplessis. Ancien élève et bras droit du père Georges-Henri Lévesque, il était économiste renommé, auteur du très centralisateur *Fédéralisme canadien*, et depuis trois ans conseiller du parti libéral fédéral. Il se présenta dans Québec-Est,

Pouliot, député de Gaspé-Sud et ministre de la Chasse et des Pêcheries, déclare qu'il va prendre part à la lutte. « Et lorsque je dis prendre part, je ne veux pas dire prononcer quelques discours, mais travailler de toutes mes forces pour faire élire quatre conservateurs dans la péninsule [de Gaspé] [62]. » Un futur premier ministre du Québec, Antonio Barrette, justifie sa participation en disant qu'il veut effacer les défaites qu'il a subies dans le camp des conservateurs. « Je croyais aussi, écrit-il, que certaines revendications faites sur la tribune en période électorale avaient plus de force qu'en temps normal. C'est ainsi que je réclamais un drapeau distinctif, un hymne national, un représentant auprès du Vatican, le respect de l'*Acte de l'Amérique britannique du Nord* [63]... » On pourrait multiplier à profusion les exemples de participation active de l'Union Nationale. Le sénateur Mark Drouin donne la note juste, et symptomatique, de l'esprit de l'Union Nationale, en disant qu'on va faire de Pearson « le Lapalme fédéral [64] ». Les libéraux ne peuvent à la

---

le siège de Wilfrid Laurier, d'Ernest Lapointe, de Louis St-Laurent. Les tribulations des conservateurs dans cette circonscription, en 1958, tiennent du vaudeville. L'assemblée tenue pour le choix d'un candidat dura une bonne dizaine d'heures et Émilien Simard l'emporta sur le docteur Gagnon. 650 délégués étaient inscrits et, à certains tours de scrutin, on dénombra près de 1,100 votes. Le comité le plus actif, paraît-il, fut celui des « costumes », institué pour permettre aux dames de changer d'allure... extérieure et de voter, par ce subterfuge, à plusieurs reprises. Le 12 mars, le candidat officiel Simard et le conservateur-indépendant Gagnon se retirèrent. Le lendemain, à l'instigation de Duplessis lui-même à ce qu'il semble, le comité central du parti nomma l'ingénieur Yvon Tassé candidat conservateur. Le slogan publicitaire était déjà trouvé (« I-vont-tasser-la-montagne ») et la machine électorale de l'Union Nationale présenta à John Diefenbaker l'inexpugnable forteresse libérale que St-Laurent avait conservée avec 17,464 voix de majorité en 1957. Lamontagne comprit mal cette leçon d'autonomie pratique et subit de façon fort disgracieuse sa défaite. Mal lui en prit car, au scrutin suivant, en 1962, il ne fut pas battu par l'Union Nationale mais par le créditiste Robert Beaulé.

62. Au banquet en l'honneur de Mark Drouin à Québec, le 8 février. *Le Devoir*, 10 février 1958.

63. Antonio BARRETTE, *Mémoires*, p. 188.

64. *Le Devoir*, 10 février 1958. On peut ajouter, au sujet de la participation de l'Union Nationale, le témoignage de deux députés libéraux qui ont réussi à se faire élire. Alexis Caron, député de Hull, dit que « dans Québec les méthodes électorales de Huey Long et d'Al Capone ont été en honneur dans bien des circonscriptions »... Il ajoute : « Tous les ministres et tous les membres du parti de l'Union Nationale

fois neutraliser l'élan de Diefenbaker et la force de Duplessis Les appels aux préjugés, auxquels fait écho *le Devoir*, tombent à plat. On affirme que Diefenbaker appartient au sinistre Ordre d'Orange et l'on se fait fort de le prouver mais, le moment venu, on doit se rétracter[65]. L'exhumation d'un texte de l'abbé Groulx sur les persécutions du gouvernement Anderson à l'endroit des Canadiens français de la Saskatchewan — en y accolant le nom de Diefenbaker — ne donne pas les résultats espérés[66]. Les journaux du 29 mars contiennent une page de publicité libérale, où l'on relie George Drew à la « race des vaincus » et John Diefenbaker à la conscription. Ces appels aux préjugés n'ont plus l'effet de jadis.

Dans le reste du Canada, rien ne semble devoir arrêter Diefenbaker. Il parle à l'imagination, table sur les sentiments plus que sur la raison, insuffle des motifs de fierté ; il projette, avec l'éloquence inspirée d'un prophète, sa vision du Canada nouveau. Le ton séduit, après les treize années de l'énigmatique Mackenzie King et les neuf années de la froide administration St-Laurent–Howe. Pour un peu, les foules tenteraient de toucher les vêtements de Diefenbaker pour obtenir la guérison instantanée de tous leurs maux. Il ne reste au Québec qu'à suivre le reste du pays, mais « la belle province » y met plus de retenue.

---

participaient à la lutte, même dans ma circonscription, où le ministre des Travaux publics (Roméo Lorrain)... a passé quinze jours..., promettant tout ce qu'on demandait, et comme il était venu la bourse ouverte, l'argent volait, et le jour des élections on prodiguaient (*sic*) les billets de $20. » Adrien Meunier, député de Papineau, déclare que « nous avons vu la machine infernale de l'Union Nationale déferler dans nos circonscriptions, nous avons vu ses représentants faire des promesses de bouts de chemin et de ponts et l'argent se distribuer de tous côtés. Nous avons même vu des employés du gouvernement provincial faire leur part en travaillant en étroite collaboration avec les candidats conservateurs, et nous savons que certains candidats conservateurs ont été choisis dans le bureau même du premier ministre de la province de Québec ». *Débats de la Chambre des Communes du Canada, 1958*, pp. 245, 286.

65. *Le Devoir*, 25 mars 1958. *Le Devoir*, cependant, ne présente sa rétractation que le 31 mars, le jour même du scrutin.

66. *Idem*, 27 mars 1958.

Ici, Diefenbaker est ferme, engoncé dans une raideur dont il ne se départit pas, très avare de promesses. André Laurendeau le note bien[67] :

> Ce qui frappe dans les discours québécois de M. Diefenbaker, c'est l'insignifiance. Elle est telle qu'on peut la déclarer agressive. Le chef conservateur a l'air de dire : Prenez-moi comme je suis, je ne bougerai pas d'un pouce, parcourez vous-mêmes toute la route... La Vérendrye ne suffit pas. L'honneur de recevoir M. Diefenbaker ne suffit pas. La traduction simultanée ne suffit pas... Nous voudrions savoir comment nous regarde l'homme qui sera peut-être premier ministre à la fin du mois, et comment il nous traitera quand il occupera le pouvoir pour de bon.

Nulle part Diefenbaker ne promet un poste de premier plan à un Canadien français ; tout au plus indique-t-il que Léon Balcer détient une sorte de place particulière. Il demande au Québec de lui envoyer des députés. « Donnez-moi les outils, je finirai la besogne », dit-il lors d'une assemblée aux Trois-Rivières[68]. D'un ton énigmatique, il déclare, à un auditoire de Rimouski, qu'« il est en votre puissance de m'entourer des lieutenants compétents dont j'ai besoin pour diriger les destinées de notre pays[69] ». C'est à Montréal, au Manège militaire de la rue Craig, qu'il se révèle le plus explicite[70] :

> Nous avons plusieurs candidats de langue française dans le Québec et dans toutes les autres parties du Canada et je n'hésite pas à dire que plusieurs d'entre eux feraient d'excellents ministres dans mon Cabinet. C'est vous qui êtes les juges et je vous demande de m'envoyer une forte représentation de cette province à Ottawa, afin que j'aie l'embarras du choix lorsqu'il s'agira de donner une plus forte représentation de langue française au sein du Cabinet.

Là se bornent les promesses de Diefenbaker. Que le Québec se plie aux exigences du premier ministre. Contre toute espérance, 50 des 75 élus québécois sont conservateurs. Aux Communes, 208 des 275 députés sont conservateurs. Le

67. *Idem*, 1er mars 1958.
68. *Idem*, 24 mars 1958.
69. *Idem*, 28 mars 1958.
70. *Idem*, 27 mars 1958.

Canada, Québec inclus, est aux pieds de l'avocat de Prince-Albert, investi d'un pouvoir sans précédent. Les Canadiens se sont certes présentés en nombre au rendez-vous avec le destin que Diefenbaker leur avait fixé. Lester Pearson, le chef libéral, déclare avec humour qu'il « s'est agi moins des ides de mars que d'une marée qui nous a submergés[71] ».

71. Lester B. Pearson, 13 mai 1958. *Débats... 1958*, p. 22.

CHAPITRE HUITIÈME

D'AUSTERLITZ À WATERLOO
1958-1963

C'EST une victoire éclatante, sans précédent dans les annales politiques canadiennes, que Diefenbaker vient de remporter. Au Québec, avec ses cinquante députés, il est en position inespérée de force, car il a été élu à ses conditions. Il ne s'est pas adjoint de lieutenant canadien-français; il n'a confié aucun portefeuille avant l'élection, chaque candidat devant gagner ses grades et conquérir l'électorat; il n'a pas parlé de drapeau ni d'hymne distinctifs, pas plus qu'il n'a soufflé mot de chèques bilingues; il n'a même pas mentionné la traduction simultanée des débats parlementaires que son propre gouvernement a pourtant décidé d'accorder. Tout au plus a-t-il fait allusion à l'égalité de traitement dont devraient jouir les francophones dans l'administration fédérale. Noël Dorion, nouvellement élu, nous semble prêter ses propres vues à Diefenbaker quand il déclare, parlant de lui-même et de ses collègues du Québec[1] :

> Selon le mot du très honorable premier ministre, nous voulons être, avec nos compatriotes de culture et de langue anglaise, des partenaires dans la gouverne de la nation, de telle sorte que les droits et les

1. Noël Dorion, 22 mai 1958. *Débats de la Chambre des Communes du Canada, 1958*, p. 361.

libertés de nos deux groupes ethniques soient respectés et sauvegardés, que nos institutions politiques soient pénétrées de l'esprit de l'un comme de l'autre et qu'ainsi soit enfin conquise l'unité nationale à laquelle depuis si longtemps aspirent tous les Canadiens de bonne volonté.

En gardant ainsi ses distances, Diefenbaker avait réussi à soumettre le Québec de sorte que, en ce 1er avril 1958, il faisait figure de maître incontesté, sans entrave, porté au sommet par un mandat dépourvu d'équivoque. Mais bien des gens pouvaient néanmoins noter l'influence de l'Union Nationale derrière ce triomphe et Diefenbaker lui-même, en ces dix-sept mois qui séparent sa victoire de la mort de Duplessis, ne put ignorer complètement le contexte général du Québec de l'époque.

Il ne pouvait percevoir, bien entendu, les balbutíements de ce qui allait devenir une nouvelle vague nationaliste. Personne, d'ailleurs, n'aurait pu donner cette portée ultime aux propos souverainistes de Raymond Barbeau et d'André d'Allemagne. Ni à la levée de boucliers suscitée par l'annonce de la commémoration du second centenaire de la bataille des Plaines d'Abraham. On avait parlé d'émettre un timbre postal qui unirait, en une même effigie, les figures de Montcalm et de Wolfe, obligeant ainsi les Canadiens à donner l'estampille de leur salive, d'un seul coup de langue, au grand vainqueur et au grand vaincu. Voilà qui dépasse les bornes. La Société Saint-Jean-Baptiste de Québec parle de «deux siècles de collaboration progressive[2]» et le père Gustave Lamarche, viatorien, nationaliste farouche et auteur d'un manuel d'histoire du Canada fort répandu au Québec, n'hésite nullement à évoquer l'immolation de «l'honneur national[3]». Mais nul à l'époque — pas plus les intellectuels francophones que le rigoureux chef tory — ne pouvait s'arrêter à ce que l'on voyait comme vétilles en comparaison de la gigantesque et omniprésente personnalité

2. *Le Devoir*, 28 mai 1959.

3. *Idem*, 6 juin 1959.

Un gouvernement Dief-Dorion ?

Le Devoir, 26 août 1961.

de Maurice Duplessis. Car, au pays du Québec, tout est alors fonction de Lui.

Une bonne partie du clergé, la Ligue d'Action civique de Jean Drapeau qui joue avec l'idée de se lancer sur la scène provinciale, le Parti Social démocratique de Michel Chartrand, le Rassemblement de Jacques Hébert et de Pierre Elliott Trudeau, les journaux *Vrai* et *le Devoir*, la revue *Cité libre*, tout ce monde s'oppose à Duplessis, mais sans cohésion. Le parti libéral fédéral charge Maurice Lamontagne, un adversaire forcené, aigri et vindicatif, de sa réorganisation au Québec. Les libéraux provinciaux, eux, remplacent, le 31 mai 1958, Georges-Émile Lapalme par Jean Lesage ; ils mettront donc l'accent sur l'action et l'organisation plutôt que sur la philosophie sociale. Mais Duplessis n'a cure de l'opposition libérale qu'il connaît de longue date, et il dédaigne les attaques des divers éléments hétéroclites qu'il coiffe du large titre de « gauchistes ». Il domine la scène québécoise de façon absolue. Pendant trente-sept jours, il laisse trois représentants étudiants faire le pied de grue à la porte de son bureau sans daigner les recevoir[4]. Pour le Canada anglais, cette attitude cavalière ne fait que confirmer l'opinion qu'on a depuis longtemps du caractère despotique de ce premier ministre qui fait fi des libertés collectives et individuelles. Et le scandale du gaz naturel, qui éclate le 13 juin 1958, donne la preuve tangible de ce que l'on a toujours proclamé : le régime de l'Union Nationale repose sur une corruption éhontée[5]. Ceci n'affecte aucunement, toutefois, l'attitude de Duplessis à l'égard du gouvernement fédéral. À Diefenbaker qui vient à Québec, en avril 1959, et qui parle de célébrer dignement le

4. L'un de ces étudiants était Francine Laurendeau, fille du rédacteur en chef du *Devoir*. Un autre était Jean-Pierre Goyer.

5. *Le Devoir*, dans une série d'articles rédigés par Pierre Laporte, dévoila que nombre de ministres et de favoris de l'Union Nationale avaient acquis, sans risque, des actions d'une corporation qui allait être achetée par le gouvernement provincial. Leurs profits furent considérables. Duplessis, ignorant tout de l'affaire, fit des colères terribles, vilipenda *le Devoir* et suspendit ses conférences de presse hebdomadaires, mais organisa quand même une défense ingénieuse et systématique des accusés.

centenaire de la Confédération canadienne, il répond que le meilleur moyen de le faire est encore de respecter la constitution de 1867. Trois mois plus tard — ce devait être son chant du cygne —, le premier ministre du Québec se rend à Ottawa et assiste à la conférence fédérale-provinciale des ministres des Finances. Il n'a pas reçu d'invitation, mais que vient faire un accroc au protocole ou à la civilité quand il s'agit d'endiguer l'aide fédérale aux universités québécoises ? Duplessis converse ensuite privément, pendant deux heures, avec le chef tory et, à sa sortie, il déclare aux journalistes qu'il lui a exposé « le point de vue clair, net et précis » du Québec sur la constitution et le régime fiscal canadiens [6].

Il est évident que John Diefenbaker, rigoriste, quasi puritain aussi bien dans la vie publique que dans sa vie privée, champion déclaré des libertés collectives et individuelles, supporte malaisément que son nom soit accolé à celui de Duplessis et que son parti soit lié, de quelque façon que ce soit, à l'Union Nationale. Quant aux députés conservateurs francophones, dont plusieurs doivent leur élection à l'Union Nationale, ils sont placés dans une position intenable. En plus d'avoir préconisé la représentation diplomatique auprès du Vatican, ils se sont élevés contre l'aide aux pays en voie de développement, contre la participation canadienne au plan de Colombo, contre les subsides fédéraux aux universités alors que leur parti, maintenant au pouvoir, continue ces politiques inaugurées par l'administration précédente. Lionel Chevrier, chef de file des libéraux canadiens-français, ne peut manquer d'attacher le grelot pour signaler cette « profonde division sur le plan doctrinal entre les conservateurs

6. *Le Devoir*, 10 juillet 1959. Duplessis avait une étrange conception du bilinguisme officiel. À l'hiver de 1958, il décida que ses ministres répondraient en français, à l'Assemblée législative, aux questions que posaient les députés anglophones libéraux Hyde, Earl et Brown. On entendit alors William Cottingham, ministre des Mines, répondre en français aux questions qu'on lui adressait en anglais !

de la province de Québec et ceux du reste du Canada ». Il met à nu le problème[7].

> En effet, il y a présentement dans cette enceinte un grand nombre de députés conservateurs du Québec qui ont poursuivi leur carrière politique jusqu'à maintenant en prêchant la guerre contre le gouvernement fédéral, en dénonçant l'aide du Canada aux pays économiquement peu évolués et les relations commerciales avec les pays communistes, en s'opposant à notre programme national de sécurité sociale et aux subventions fédérales aux universités et en refusant de reconnaître que le gouvernement fédéral avait un droit concurrent avec les provinces en matière d'impôts directs.
>
> Un des aspects les plus intéressants des dernières élections fédérales, c'est que dorénavant ces conservateurs, soi-disant nationalistes du Québec, devront partager les responsabilités du pouvoir avec les conservateurs des autres provinces et accepter la politique gouvernementale ou bien se dissocier de leur propre parti.

Comment résoudre pareil dilemme ? L'Union Nationale a beau garder un silence prudent sur ses déclarations passées, sauf dans le cas des subventions aux universités, les députés conservateurs qui siègent aux Communes ne peuvent les imiter éternellement. Jacques Flynn, ancien professeur de droit à l'université Laval, fait allusion, en guise de réponse, aux extrémistes que l'on trouve dans chaque parti politique et, parlant de l'Union Nationale, il affirme qu'on « ne nous [conservateurs francophones] a pas dicté de ligne de conduite... », et que « notre mandat est un mandat fédéral [que] nous entendons remplir... avec sincérité[8] ». Rémi Paul, député de Berthier-Maskinongé, utilise le ton déclamatoire du rhéteur. « Les conservateurs du Québec... se sont opposés, dit-il, aux menées centralisatrices du parti libéral fédéral et leur attitude a toujours été conforme aux aspirations et aux exigences, ainsi qu'à la mentalité de leurs électeurs. » Et que font les députés libéraux ? Rien qu'« assouvir, en cette en-

7. Lionel Chevrier, 13 mai 1958. *Débats... 1958*, p. 57. Yvon Dupuis, lui, traite les conservateurs francophones de « menteurs, sépulcres blanchis, pharisiens de l'Évangile ». *Débats... 1959*, p. 2855.

8. Jacques Flynn, 26 mai 1958. *Débats... 1958*, p. 494.

ceinte, les déceptions que la politique provinciale a pu [leur] apporter». Mais ce n'est pas ce qu'il faut faire[9].

> Nous sommes actuellement dans le salon de la race, et c'est à nous qu'incombe l'impérieux devoir de forger l'âme et le cœur de la nation. Nous n'avons pas le droit de sacrifier trois siècles de notre histoire pour assouvir des passions populaires ou essayer de discréditer ceux-là qui portent le même nom que nous, à savoir, non pas des Canadiens français, non pas des Canadiens anglais, mais des Canadiens tout court... C'est par la compréhension des deux races différentes, des aspirations différentes, des fiertés différentes, des langues différentes que nous pourrons faire un grand pays dans lequel il fera bon de vivre. Et, lorsque nous rendrons compte de notre mandat à nos électeurs, ils diront: celui-là a travaillé efficacement à la réalisation de l'unité nationale du pays. Nous aurons alors la satisfaction d'avoir contribué à la grandeur de notre pays. Et, lorsque nous dormirons demain dans les cimetières, on aura la satisfaction de voir sur nos tombeaux les blés toujours plus beaux. Pourquoi? Parce que notre pays continuera à marcher dans la voie du progrès, de la prospérité et de l'unité nationale.

Affirmations et beaux discours n'ont cependant jamais rien réglé dans le monde politique et les conservateurs francophones demeurent partagés entre deux chefs. «Ils doivent beaucoup à l'Union Nationale, mais ils se sont enrôlés dans le parti conservateur fédéral qui est actuellement aussi prospère... et qui a beaucoup moins d'usure[10].» Députés et sénateurs conservateurs québécois se réunissent à l'automne de 1958. Ils osent entrevoir la possibilité du «départ» de Maurice Duplessis, supputent les chances de survie de son parti, et plusieurs conçoivent «le projet de ressusciter le parti conservateur québécois» sous la houlette d'un leader dont le choix pourrait se faire rapidement[11]. Cette résurrection ne dépasse pas l'étape de projet, mais elle dénote néanmoins l'inquiétude profonde de ces hommes politiques devant leur situation faussée dès le point de départ. Cette situation, par ailleurs, constitue la toile de fond, présente à chaque

9. Rémi Paul, 20 mai 1958, *ibid.*, pp. 291-292.
10. *Le Devoir*, 30 octobre 1958.
11. *Idem*, 22 octobre 1958.

instant et influençant chaque geste, sur laquelle vont se dessiner les actions de John Diefenbaker et de «ses» Canadiens français jusqu'à l'élection de 1962.

* * *

Une agitation intense, précipitée par la mort de Maurice Duplessis, remue le Québec pendant la période de l'administration de John Diefenbaker. Un obscur religieux commence, en novembre 1959, à publier des lettres dans *le Devoir*. Il les signe du nom de Frère Untel et en fera plus tard, en même temps qu'un succès de librairie, un volume à grand retentissement où il s'interroge, avec verve et esprit, sur les fondements de la vie sociale et religieuse du Canada français. Le même mois, Jean-Marc Léger, éditorialiste au *Devoir*, parle de «l'État du Québec[12]», pendant que le successeur de Duplessis, Paul Sauvé, avec son célèbre «désormais», fait pénétrer de larges bouffées d'air tonifiant dans sa province. La mort prématurée de Sauvé n'arrête pas un mouvement qui semble irréversible. Son successeur, Antonio Barrette, reçoit l'appui unanime de l'Assemblée législative quand il promet d'ouvrir des «ambassades» à Paris et à Londres et Léger, cette fois, renchérit en évoquant «la vocation internationale de l'État du Québec[13]». Alors que l'on discute de nationalisme et de séparatisme, et que les journaux mentionnent ouvertement l'autodétermination, Jean Lesage met fin au règne de l'Union Nationale et inaugure celui de la Révolution tranquille.

Et il le fait de façon percutante. Dès juillet 1960, lors d'une conférence fiscale fédérale-provinciale, il réclame, pour le Québec, le «plein exercice de sa juridiction», le rapatriement de la constitution canadienne et le retrait du gouvernement fédéral du secteur de l'hospitalisation. Le ton peut avoir changé, les mémoires être plus cohérents et les arguments mieux orchestrés, mais le leitmotiv est bien celui de Duples-

12. *Idem*, 11 novembre 1959.
13. *Idem*, 27 juillet 1960.

sis. Rapidement, Jean Lesage trouve le thème qui va caractériser l'action de son gouvernement. «Pour vivre, un seul moyen: une politique de grandeur[14].» Une politique de grandeur requiert des sommes d'argent considérables et, ces sommes d'argent, Ottawa peut les fournir. Voilà pourquoi, à la conférence fédérale-provinciale d'octobre 1960, le chef de l'État du Québec — car l'appellation devient bientôt monnaie courante — exige qu'Ottawa lui remette la totalité de l'impôt sur les successions et le quart de l'impôt sur le revenu des Québécois. On assistera, ensuite, au développement d'un processus d'accélération: au rythme où se multiplient les revendications nationalistes et se forment divers mouvements séparatistes, à ce rythme même vont augmenter les exigences du gouvernement Lesage vis-à-vis d'Ottawa. Les faits et gestes à incidence québécoise de l'administration Diefenbaker ne peuvent être détachés de ce contexte.

John Diefenbaker, lui-même d'origine germanique par ses ancêtres paternels, monarchiste convaincu et profondément attaché aux institutions britanniques, s'est donné comme mission d'édifier «au sein de notre nation un canadianisme commun à toutes les provinces» et d'en faire disparaître toute trace de discrimination ethnique. Aussi est-ce avec une émotion réelle que, devenu premier ministre de son pays, il réalise le rêve de sa vie et propose sa fameuse Déclaration des Droits de l'homme en déclarant[15]:

> Je sais ce que cela a représenté, dans le passé, pour certains dont les noms n'étaient ni d'origine britannique ni d'origine française de n'être pas considérés comme étant autant canadiens que les Canadiens d'origine britannique ou d'origine française. Toute ma vie, j'ai attendu le jour où se révélerait dans notre pays un canadianisme qui serait fier de ses ascendants, qui permettrait à chaque Canadien d'exprimer hautement sa fierté nationale. Nous savons tous que, dans le passé, des distinctions ont existé dans les esprits. J'ai connu ici, ces derniers jours, un sentiment inoubliable, le sentiment que nous édifiions au sein de notre nation un canadianisme commun à toutes les provinces.

14. *Idem*, 22 août 1960.
15. John Diefenbaker, 7 juillet 1960. *Débats... 1960*, p. 6196.

Pour Diefenbaker, « les Canadiens de toutes les provinces ont apporté chacun leur contribution au miracle canadien d'unité dans la diversité ». Au sujet des provinces elles-mêmes, il a déjà affirmé qu'« aucune... plus que le Québec n'a contribué à cet esprit d'égalité entre toutes les provinces[16] ». On devine alors sans peine que la notion d'un statut particulier pour la *province* de Québec, ou celle d'un traitement différent ou privilégié pour les Canadiens français, ne pourront jamais percer la carapace de son canadianisme égalitaire. John George Diefenbaker n'est pas anti-Québec, il n'est pas francophobe : il est Canadien. Les diverses politiques qu'il fait adopter, et qui se rapportent aux préoccupations nationalistes des Canadiens français, portent cette marque indélébile, mais peuvent quand même subir la comparaison avec celles de l'administration précédente de Louis St-Laurent[17].

Le bilinguisme n'a certainement pas alors régressé à Ottawa. Le papier à correspondance dont se servent les députés est imprimé dans les deux langues. Un certain nombre de ministres anglophones, dont George Hees et Davie Fulton, manient le français avec assez d'aisance pour répondre en cette langue aux Communes. Le ministre des Finances, Donald Fleming, prononce en français une partie de ses discours du budget ; c'est une première en histoire parlementaire canadienne. Dans divers comités, les députés Noël Dorion, Jean-Noël Tremblay et Louis-Joseph Pigeon utilisent leur langue maternelle. Le nombre de sous-ministres canadiens-français se maintient à quatre, c'est-à-dire le même qu'à la fin du régime St-Laurent. Les francophones reçoivent le quota de nominations importantes, ou à peu près,

16. A la télévision d'État, le 13 octobre 1958. *Le Devoir*, 14 octobre 1958.

17. Il faut préciser en toute honnêteté que, jusqu'en 1962, les revendications se limitent à la traduction simultanée des débats à la Chambre des Communes, à un bilinguisme accru dans les services publics, à une plus grande participation des francophones dans l'administration et le gouvernement, à l'octroi de chèques bilingues et à l'adoption d'un drapeau distinctif. Face à ces réclamations somme toute traditionnelles, le dossier du gouvernement Diefenbaker se défend très bien.

auquel on les a habitués. Jean Bruchési, homme de lettres et sous-secrétaire de la province de Québec, est nommé ambassadeur du Canada en Espagne ; Jean Morin, ancien publiciste du parti, devient, lui, ambassadeur en Colombie ; Roger Duhamel, journaliste et critique littéraire, sera Imprimeur de la Reine. Jusqu'à un certain point, il y a là récompense pour services rendus. Mais le choix de Pierre Camu comme vice-président de l'Administration de la Voie maritime du Saint-Laurent est dénué de toute teinte de partisanerie. Comme celui, d'ailleurs, du général Georges Vanier comme gouverneur général du pays.

Dans ce dernier cas, il faut noter que *le Devoir* — un organe qui, au cours des ans, a reflété fidèlement les aspirations nationalistes traditionnelles du Canada français — n'a jamais exigé que Vincent Massey soit remplacé par un francophone. Au contraire ; ce journal a affirmé n'être pas pressé d'« invoquer la règle de l'alternance » et a suggéré le nom de George Drew comme successeur de Massey [18]. Ce sont des journaux torontois, le *Star* et le *Telegram* qui, expressément, proposent la nomination de Vanier et c'est à leur vœu qu'obtempère Diefenbaker le 1er août 1959. *Le Devoir* affirme alors que « le prestige sert autant que l'influence réelle [19] » et les conservateurs, eux, ne cesseront pas de s'enorgueillir d'avoir ainsi cimenté l'union nationale. À titre d'exemple seulement, voici la déclaration de l'un d'entre eux [20] :

> Si, en 1759, deux grands soldats, en mêlant leur sang, ont écrit une nouvelle page de l'histoire de notre pays, unissant ainsi sous la bannière des honneurs militaires la fierté de deux grands peuples à qui la postérité a accordé l'égalité, deux siècles plus tard, en 1959, le premier ministre a scellé pour toujours ce lien d'amitié en demandant à Sa Gracieuse Majesté la Reine Élisabeth II de nommer Gouverneur Général du Canada ce grand soldat canadien qui est, non seulement un Canadien d'origine française, mais également un catholique.

---

18. *Le Devoir*, 5 décembre 1958.
19. *Idem*, 4 août 1959.
20. Noël Drouin, 1er février 1960. *Débats... 1960*, p. 620.

Au chapitre des nominations de Canadiens français à d'importantes fonctions, on peut dire que les conservateurs n'ont fait ni mieux ni pire que leurs prédécesseurs. Sous l'aspect du bilinguisme, nous serions porté à croire qu'ils ont amélioré la situation, même s'ils l'ont fait de façon timide et parfois maladroite. Prenons le cas de la traduction simultanée des débats à la Chambre des Communes. Pour être écoutés — ce qui ne signifie pas nécessairement compris — les dicours devaient être prononcés en anglais. Henri Bourassa, Armand Lavergne, Ernest Lapointe, Louis St-Laurent ont toujours utilisé la langue de Shakespeare pour défendre les intérêts des Canadiens français. George Marler, un Montréalais bilingue qui avait dirigé l'opposition libérale face à Maurice Duplessis avant de devenir ministre dans le gouvernement St-Laurent, a exprimé fort honnêtement ses constatations à ce sujet. « Il m'a semblé très souvent, déclare-t-il, lorsque des discours étaient prononcés à la Chambre en français, que le débat reprenait par la suite comme si celui qui venait de parler en français n'avait rien dit[21]. » On réclame donc, dès le début des années 50, la traduction simultanée des débats et, durant la campagne électorale de 1958, on annonce son instauration. Après son triomphe, Diefenbaker rend la pratique officielle. C'est, dit-il, la « reconnaissance tardive de l'égalité des deux langues principales du pays, pour ce qui est des débats qui se déroulent en cette chambre ». Et il ajoute — ce qui le dépeint à merveille : « C'est là, je crois, l'essence même du maintien de l'unité dans notre pays[22]. » On entendra beaucoup plus de français aux Communes[23] et les conservateurs — dont Diefenbaker lui-même — vont répéter à satiété tout le mérite qui leur revient d'une telle innovation. Mais ils n'auront pas la partie aussi belle avec les chèques bilingues, mesure qui s'apparente

21. George C. Marler, 25 novembre 1957. *Débats... 1957-1958*, p. 1552.

22. John G. Diefenbaker, 11 août 1958. *Débats... 1958*, p. 3498.

23. En avril 1960, *le Devoir* affirme que la proportion de discours français, qui était de 3 pour cent, est passée à 10 pour cent.

d'assez près à la monnaie bilingue de l'administration Bennett.

Les péripéties qui entourent ces fameux chèques — ou « l'impression, en anglais et en français, de certains effets négociables » pour employer la terminologie parlementaire — voisinent l'odyssée. Sous l'administration libérale, l'indépendant Raoul Poulin avait présenté à trois reprises un tel projet de loi. À la session de 1959, trois députés — soit le libéral Samuel Boulanger, les conservateurs Théogène Ricard et Louis-Joseph Pigeon — le reprennent, dans des termes identiques, mais c'est celui de Boulanger, inscrit en premier, qui a préséance au feuilleton des Communes. Le gouvernement Diefenbaker est embarrassé. S'il accepte la motion Boulanger, le mérite reviendra aux libéraux ; d'autre part, s'il procède par décret ministériel, il ne pourra forcer les compagnies de la Couronne à imprimer leurs chèques dans les deux langues. On discute le projet Boulanger, mais un conservateur anglophone ontarien, Alfred Hales, exprime l'avis de certains de ses collègues en disant qu'on doit se préoccuper, pour le moment, de choses plus importantes pour le pays et que, de toute façon, les chiffres sont les mêmes en français et en anglais[24]. À une reprise de la discussion, des conservateurs parlent suffisamment longtemps pour qu'on ne prenne pas le vote. Pendant ce temps, les conservateurs francophones ont dépensé beaucoup d'énergie pour convaincre leurs collègues anglophones du bien-fondé d'une telle mesure. Aux rencontres individuelles succède la visite d'une trentaine de députés au Carnaval de Québec[25] ! Rien n'y fait. À la session de 1960, c'est au tour du projet Pigeon d'être enterré sous les éloges de douze discours prononcés pour la plupart par des députés conservateurs. L'année suivante, le projet Boulanger subit le même sort et l'on n'a pas encore le temps de procéder au vote. Le spectacle

---

24. Alfred Hales, 3 février 1959. *Débats... 1959*, pp. 679-680.
25. *Le Devoir*, 25 février 1959.

frise le ridicule. Réclamer des chèques bilingues demeure une entreprise mineure en 1960 et, pourtant, ce n'est que le 6 février 1962 que Donald Fleming annonce que, dorénavant, les chèques émis par le gouvernement fédéral le seront dans les deux langues[26]. Les conservateurs, après tous ces atermoiements, n'en retirent aucun profit politique. André Laurendeau note avec justesse que c'est « trop peu, trop tard[27] » et Noël Dorion admet avec tristesse : « C'est vrai que c'est trop tard[28]. »

Le même caractère de concession tardive, arrachée de force, marque le recensement décennal de 1961. Le gouvernement a décidé qu'au chapitre de l'origine ethnique les gens pourront répondre qu'ils sont d'origine canadienne, sans qu'il leur soit loisible de préciser si leur ascendance est française, anglaise, polonaise ou autre. C'est la question numéro 10 et les formulaires du recensement sont d'ailleurs imprimés. Mais, à ce compte, les Canadiens français ne peuvent plus se dénombrer, voir s'ils sont en progression ou en régression, au Québec et dans les autres provinces. Les Sociétés Saint-Jean-Baptiste et le Conseil de la Vie française en Amérique interviennent auprès de Diefenbaker ; la Fédération des Commissions scolaires du Québec invite ses 1,700 cellules à protester auprès du premier ministre ; l'Assemblée législative du Québec, à l'unanimité, demande qu'on biffe la fameuse question numéro 10 ; la ville de Montréal fait de même ; les conservateurs du Québec tiennent deux ou trois caucus secrets, exercent des pressions auprès du Bureau fédéral de la statistique pour se faire répondre qu'un tel changement relève du cabinet. Il faut tout cela, et rien de moins, pour que, le 23 janvier 1961, le gouvernement modifie sa position. On maintiendra une question sur la citoyenneté — à laquelle on répondra « canadiens » —, mais on en

26. Donald Fleming, 6 février 1962, *Débats... 1962*, p. 611.

27. *Le Devoir*, 7 février 1962.

28. *Idem*, 13 février 1962.

ajoutera une autre sur l'origine ethnique[29]. John Diefenbaker, tenant d'un canadianisme intégral et sans distinction, a dû céder aux pressions, mais à la toute dernière minute. L'incident a laissé un arrière-goût amer aux Canadiens français.

Les députés conservateurs francophones, pris entre leur parti et leurs sentiments nationalistes, doivent exercer une vigilance constante. L'aide financière fédérale aux universités le leur a appris. La complexité de ce problème est encore accrue par leur attitude hostile du passé et par celle de Maurice Duplessis qui avait toujours refusé toute intrusion « étrangère » en ce domaine. Mais ces députés, par inadvertance ou par inexpérience, ont, en 1958, voté en faveur de subsides fédéraux accrus aux universités, trahissant ainsi complètement leur politique de jadis. L'année suivante, quand il s'agit d'augmenter les crédits de construction de la route transcanadienne, une bonne trentaine d'entre eux sont absents au moment du vote[30]. Ils n'ont pas le choix. Ou bien ils sont solidaires de Duplessis, à qui ils doivent leur élection et dont ils ne peuvent encourir le courroux, ou bien ils sont des autonomistes convaincus incapables de faire cette concession de peur de perdre toute crédibilité et de s'engager ainsi, par la force du précédent, sur la question des universités. De toute façon, ils suivent le leadership de Noël Dorion qui ne voit « qu'une solution constitutionnelle : laisser les provinces pourvoir elles-mêmes aux besoins des universités[31] ». Reste à savoir comment le gouvernement fédéral pourrait faire marche arrière et donner aux provinces l'argent nécessaire pour qu'elles remplissent cette obligation qui leur incombe clairement.

---

29. Elle était ainsi libellée : « À quel groupe ethnique ou culturel apparteniez-vous, vous ou votre ancêtre, du côté masculin, lorsque vous êtes arrivé sur ce continent ? »

30. Dans ce groupe on retrouve Jean-Noël Tremblay, Rémi Paul, Louis-Joseph Pigeon, Paul Martineau, Charles Campeau, Maurice Johnson, Noël Dorion, Jacques Flynn, Théogène Ricard, Roland English, Russel Keays.

31. *Le Devoir*, 27 avril 1959.

Même avant le décès de Duplessis, les conservateurs canadiens-français se réjouissent de ce que le problème soit à la veille d'être réglé [32]. Mais ce sont Paul Sauvé et Antonio Barrette, l'un au cours de l'automne de 1959 et l'autre à l'hiver de 1960, qui, de concert avec le ministre des Finances Donald Fleming, apportent la solution. Sauvé reçoit une ovation délirante à l'Université de Montréal quand il annonce, le 24 octobre 1959, le « déblocage » du financement des universités par des subventions statutaires et des emprunts garantis. Ces fonds proviendront d'une déduction de 1 pour cent de l'impôt fédéral sur les corporations dont pourront se prévaloir les provinces désireuses de le faire [33]. Barrette parachève l'entente, la clarifie en assurant à sa province un contrôle plus absolu, règle le cas des sommes d'argent jadis refusées par Duplessis — elles s'élèvent à près de $26 millions — et qui seront maintenant versées à un fonds d'amortissement destiné aux investissements immobiliers des universités québécoises. Le gouvernement conservateur a incontestablement fait preuve de souplesse et de réalisme en reconnaissant ainsi la position particulière du Québec en matière d'enseignement. Cependant, il ne semble pas avoir cherché à en tirer de crédit sur le plan politique, sans doute pour ne pas risquer de froisser les autres provinces.

Voilà qui établit l'aspect positif de l'action du gouvernement Diefenbaker face aux réclamations à caractère nationaliste du Québec. Le recul historique peut nous faire apparaître mineur, voire insignifiant, cet aspect positif, mais n'empêche qu'il soutient aisément la comparaison avec les administrations précédentes et qu'il suit d'assez près les désirs exprimés, à l'époque, par les organes du nationalisme traditionnel du Canada français, comme *le Devoir*, *l'Action nationale*, la revue *Relations*. Il faut ajouter, en outre, que

32. *Idem*, 16 juillet 1959.

33. La correspondance échangée entre John Diefenbaker et Paul Sauvé, et portant sur cette formule d'accord, est publiée dans Antonio BARRETTE, *Mémoires*, pp. 428–437. L'ancien premier ministre du Québec consacre d'ailleurs un chapitre de ses *Mémoires* (pp. 211–236) à ce problème en se donnant un rôle assez flatteur.

l'équipe Diefenbaker n'a pas donné suite à toutes les requêtes que pouvait formuler le Canada français. Il y a donc aussi un aspect négatif à considérer.

On réclame la tête de Donald Gordon, président du Canadien National, mais il reste bien en place et continue d'administrer « sa » compagnie comme il l'entend, en faisant la portion congrue à l'élément francophone. Les dix-sept postes de direction sont occupés par des anglophones et Gordon, qui ne mâche jamais ses mots, déclare que les Canadiens français n'ont pas la formation nécessaire pour remplir ces fonctions [34]. Par ailleurs, la tentative du ministre de la Justice, Davie Fulton, de rapatrier la constitution canadienne ouvre la porte, pour les années à venir, aux dissensions et aux accrochages. Ramener au pays la constitution ne poserait pas de problème majeur, mais bien malin qui prévoirait un mécanisme de modification ou de changement acceptable et par Ottawa et par Québec et par les autres provinces [35]. Le projet Fulton suscite, à l'époque, des discussions constitutionnelles de caractère académique qui n'atteignent pas l'ensemble de la population québécoise. Les questions de drapeau et d'hymne distinctifs touchent beaucoup plus au vif les Canadiens français.

Le député conservateur de Sherbrooke, Maurice Allard, coiffe ces problèmes d'un titre général, celui de souveraineté. En 1960, 1961 et 1962, il présente son projet de loi « concernant la souveraineté du Canada ». Pays souverain, le Canada doit en afficher les signes extérieurs : que le 11 décembre, jour anniversaire de l'adoption du *Statut de Westminster*, soit

34. Richard JONES, *Community in Crisis*, p. 69.

35. Essentiellement, le projet Fulton, présenté le 1er décembre 1961 et intitulé « Loi prévoyant la modification au Canada de la Constitution du Canada », propose que tous les amendements futurs de la Constitution soient faits au pays. Certains domaines (pouvoirs d'une législature provinciale de faire des lois, droits et privilèges garantis aux gouvernements d'une province, actifs et biens d'une province, usage de l'anglais et du français) ne peuvent être modifiés sans le consentement de toutes les provinces. Les changements à toute autre loi ne peuvent entrer en vigueur « sans le concours des législatures d'au moins les deux tiers des provinces représentant au moins cinquante pour cent de la population du Canada selon le dernier recensement général ».

déclaré fête nationale, et que le Conseil des Arts du Canada tienne un concours pour choisir un drapeau et un hymne distinctifs[36]. Le projet est discuté à deux reprises et, chaque fois, des députés conservateurs anglophones parlent suffisamment longtemps pour empêcher qu'il y ait vote[37]. Les demandes spécifiques de drapeau et d'hymne ne connaissent pas plus de succès[38].

Louis-Joseph Pigeon, député conservateur de Joliette-L'Assomption-Montcalm, propose, à la session de 1962, qu'un comité spécial des deux Chambres soit formé pour recommander l'adoption d'un hymne et d'un drapeau canadiens. Néo-démocrates, libéraux et conservateurs francophones manifestent d'emblée leur désir d'accepter la résolution. C'est un conservateur anglophone — J. M. Macdonnel, l'artisan de la conférence de Port Hope, le « philosophe » de son parti — qui épuise le temps réservé à la discussion et empêche, par le fait même, les députés de se prononcer officiellement par un vote. On est à la veille d'une élection et la plus élémentaire prudence politique commande d'éviter d'étaler au grand jour des signes de dissension interne[39]. Mais cette pratique d'enterrer sous des flots de paroles élogieuses un projet de loi sur lequel le gouvernement ne veut pas se prononcer constitue une façon parlementaire d'infliger des soufflets aux députés qui les proposent et aux sentiments dont ils se font les porte-parole. Pourtant, la

36. Maurice Allard, 17 mars 1961. *Débats... 1960-1961*, pp. 3233–3236.

37. À titre d'exemple, le député conservateur Mandziuk, d'origine ukrainienne, s'insurge contre un drapeau qui ne renfermerait pas d'*Union Jack* ; par ailleurs, il veut conserver le *God Save the Queen* et le *Dominion Day* pour ne pas rompre le lien britannique. *Ibid.*, 3238–3241. On est alors bien enclin à appuyer Stephen Leacock qui affirmait que l'immigrant ukrainien en viendrait un jour à s'enorgueillir de la victoire de Nelson à Trafalgar. G. V. FERGUSON, « The English-Canadian Outlook », dans Mason WADE, édit., *Canadian Dualism/la Dualité canadienne*, p. 3.

38. Nous ne croyons pas, mis à part le projet du député Allard, qu'il soit alors question de faire du « Ô Canada » notre hymne national. C'est à la session de 1962-1963 seulement, et d'après une proposition du créditiste Maurice Côté, que l'on discute ce problème, enterré, encore une fois, par des conservateurs anglophones. Voir *Débats... 1962-1963*, pp. 1471 ss.

39. *Débats... 1962*, pp. 341 ss.

Chambre des Communes peut agir rapidement quand elle le désire. Ainsi, le 29 juin 1959, pour marquer la visite de la reine et pour remplacer les cadeaux usuels, les Communes, en une demi-heure, ont adopté la résolution et voté les trois étapes de l'« établissement du fonds canadien de recherches de la reine Élisabeth II pour aider aux recherches sur les maladies de l'enfance[40] ». Pareille célérité ne pouvait évidemment pas s'appliquer au cas d'un drapeau canadien !

Le libéral Samuel Boulanger tient mordicus à ce que le Canada ait son propre drapeau et il veut que le gouvernement se charge de proposer des modèles. On ne peut mettre en doute la sincérité de ses intentions, mais n'empêche qu'il joint l'utile à l'agréable en embarrassant les conservateurs, au pouvoir et divisés sur la question. En 1959, il y a discours, mais pas de vote[41]. Le même scénario se déroule en 1960, alors que les conservateurs Marcel Bourbonnais, Jean-Noël Tremblay, Georges Valade et Rémi Paul unissent leur éloquence à celle du monarchiste Mandziuk[42]. En 1961 et 1962, les projets de Boulanger, inscrits au feuilleton, ne se rendent même pas à l'étape de la discussion. À la session de 1962-1963, alors que le gouvernement Diefenbaker est minoritaire, c'est un créditiste de l'Alberta, H. A. Olson, qui demande que le gouvernement présente, avant un an, un modèle de drapeau distinctif. Discussion est faite, mais sans vote[43].

Les tentatives des députés conservateurs ne sont guère plus heureuses. Ceci n'est peut-être pas mauvais quand on songe à la motion farfelue du député Smith, de la circonscription de Lincoln, qui voulait que le choix d'un drapeau canadien soit confié au *Lord Lyon King of Arms of the Scottish Court of Chivalry*[44]. Cependant, les conservateurs francophones réa-

---

40. *Débats... 1959*, pp. 5453–5457.
41. *Ibid.*, pp. 4388 ss.
42. Le 9 février 1960.
43. *Débats... 1962-1963*, pp. 1975–1983.
44. Le projet fut discuté en 1960, de façon peu sérieuse, et son auteur le retira. *Débats... 1960-1961*, p. 8756.

L'homme qui va nous donner notre drapeau national

Le Devoir, 21 mars 1960.

gissent et tentent d'inciter leur gouvernement à l'action, ne serait-ce qu'en établissant un comité parlementaire chargé d'étudier la question[45]. Laurent Régnier, député de Saint-Boniface, ajoute une dimension au débat : il propose, aux sessions de 1960-1961 et de 1962, qu'on tienne un plébiscite pour savoir si les Canadiens désirent un drapeau distinctif, avec ou sans emblème d'un autre pays. À chaque reprise, la discussion ne dépasse pas le stade de la rhétorique et les députés ne votent pas[46]. En 1962, le chef du parti libéral, Lester Pearson, promet de faire adopter deux drapeaux : l'un serait proprement canadien et l'autre serait le *Red Ensign*. Diefenbaker ridiculise cette proposition et s'attire de nombreuses critiques quand il laisse entendre que, dans le système Pearson, les libéraux du Québec dicteraient au peuple canadien le choix de son drapeau[47]. Cette prise de position freine autant les conservateurs francophones que l'attitude glaciale de leur chef sur la question du bilinguisme et du biculturalisme.

L'idée d'une enquête sur le problème général du bilinguisme appartient à Eugène Thérien. C'est ce qu'il amplifie dans le mémoire dissident qu'il adjoint au rapport de la Commission Glassco[48]. André Laurendeau a repris, en lui donnant plus de cohésion, cette suggestion dans un éditorial du *Devoir*, le 20 janvier 1962. Il demande « un moratoire des miettes : pas de chèques bilingues, pas de nouvelles inscriptions bilingues, pas de concessions parcellaires, pour un temps. En leur lieu et place, une enquête royale ». Les buts de cette enquête seraient de « savoir ce que les Canadiens, d'un océan à l'autre, pensent de la question », d'étudier, « à l'extérieur et de près la façon dont les sociétés aux prises avec les mêmes questions les ont résolues », et de « connaî-

45. *Le Devoir*, 10 février et 15 mars 1961.

46. Le 23 janvier 1961 et le 14 février 1962.

47. *Le Devoir*, 23 janvier 1962.

48. *Rapport de la Commission royale d'enquête sur l'organisation du gouvernement*, vol. 1, pp. 71–82.

tre... la situation qui est faite aux deux langues dans tous les services fédéraux[49] ». Les jeunes conservateurs du Québec endossent la suggestion[50], mais Diefenbaker, aux Communes, lui accorde un « non » sec et tranchant. Les résultats de l'élection de juin 1962 le forcent à jeter du lest et le discours du Trône, lu le 27 septembre, annonce la tenue d'une conférence fédérale-provinciale pour discuter de la constitution, du drapeau « et autres symboles nationaux ». Le 17 décembre 1962, le créditiste Gilles Grégoire, au nom de son parti, réclame formellement la tenue d'une enquête selon les normes établies par Laurendeau[51]. Pierre Sévigny, qui semble parler au nom du gouvernement, abonde presque dans le même sens, mais à mots couverts et avec nombre de circonlocutions et de précautions oratoires[52].

C'est le 4 février 1963, à un seul jour de la chute de son gouvernement, et après qu'on lui eut posé des questions pendant des semaines, que Diefenbaker sort enfin de son mutisme. Il n'y aura pas de commission d'enquête parce que les faits pertinents sont déjà connus et parce que les membres de cette commission seraient nommés exclusivement par le gouvernement fédéral alors que ses recommandations devraient ultérieurement être soumises à une conférence fédérale-provinciale. Non, ce qu'il faut c'est une conférence avec les gouvernements provinciaux — les lettres d'invitation sont d'ailleurs envoyées « immédiatement » — « afin d'y discuter la question du biculturalisme et d'autres questions relatives à la Confédération canadienne ». Et il prodigue les précisions[53].

> La conférence aura un programme de très grande envergure. Il lui sera demandé d'étudier les moyens et méthodes à employer pour

49. André LAURENDEAU, « Pour une enquête sur le bilinguisme », *le Devoir*, 20 janvier 1962, p. 4.
50. *Le Devoir*, 21 février 1962.
51. Gilles Grégoire, 17 décembre 1962. *Débats... 1962-1963*, pp. 2856-2858.
52. Pierre Sévigny, 17 décembre 1962. *Ibid.*, pp. 2862-2864 ; 2873-2874.
53. John G. Diefenbaker, 4 février 1963. *Ibid.*, pp. 3536-3538.

rapatrier la constitution ; le problème d'une représentation suffisante dans les services publics, dans les sociétés de la Couronne, et dans les autres organismes du gouvernement ; les recommandations du rapport Thérien ; le choix d'un drapeau national et des autres symboles de la souveraineté. Bref, le but de la conférence sera d'étudier de façon complète le biculturalisme et le bilinguisme... Elle ne visera à établir l'uniformité dans un pays qui a choisi l'unité dans la diversité et non l'unité dans l'uniformité. En corrigeant les injustices qui pourraient être révélées, nous ferons disparaître les causes de préjugé et de mésentente. Nous sommes prêts à prendre toutes les mesures nécessaires pour parer... à tout danger qui peut menacer le fondement même de la Confédération canadienne.

Ce projet de conférence, solution utopique de désespoir, ne vit qu'un jour et est emporté, le lendemain, dans la chute spectaculaire du gouvernement conservateur. Il dépeint quand même Diefenbaker, obstiné, qui n'admet pas avoir tort, et qui fait des concessions partielles seulement quand il est acculé au mur. S'il accorde ce qu'on lui demande, il le fait en dernier ressort, agissant avec justice plutôt qu'avec générosité. Durant son administration, les requêtes du Canada français se confinaient à des domaines relativement mineurs et, même là, Diefenbaker éprouvait une indicible difficulté à les comprendre. Que l'on ne s'étonne pas, alors, qu'il n'ait pas perçu, en ces années agitées de 1960-1963, les aspirations encore mal définies du Québec. On peut cependant se demander si, dans son entourage politique, il pouvait trouver des conseillers sûrs à condition, bien entendu, qu'il eût voulu être guidé ou éclairé. Ce qui nous amène à considérer le matériel politique que le Québec a fourni au parti conservateur en 1958.

* * *

Tenter de porter un jugement dit «de valeur» sur la députation francophone de ces années serait une entreprise périlleuse, voire téméraire, et qui risquerait d'être injuste à l'endroit de tel ou tel individu. Les documents de première main n'étant pas encore accessibles, il faut, jusqu'à un certain point, procéder de façon superficielle et considérer ces députés comme unis entre eux et travaillant avec harmonie à la promotion des meilleurs intérêts de leurs administrés. On ne soupçonne d'ailleurs pas, à l'époque, de scissions fondamentales entre clans qui gravitent autour d'un individu ou entre blocs régionaux, comme c'était le cas du temps de Bennett et comme les fonds d'archives ont permis de le vérifier. Force nous est donc de supposer, au départ, que tous ces députés œuvrent auprès des ministres, des sous-ministres, au sein des comités, pour améliorer les conditions de leur circonscription et de la société en général. Notre jugement ne peut acquérir, alors, la sécurité que donnent les dossiers des hommes politiques, car sa base se confine aux journaux, aux *Débats de la Chambre des Communes*, à la tradition orale et aux conversations avec les contemporains.

On ne reprochera pas à ces députés de s'abstenir de pérorer sur tous les sujets abordés aux Communes. Qui leur tiendrait rigueur d'un religieux silence sur la discussion d'une « loi ayant pour objet d'assurer l'abattage, sans cruauté, des animaux destinés à l'alimentation », ou de celle « du non-paiement par des colonies huttérites de l'impôt sur le revenu », ou de celle « d'une loi abrogeant certaines lois de Terre-Neuve sur la pêche » ? Mais — constatation beaucoup plus lourde de conséquences — leur volubilité n'est pas plus accentuée quand il s'agit de sujets économiques d'ordre général, de commerce, de finances et même de politique extérieure. Au cours des sessions de 1958 et de 1959, les députés conservateurs canadiens-français ne consacrent pas plus d'une heure aux affaires internationales. Les grands débats que soulèvent la création de l'Office national de l'Énergie et le renvoi du gouverneur de la Banque du Canada, James Coyne, entraînent la seule participation majeure de Marcel Lambert et de Noël Dorion. Les discours que débitent ces députés après la présentation du budget sont généralement médiocres quant à leur contenu. Pour déchaîner leur verve, il faut parler de questions d'allure nationaliste ou idéologique — comme celles du drapeau et des droits de l'homme —, de

«KENNEDY NE FAIT QUE COPIER DIEFENBAKER»
(Léon Balcer)

K : Psst ! As-tu la réponse ?

Le Devoir, 10 mars 1961.

modifications à la loi électorale, de Radio-Canada, de crédits pour les travaux d'hiver ou de favoritisme. Leur faconde ne connaît alors plus de bornes.

Les mots leur viennent aussi aisément, surtout au début de l'administration conservatrice, pour prodiguer leurs louanges à l'endroit de John Diefenbaker. « Magnanime successeur de Sir John Macdonald et de Sir George-Étienne Cartier », dit l'un d'eux[54] ; « symbole de l'unité nationale », lance un autre[55] ; « père du canadianisme moderne », entonne un troisième[56]. Jean-Noël Tremblay déclare que Diefenbaker doit son triomphe de 1958 à ce « qu'il incarnait une forme de conscience nationale rassurante pour tous les éléments ethniques du pays[57] ». Le député Noël Drouin, quant à lui, regarde franchement vers le futur. « Nous savons qu'il [Diefenbaker] apportera la clarté dans le pays. Nous savons qu'il est une grande étoile qui brille sur le Canada, qu'il inondera de sa lumière, pour en faire un monde meilleur et plus éclairé[58]. » Léon Balcer, ébloui sans doute par les gestes de l'administration dont il fait partie, n'hésite pas à dire que le président Kennedy « ne fait que copier Diefenbaker », la plupart du temps[59]. Rémi Paul ne veut pas être en reste. Il s'arrête, en 1960, au discours assez spectaculaire que le premier ministre canadien vient de prononcer, aux Nations-Unies, en guise de réponse à Khrouchtchev. Il le fait en termes dithyrambiques, notant que « la personnalité transcendante d'un chef pouvait seule ranimer l'espoir chez les nations libres ». Et de s'exclamer : « Quel homme, grâce à son énergie, son courage, sa puissance de raisonnement et sa personnalité, pouvait remettre à flot le navire de la démocratie qui semblait en train de sombrer[60] ? »

54. Robert Lafrenière, 12 mai 1958. *Débats... 1958*, p. 10.
55. Louis-Joseph Pigeon, 19 mai 1958. *Ibid.*, p. 221.
56. Rodrigue Bourdages, 19 janvier 1962. *Débats... 1962*, p. 25.
57. Jean-Noël Tremblay, 3 juillet 1958. *Débats... 1958*, p. 1979.
58. Noël Drouin, 29 mai 1958. *Ibid.*, p. 686.
59. *Le Devoir*, 6 mars 1961.
60. Rémi Paul, 18 novembre 1960. *Débats... 1960-1961*, p. 21.

Ce langage relevé — c'est le moins qu'on puisse dire — jure de façon frappante avec les aménités que ces mêmes députés réservent à leurs collègues libéraux qui, ajoutons-le, peuvent rendre la monnaie de la pièce. Azellus Denis, député libéral de Montréal, traité de « bouffon » par Jean-Noël Tremblay, par Théogène Ricard, par Louis-Joseph Pigeon[61], les qualifie de « corbeaux[62] ». Alexis Caron compare Jean-Noël Tremblay à Hitler[63]. Maurice Johnson lance les épithètes d'« ignorant » et d'« imbécile » à Yvon Dupuis, de « plein de vent » à Lionel Chevrier[64]. Ce dernier, parlant de Louis-Joseph Pigeon, proclame à la face du monde qu'« il n'y a pas de plus grand imbécile à la Chambre des Communes que l'honorable député de Joliette-L'Assomption-Montcalm[65] ». Ce manque de dignité — ajouté à leur manque général d'intérêt pour les questions sérieuses — ternit l'opinion que l'on pourrait se faire de ces députés. Il faut, cependant, se garder de les noircir à outrance, car ils ont été laissés passablement à eux-mêmes, sans encadrement réel.

Diefenbaker ne s'est pas donné de lieutenant canadien-français. Selon lui, cet homme devait s'imposer par sa personnalité et ses capacités[66], tandis que les députés auraient voulu que le chef indiquât clairement en qui il déposait ses complaisances[67]. Les rumeurs veulent, un temps, que Georges Héon, ancienne figure de proue du parti, quitte la magistrature pour placer son prestige à la disposition du premier ministre[68] ; en 1960, on prête le même rôle hypothétique à Antonio Barrette qui vient d'abandonner la direction de l'Union Nationale[69] ; en 1961 et 1962, c'est au tour de Jean

---

61. *Débats... 1962*, pp. 529, 1075.
62. Azellus Denis, 24 janvier 1961. *Débats... 1960-1961*, p. 1412.
63. Alexis Caron, 19 juillet 1958. *Débats... 1958*, p. 2577.
64. Maurice Johnson, 18 mai 1961. *Débats... 1960-1961*, pp. 5204–5206.
65. Lionel Chevrier, 6 mars 1962. *Débats... 1962*, p. 1599.
66. *Le Devoir*, 15 avril 1958.
67. *Idem*, 5 janvier 1959.
68. *Idem*, 6 mai 1958.
69. *Idem*, 20 septembre 1960.

Drapeau et de Jean-Jacques Bertrand de se faire coiffer du même titre [70] ; le nom de Marcel Faribault, président du Trust Général du Canada, revient aussi périodiquement au chapitre des spéculations et des vœux pieux. On ne sait pas encore avec certitude ce qui s'est passé. Selon des renseignements qui nous apparaissent sûrs, les cas de Héon et de Barrette relèvent du domaine de l'imagination de journalistes. Quant aux trois autres, on ne sait s'il était question de poste de ministre ou de statut de « bras droit », mais on pourrait retenir ceci. Le premier ministre n'aurait jamais réussi à obtenir de réponse définitive de Marcel Faribault ; des ministres de langue anglaise auraient bloqué l'entrée de Jean Drapeau, jugé électoralement dangereux à cause de son passé anticonscriptionniste ; et des ministres francophones auraient formulé des réserves très sérieuses à l'endroit de l'idéaliste Jean-Jacques Bertrand, défait à la direction de l'Union Nationale par les éléments « duplessistes » du parti. Quoi qu'il en soit, le conseiller le plus écouté de Diefenbaker pour ce qui touche le Canada français a sans aucun doute été l'avocat québécois Mark Drouin. Partisan de Diefenbaker en 1956, il est nommé sénateur et président du Sénat dès 1957 ; considéré par certains comme l'éminence grise du régime, il « pèserait plus dans la balance que tous les ministres du Québec ensemble [71] ». Riche, bilingue, raffiné et aimable, soucieux de plaire à tous [72], il possède l'oreille du premier ministre, si tant est que cela soit possible. Plus, en tout cas, qu'aucun ministre francophone.

Après sa grande victoire du 31 mars 1958, Diefenbaker garde ses trois ministres québécois : Paul Comtois, ministre des Mines et Relevés techniques, William Hamilton, ministre des Postes, et Léon Balcer, Solliciteur général. Le 12 mai, soit le jour même de l'ouverture des Chambres, il fait deux additions : Raymond O'Hurley devient ministre de la Produc-

---

70. *Idem*, 20 et 21 novembre 1962.

71. *Idem*, 4 mars 1959.

72. Pierre SÉVIGNY, *le Grand Jeu de la politique*, pp. 49-50.

tion de la défense et Henri Courtemanche est nommé Secrétaire d'État. Cette dernière nomination semble vouloir donner satisfaction aux éléments nationalistes. Au même moment, le premier ministre promet qu'un sixième portefeuille sera bientôt dévolu à un représentant de l'est du Québec. Mais il jongle avec les candidatures possibles — les affinités de certains députés avec une Union Nationale compromise par les scandales peuvent ajouter à sa perplexité — et, finalement, c'est le Montréalais Pierre Sévigny qui accède au Cabinet en août 1959, comme ministre associé de la Défense. On juge équitable cette proportion de six ministères, mais on déplore leur manque réel d'importance et le libéral Azellus Denis en profite pour caricaturer leurs fonctions [73]. « Actuellement, dit-il, il y en a un qui est ministre des prisonniers [Balcer], un qui est commis de magasin [O'Hurley] ; celui-ci casse des cailloux [Comtois] et celui-là est le « batman » du ministre de la Défense nationale [Sévigny]. » Éventuellement, Balcer va devenir ministre des Transports et Noël Dorion remplacer Henri Courtemanche au Secrétariat d'État ; Jacques Flynn puis Paul Martineau seront ministre des Mines et Relevés techniques quand Paul Comtois aura quitté la scène fédérale pour occuper le poste de lieutenant-gouverneur du Québec. Voilà les pièces d'échiquier que Diefenbaker utilise au Québec. Il déclare, en 1963, que « man for man and pound for pound our French-Canadian ministers are the equal of any that have ever occupied that position [74] », mais il faut se garder d'accepter cette affirmation sans sourciller.

Il est un premier groupe de ces ministres que l'on pourrait qualifier d'obscurs, de silencieux, ou d'inoffensifs, et composé de Raymond O'Hurley et de Paul Comtois. Ils n'attirent jamais l'attention sur eux, ou si peu, et rien de leur activité ne

73. Azellus Denis, 11 avril 1960, *Débats... 1960*, p. 3269. Notons qu'à ce moment le poste de Secrétaire d'État n'a pas encore été comblé. Courtemanche a démissionné en janvier 1960 et Noël Dorion ne sera nommé qu'en octobre de la même année.

74. Peter NEWMAN, *Renegade in Power*, p. 284.

MUSIQUE DE CHAMBRE

Noël et Léon, beaucoup de bruit et, si possible, de l'ensemble.

Le Devoir, 16 décembre 1960.

transparaît; il semble bien que leurs officiers voient à l'administration de leur ministère sans être indûment encombrés. O'Hurley, un surveillant d'exploitation forestière, a hérité du ministère du gigantesque C. D. Howe. Homme réservé et de bon jugement, il doit forcément faire confiance aux experts car les sujets à traiter — comme les nouveaux types d'avions de défense — dépassent de beaucoup sa compétence. Il est peu connu, même au sein de son parti mais, par contre, il n'a pas d'ennemis. La même constatation s'impose dans le cas de l'agronome Paul Comtois à qui Diefenbaker a confié le portefeuille des Mines. Il ne se départit pas de la règle prudente du silence que vingt ans de fonctionnarisme provincial lui ont enseignée et les députés de l'opposition, sans doute par commisération, le ménagent visiblement. D'ailleurs, il ne semble pas participer à la vie tumultueuse qui l'entoure. Il s'endort à la Chambre des Communes, durant la discussion des prévisions budgétaires de son propre ministère [75] et, au cours d'une réunion du Cabinet, Diefenbaker le semonce pour l'avoir surpris à lire un journal à la dérobée [76]. Le premier ministre le nomme quand même lieutenant-gouverneur du Québec, car il lui a semblé être « l'homme de la situation [77] » ! À la décharge de Comtois et de O'Hurley on doit admettre qu'ils n'ont jamais placé ni le gouvernement ni leur parti dans l'embarras.

On ne peut malheureusement dire la même chose d'un second groupe de ministres, supérieurs d'un cran aux premiers, mais influençables, aux attitudes imprévisibles, et capables de se placer dans des situations sans issue. Ce sont Henri Courtemanche et Pierre Sévigny, l'un Secrétaire d'État pendant dix-huit mois, l'autre ministre associé de la Défense pendant environ deux années et demie. Courtemanche a eu la réputation d'un « nationaliste à tout crin » quand il était

75. *Idem*, p. 285.
76. *Idem*, p. 97.
77. *Idem*, p. 285.

étudiant[78], et c'est comme conservateur indépendant qu'il a été élu dans Labelle en 1949 et en 1957. On dit qu'il a été l'instigateur de la manifestation de protestation des délégués québécois après le choix de Diefenbaker en 1956 et qu'il ne ménage jamais les diatribes à l'endroit de tout ce qui est britannique[79]. De fait, Courtemanche n'est qu'un bien pâle imitateur de l'éloquence de Henri Bourassa ; il représente la même circonscription que le grand nationaliste et, fort de ce rapprochement fortuit, il essaie de perpétuer son image et de rappeler sa doctrine. Diefenbaker a pu oublier l'opposition de Courtemanche, ou il a pu être frappé par les caractères extérieurs d'une éloquence qu'il ne comprend pas. Quoi qu'il en soit, il le nomme vice-président des Communes en 1957 et Secrétaire d'État l'année suivante. Comme ministre, il est d'une inefficacité consommée, au point qu'un journal de langue anglaise le surnomme le « buffoon of Parliament[80] » ; son éloquence ne transparaît pas, car il prononce un seul discours, et encore est-il d'une insignifiance flagrante[81]. En janvier 1960, il remet sa démission, à cause de son « état de santé », dit le premier ministre en faisant son éloge en termes bien sentis[82] et en le nommant au Sénat. Courtemanche est âgé de 43 ans et paraît débordant de vitalité. Deux ans plus tard, on découvre qu'à un certain moment il a accepté de fortes sommes d'argent pour servir d'entremetteur entre un hôpital montréalais et le ministère québécois de la Santé dont son beau-père était titulaire. Le rapport Chabot parle d'un « manquement grave à ses devoirs personnels et [d'] une attitude indigne d'un honnête citoyen ». Diefenbaker le force alors à quitter le Sénat, et le Barreau du Québec le raye de l'ordre pour un an. C'est la triste fin d'une carrière sans lustre.

---

78. Guy Rouleau, 20 mai 1958. *Débats... 1958*, p. 307.
79. Pierre SÉVIGNY, *op. cit.*, p. 57.
80. NEWMAN, *op. cit.*, p. 285.
81. Henri Courtemanche, 16 avril 1959. *Débats... 1959*, pp. 2815–2817.
82. John Diefenbaker, 19 janvier 1960. *Débats... 1960*, p. 83.

TRAHIS PAR L'OMBRE

Dief : Vous n'avez pas d'attaches ? Non ?

Le Devoir, 14 mai 1958.

Pierre Sévigny devait goûter à une médecine d'un goût aussi amer, mais seulement après la défaite de son gouvernement. Il était issu d'une vieille famille conservatrice et son père, ministre dans le Cabinet Borden, avait subi — et comment! — la vindicte populaire pour avoir appuyé la conscription durant le premier conflit mondial. Tous les rêves de jeunesse de Sévigny gravitaient autour de la politique, « cette magicienne qui n'a jamais cessé de [le] fasciner[83] ». Les échecs ne le rebutent pas et il entre aux Communes en 1958. C'est déjà un politicien de la vieille école, à la parole spectaculaire et grandiloquente, et la définition qu'il donne le coiffe à merveille. « De façon générale, dit-il, les politiciens sont des gens très émotifs, dont le goût du théâtre est très vif, et qui sont prêts à endurer énormément de choses pour continuer à se pavaner en public[84]. » Vice-président des Communes en 1958, il ne cache pas ses aspirations d'obtenir un poste plus élevé où il pourrait déployer son dynamisme, ce qui est bien compréhensible quand on songe à son ignorance de la procédure parlementaire et à son incapacité d'adaptation[85]. Au mois d'août 1959, il est enfin nommé ministre associé de la Défense.

Selon lui, c'est « l'un des plus importants et des plus grands ministères de tout le gouvernement[86] », mais personne ne partage cet avis. Le ministre en titre accapare toutes les fonctions importantes de décision et Sévigny doit confiner son activité à des questions secondaires comme l'attribution de décorations et la mise à la retraite du personnel militaire. Ces loisirs forcés, quoi qu'il en dise, ajoutés à sa faconde et à son goût de la réclame personnelle, vont lui donner une notoriété douteuse. Il préconise l'entrée du Canada dans l'Organisation des États américains alors que le premier ministre vient de refuser péremptoirement pareille sugges-

83. Pierre SÉVIGNY, *op. cit.*, p. 333.

84. *Idem*, p. 133.

85. *Idem*, pp. 122, 126, 133.

86. *Idem*, p. 152.

tion[87]. Il déclare, au retour d'un voyage en Amérique latine, dans un discours « soigneusement préparé[88] », que des gouvernements communistes dirigent l'Équateur et la Guyane britannique. Les représentants diplomatiques protestent contre pareille fausseté. Pour cacher une ignorance inadmissible, Sévigny confie maladroitement aux journaux que « ses paroles avaient dépassé sa pensée[89] ». On l'accable aux Communes ; Diefenbaker le semonce avec violence, et fait rédiger un texte que Sévigny doit lire en Chambre[90]. « On m'a convaincu, lit-il sous l'œil amusé de ses adversaires, que les gouvernements de ces pays ne sont pas communistes[91]. » Pendant qu'il s'exécute, Diefenbaker tient en main copie du texte, prêt à se lever et à rectifier si jamais Sévigny s'en écarte et improvise[92]. Le ministre ne se tient pas pour battu. Il veut prouver qu'il a agi avec prescience. À Saint-Maxime-de-Scott, village de 665 habitants et sis à une cinquantaine de milles au sud de Québec, il donne une conférence de presse. Devant l'univers, il se justifie alors d'avoir souligné « les dangers que présente l'influence grandissante du communisme à travers le monde et tout spécialement en Amérique latine » et il proteste du même souffle « contre ceux qui, en déformant la vérité, attaquent, insultent et avilissent les hommes publics et blessent la dignité de la noble profession de journaliste et la liberté de la presse, qui, étant donné qu'elle est fondée sur la loi, la vérité et la justice, constitue l'un des grands avantages de notre système démocratique[93] ».

Sévigny contribue efficacement à l'obtention par Montréal de l'Exposition universelle de 1967, appuie vigoureusement la création de la Commission du Centenaire et se dévoue aux intérêts de ses électeurs. Mais, surtout, il se présente comme

87. NEWMAN, *op. cit.*, p. 286.
88. SÉVIGNY, *op. cit.*, p. 163.
89. *Le Devoir*, 20 février 1962.
90. SÉVIGNY, *op. cit.*, p. 164.
91. Pierre Sévigny, 12 février 1962. *Débats... 1962*, p. 799.
92. NEWMAN, *op. cit.*, p. 286.
93. *Le Devoir*, 21 février 1962.

SÉVIGNY — « J'peux tout de même pas m'appuyer rien que sur mes talents. »

Le Nouveau Journal, 4 mai 1962.

DIEF — « J'devrais l'nommer ministre associé de la défense . . . de parler. »

Le Nouveau Journal, 6 janvier 1962.

le défenseur inlassable de son gouvernement. Pour lui, l'unité nationale est un problème réglé. « Aujourd'hui, il n'est plus nécessaire de dire que nous devons travailler pour l'unité du pays. Ce n'est plus nécessaire, parce que cette unité, c'est maintenant un fait[94]. » Il peut y avoir pléiade de mouvements séparatistes, mais Sévigny décrète que, grâce à la Confédération, « il existe au Canada une unité nationale qui se raffermit et nous permet de vivre aujourd'hui, non pas dans un pays divisé, mais dans un Canada uni, grand et fort[95] ». On est aux prises avec le chômage et avec une récession économique. Qu'à cela ne tienne! « L'économie canadienne connaît actuellement un niveau de prospérité sans précédent dans l'histoire de la nation », décide-t-il[96]. Mais ses plus mâles accents, c'est encore à la défense de la liberté — non menacée — qu'il les a consacrés; à preuve, cette péroraison du discours qu'il prononce pour appuyer la Déclaration des Droits de l'homme[97].

> Et je crois qu'aujourd'hui, en rédigeant sous forme de loi cette déclaration des droits de l'homme, nous saluons bien haut ces grands combattants et nous leur disons que le sacrifice qu'ils ont consenti ne l'a pas été en vain, qu'ils sont morts pour la bonne cause, qu'il leur fallait mourir pour les choses dans lesquelles ils croyaient, mais que nous, les vivants, tenons bien haut le drapeau qui symbolise leur sacrifice et n'hésitons pas à dire à la face du Canada et du monde que nous nous battrons encore, comme ils se sont battus, parce que la plus belle chose du monde, c'est la liberté, la belle, la grande, la sainte liberté.

Point n'est besoin d'ajouter que ni Courtemanche ni Sévigny n'ont pu s'élever au-dessus de leurs collègues francopho-

---

94. *Idem*, 1er novembre 1959.
95. Pierre Sévigny, 18 septembre 1961. *Débats... 1960-1961*, p. 8785.
96. Pierre Sévigny, 19 février 1962, *Débats... 1962*, p. 1040. On trouve nombre de discours prononcés par Sévigny sur la politique économique et financière du gouvernement Diefenbaker. Ils contiennent plusieurs « perles », dont celle-ci : « On constate chez nous [les Canadiens français] cet individualisme, cette philosophie du bas de laine qui a fait la grandeur de notre mère patrie et qui a également permis à notre belle province de grandir et d'atteindre sa belle destinée. » 22 novembre 1960. *Débats... 1960-1961*, p. 80.
97. Pierre Sévigny, 5 juillet 1960. *Débats... 1960*, p. 5996.

nes dans l'ombrageuse estime du premier ministre. Mais deux de ces collègues auraient pu y prétendre, quoique leurs titres pour ce faire fussent aussi différents que leur personnalité. Léon Balcer et Noël Dorion méritent d'être classés dans une catégorie spéciale dans l'analyse un peu particulière que nous faisons ici.

Député des Trois-Rivières depuis 1949, travailleur inlassable au niveau de l'organisation de son parti, Balcer a commis l'erreur impardonnable de s'opposer ouvertement à Diefenbaker en 1956. Il végète donc pendant trois ans, de 1957 à 1960, dans les fonctions proprement insignifiantes alors de Solliciteur général[98]. Ulcéré à juste titre, Balcer ne prononce que deux phrases durant toute la session de 1958. L'année suivante, il se fait damer le pion par le député montréalais Egan Chambers dans le règlement de la grève des réalisateurs de Radio-Canada[99]. Il prononce néanmoins un discours aux Communes pour louanger la politique du gouvernement[100] et, reniant ses positions de jadis, il dirige une délégation canadienne qui se rend à Djakarta où se déroule une réunion des participants au plan de Colombo. C'est en octobre 1960 seulement que Diefenbaker, sans doute incapable de résister aux pressions, lui confie le ministère enviable des Transports. Léon Balcer a officiellement fini d'expier sa faute de 1956.

On va reconnaître en lui un administrateur sérieux, efficace dans l'accomplissement quotidien de sa tâche, assez progressiste sans être réformateur, qui ne trouve pas d'avenues nouvelles mais qui chemine sans dévier dans celles qui

98. Le seul travail, ou à peu près, du Solliciteur général était d'administrer la Commission nationale des pardons. Or, en décembre 1958, on enleva cette responsabilité au Solliciteur général pour faire suite à une recommandation du Rapport Fauteux. Balcer était donc loin d'être le « conseiller juridique du gouvernement », comme l'écrivit le correspondant parlementaire du *Devoir*.

99. Cette grève, qui dure 68 jours, divise le cabinet Diefenbaker : George Nowlan, ministre responsable de Radio-Canada, soutient que cette grève est illégale tandis que Balcer est d'avis contraire. Les conservateurs canadiens-français semblent se désintéresser du conflit, même si Balcer pose au médiateur.

100. Léon Balcer, 26 janvier. *Débats... 1959*, pp. 319-323.

sont déjà tracées. Son administration ne suscitera aucune critique sévère. Homme modeste et digne, qui n'a jamais joui de la complète confiance de son chef, il va subir nombre d'avanies après la chute du régime et, partisan quand même loyal, il ne quittera son parti qu'en 1965. Ce qui a manqué à Balcer pour devenir le chef officiel des conservateurs du Québec, c'est une stature, une sorte de panache qui l'auraient décidément placé au-dessus de ses collègues. Il n'avait que l'honnêteté et l'ancienneté.

Au plan de la confiance du chef, Noël Dorion ne l'emportait pas sur Balcer, mais il possédait, et de façon indubitable, stature et panache. Ses frères aînés, Charles-Napoléon et Frédéric, avaient déjà siégé aux Communes, s'étaient comportés avec distinction, mais chacun reconnaît le talent supérieur du cadet. Cultivé, lettré, il arrive précédé d'une solide réputation de juriste. Très éloquent, il rappelle aux anciens les accents de Bourassa [101], ce qui n'est pas un mince hommage. Au chapitre des idées, cependant, son nationalisme se rapproche surtout de celui de Lionel Groulx, dont il a été l'un des ardents disciples, de sorte qu'à la dimension canadienne il ajoute une forte connotation autonomiste. Ses convictions, il ne les cache d'ailleurs pas, pas plus qu'il ne cache le soutien actif et sincère qu'il a donné à l'Union Nationale. Voilà peut-être pourquoi il n'entre au Cabinet, à titre de Secrétaire d'État, qu'en octobre 1960. Puis, en décembre 1961, il est nommé à la présidence du Conseil privé dont il ne dirigera, de fait, que trois séances [102]. Jusqu'à un certain point, Diefenbaker a mis Dorion sur un palier spécial, mais, en pratique, on ne voit pas que cette élévation ait correspondu à un statut privilégié [103]. À examiner les choses de près, on se rend compte que Noël Dorion, à Ottawa,

101. SÉVIGNY, *op. cit.*, p. 137.

102. NEWMAN, *op. cit.*, p. 287.

103. Il est intéressant, dans cet ordre d'idées, de noter qu'après la défaite de 1962 c'est Jacques Flynn, et non Dorion, que Diefenbaker nomme au Sénat.

est demeuré ce qu'il était : un avocat cultivé et nationaliste. Il n'est pas devenu un politicien.

Sa compétence de juriste est unanimement reconnue. Selon son collègue Sévigny, il était « peut-être... le plus grand expert en droit constitutionnel qu'il y ait eu à Ottawa [104] », et les libéraux du Québec ne manquent jamais de rendre tribut à son imposant savoir et à sa rigoureuse dialectique [105]. Paul Martin reconnaît souvent son excellence comme juriste et Pickersgill lui rend l'hommage de parler « après avoir réfléchi et non pas avant [106] ». Il se fait le défenseur du gouvernement dans le règlement des subventions aux universités et, à un certain moment, Diefenbaker descend expressément de son bureau pour l'écouter [107]. Il démontre que la solution proposée renouvelle le droit constitutionnel des provinces de taxer et fait la genèse de l'application par le Québec de l'impôt direct, multipliant les rappels historiques [108]. Il prononce également d'importants discours sur les modifications à la loi de l'impôt [109], sur l'abolition de la peine capitale [110] et sur l'octroi du droit de vote aux Indiens [111]. En 1961, il fait preuve d'un nationalisme économique assez avancé en s'élevant contre l'envahissement des capitaux étrangers [112] et, lors du débat sur l'affaire Coyne, il retrace avec érudition les origines de la Banque du Canada pour prouver que la politique de la Banque doit être subordonnée à celle du gouvernement [113].

---

104. SÉVIGNY, *op. cit.*, p. 228.
105. *Débats... 1959*, 24 mars, p. 2301.
106. J. W. Pickersgill, 1er avril 1960. *Débats... 1960*, p. 2967.
107. *Le Devoir*, 4 juin 1959.
108. On retrouve ces discours majeurs de Noël Dorion les 22 avril et 3 juin 1959, les 1er et 26 avril et 12 mai 1960.
109. Noël Dorion, 11 juillet et 20 août 1958. *Débats... 1958*, pp. 2259-2261 ; 4009-4011.
110. Noël Dorion, 25 juillet 1960. *Débats... 1960*, pp. 1536-1538.
111. Noël Dorion, 10 mars 1960. *Ibid.*, pp. 2031-2033.
112. Noël Dorion, 27 juin 1961. *Débats... 1960-1961*, pp. 7367-7372.
113. Noël Dorion, 4 juillet 1961. *Ibid.*, pp. 7754-7760.

Toutes ses interventions, et tous ses gestes, sont marqués au coin du nationalisme, ce qui le rend suspect dans de nombreux milieux. Dès son arrivée à Ottawa, il n'interroge qu'en français des sous-ministres anglophones au Comité des comptes publics [114]. La participation active qu'il prend aux débats reflète, dans la grande majorité des cas, le point de vue autonomiste québécois. Il le fait de façon magistrale, justifiant les luttes du passé contre la centralisation et reconnaissant les obligations du Québec envers les minorités francophones outre-frontières [115]. À l'automne de 1960, à Papineauville, il se réclame de Henri Bourassa et reproche aux libéraux d'avoir pratiqué une politique d'immigration britannique massive pour « noyer l'élément canadien-français », politique que les conservateurs, eux, atténuent en encourageant l'entrée des Italiens au Canada. La presse anglophone attaque Dorion [116] et Pickersgill trouve que pareille déclaration « est un déshonneur pour notre pays ». Il ajoute qu'un « ministre de la Couronne ne s'honore pas en s'abaissant à des appels d'une pareille mesquinerie et en présentant les faits de manière à semer la discorde dans d'autres régions du Canada [117] ». Dorion ne dissimule pas ses vues, préconise un drapeau et un hymne distinctifs en disant que l'*Union Jack* et le *God Save the Queen* « ne conviennent plus ». Il va plus loin. « Il est inconcevable, dit-il, que nous ne puissions réclamer l'égalité de traitement pour les deux groupes ethniques qui ont participé à l'établissement de la constitution canadienne sans s'exposer parfois à une sorte de mépris subtil mais combien détestable de la part d'une minorité agissante et trop influente de la population canadienne [118]. » Il pourra, plus tard [119], dénoncer vigoureusement le séparatisme et

114. *Le Devoir*, 26 août 1958.
115. Noël Dorion, 1er avril 1960. *Débats... 1960-1961*, pp. 2939-2943.
116. *Le Devoir*, 24 décembre 1960.
117. J. W. Pickersgill, 9 février 1961. *Débats... 1960-1961*, p. 1985.
118. *Le Devoir*, 10 novembre 1961.
119. *Idem*, 26 février 1962.

noter que le Canada anglais «fait preuve de compréhension et de sympathie à l'endroit du Canada français», ce sera en vain, car sa cause était perdue depuis longtemps auprès de ses collègues anglophones et auprès du premier ministre.

Ses relations étroites avec l'Union Nationale, autant que son nationalisme ouvertement affiché, ont contribué à le rendre suspect. On a également associé son nom à la Police des liqueurs du Québec, organisme de réputation très fragile; Dorion se disculpe maladroitement et l'incident lui cause un tort considérable[120]. Son ignorance de l'anglais l'a aussi desservi. Possédant à un rare degré l'art des nuances, il se trouvait incapable de se faire comprendre avec exactitude par ses collègues de l'autre culture. Par ailleurs, il est permis de supposer que Mark Drouin ne chantait pas constamment ses louanges auprès du premier ministre, de vieilles rivalités familiales ou professionnelles opposant les Drouin aux Dorion. D'autre part, un certain manque de discipline personnelle rendait Noël Dorion totalement incompatible avec l'austère puritain qu'était Diefenbaker. Enfin, cet esprit fort supportait mal la contradiction, pouvait se quereller «avec les journaux et avec ses collègues députés ou ministres qui ne partageaient pas son opinion ou criti-

120. Enquêtes et procès ont démontré que l'ancienne Police des liqueurs du Québec fraudait sans vergogne le gouvernement. On découvre alors que certains de ses agents ont «travaillé» dans la circonscription de Bellechasse lors de l'élection de 1958 et qu'ils se sont fait payer, grâce à des comptes de dépenses fictifs, par le gouvernement provincial. Dorion, l'élu de Bellechasse, fait parvenir une lettre de remerciements à Wellie Côté, «éminence grise» de la dite police, et à certains de ses subalternes.

Dorion soutient qu'il n'a pas signé la lettre compromettante — et des experts en graphologie le confirment — mais il n'échappe pas aux attaques des libéraux et de la presse. On ne peut établir aucune collusion entre Dorion et la Police des liqueurs mais *le Nouveau Journal*, dirigé par Jean-Louis Gagnon qui exècre les conservateurs, monte en épingle cette affaire proprement insignifiante. Diefenbaker, soupçonneux de tout ce qui entoure l'Union Nationale, semble demeurer sceptique. Dans les circonstances, il est plausible de supposer que cet épisode incongru a coûté à Dorion le portefeuille de la Justice, poste traditionnellement réservé au Canadien français le plus haut en prestige. Voir *Débats... 1960-1961*, pp. 8720-8721 ; 8846-8848 ; *Débats... 1962*, pp. 15 ; 90 ; 2265-2266 ; 2605 ; 3199 ; *le Devoir*, 3 et 6 janvier 1962 ; NEWMAN, *op. cit.*, pp. 287-288.

L'AIR DE LA LETTRE

Le Nouveau Journal, 13 février 1962.

quaient son attitude[121] ». Tout cela a fait de Dorion un homme haut en couleur, mais qui n'a pas donné la pleine mesure de son talent et qui s'est dégoûté de ne pas jouer le rôle auquel il prétendait et qu'avec un peu de doigté on lui eût laissé remplir : celui de lieutenant francophone. Il était sûrement le plus qualifié pour le faire, car il avait, au moins, le talent et les allures d'un chef.

On n'a pas discerné, à l'époque, ces caractéristiques chez deux députés qui furent ministres pendant un laps de temps insuffisant pour qu'on puisse vraiment les juger : Jacques Flynn et Paul Martineau. Flynn, petit-fils d'un ancien premier ministre conservateur du Québec, porte lui aussi les stigmates de son opposition à Diefenbaker en 1956. On mettra beaucoup de temps à convaincre ce dernier que Flynn n'a pas quitté la salle lors de la fatidique manifestation qui a suivi son choix[122]. Quand ce sera fait, le député de Québec-Sud devient vice-président des Communes, en 1960, et ministre des Mines, le 28 décembre 1961. Il n'est pas un foudre d'éloquence et ses rares discours sont de qualité moyenne. Leur lecture reflète une banalité qu'on ne s'attendrait pas à retrouver chez un universitaire de bonne réputation[123]. L'administration de son ministère ne présente aucun contraste extérieur avec celle de son prédécesseur Paul Comtois, mais Flynn, capable de se faire des amis aux endroits qui comptent[124], est nommé au Sénat après sa défaite de 1962.

Paul Martineau, son successeur et à la vice-présidence des Communes et au portefeuille des Mines, se révèle plus loquace. Ses discours portent sur des sujets variés et dénotent une étude sérieuse des problèmes abordés. Il s'écarte une seule fois, et comment ! de sa sobriété monotone habituelle

121. SÉVIGNY, *op. cit.*, p. 121.

122. NEWMAN, *op. cit.*, p. 95 ; SÉVIGNY, *op. cit.*, pp. 57-58.

123. On ne retrouve que trois discours d'une certaine importance prononcés par Flynn aux Communes et ils servent de base à notre appréciation. Ce sont ceux du 26 mai et du 25 juillet 1958 et du 30 avril 1959.

124. SÉVIGNY, *op. cit.*, p. 235.

pour plonger dans un lyrisme étourdissant lors de la discussion de la Déclaration des Droits de l'homme. Un préambule de cette déclaration lui semblant nécessaire, il livre à des collègues ébahis une déclamation dont bien peu d'adolescents en mal de débordement patriotique pourraient accoucher. Voici le texte, « conçu et pensé en anglais », que des générations de Canadiens auraient dû mémoriser, si les collègues de Paul Martineau n'avaient pas préféré la modestie à la pompe[125].

> Ô Canada, terre aux horizons illimités, aussi vieille que le temps et pourtant aussi fraîche que l'aube nouvelle, façonnée par les inexplicables convulsions de la terre, aux vastes et larges étendues, riches et variées, terre d'espérance et de promesse constamment renouvelée.
>
> Dans ces frontières habite un peuple varié venu de tous les coins de la terre, de souches diverses, mais réuni en une nation, tous Canadiens, quelles que soient leur race, leur religion ou leur couleur.
>
> ....
>
> Pays à double culture et aux races nombreuses, richement doté, puisant sa force de sa diversité même, tous ses éléments se joignant pour créer un peuple fier, indépendant et courageux.
>
> Les hommes ont vécu ici en liberté, libres d'adorer Dieu de leur propre façon, selon leur conscience, libres d'exprimer leur opinions, de participer aux affaires publiques, de proposer des changements de gouvernement et de modifier leurs lois, libres de s'associer, libres de vivre leur propre vie à leur gré et de jouir de leurs biens, contraints seulement par le Droit des autres et par le bien-être général, à l'abri d'une loi fondée sur la suprématie de Dieu et égale pour tous.
>
> La liberté aujourd'hui, comme hier et comme demain, semblable à un mince fil d'or, est le filament dont est tissée cette nation et qui la fait vivre et prospérer.
>
> ....
>
> C'est à haute voix qu'ils [les Canadiens] proclament que le Canada est la terre de liberté, en se rappelant toutefois que la liberté n'est jamais assurée et qu'elle ne s'achète qu'au prix d'une vigilance éternelle.
>
> Il est donc juste et utile que les libertés fondamentales des Canadiens soient proclamées et consacrées dans une déclaration des droits.
>
> Aussi le Parlement du Canada, respectant la volonté souveraine du peuple canadien, se lie-t-il solennellement par un pacte indestructible avec la liberté.

---

125. Paul Martineau, 3 août 1960. *Débats... 1960*, pp. 7833-7834.

Ainsi, Diefenbaker a choisi huit ministres francophones — on ne compte pas Martial Asselin et Théogène Ricard qui le deviennent pendant la campagne électorale de 1963 seulement — parmi les élus de 1958. En toute objectivité, on ne peut critiquer le jugement du premier ministre à cet égard car, en formant son Cabinet, il doit tenir compte d'un nombre considérable de facteurs. N'empêche que Diefenbaker avait bel et bien l'embarras du choix, comme il l'avait d'ailleurs lui-même exigé de la population québécoise en 1958. Et plusieurs de ces élus, qui ne sont pas ministres, espèrent à tout le moins recevoir la distinction de secrétaires parlementaires. Or ce n'est qu'en janvier 1960 que Diefenbaker procède à ces nominations qui ne touchent, de plus, que trois francophones du Québec. On suppose que nombre de ces députés rongent leur frein.

Certains ne desserrent pas les dents aux Communes, et ce de 1958 à 1962[126], tandis que d'autres ne prononcent que deux ou trois minces allocutions, pour vanter les mérites de leur circonscription, ou pour discourir sur un thème anodin qui se rattache aux préoccupations de leurs électeurs, comme l'augmentation des allocations familiales, des prestations d'assurance-chômage ou des montants prêtés par la Société centrale d'hypothèques et de logement[127]. Mais ce n'est pas à ceux-là qu'on doive s'arrêter même si certains, comme Yvon Tassé, auraient pu jouer un rôle plus considérable. C'est parmi ceux qui restent, dix-sept francophones du Québec, qu'on retrouve du matériel digne d'attention et d'intérêt. Quatre d'entre eux méritent une considération un peu

126. Ce sont Marcel Deschambault (Terrebonne) ; Antoine Fréchette (Témiscouata) ; André Gillet (Mercier) ; Lucien Grenier (Bonaventure) ; J.-E.-P. Larue (Saguenay) et J.-P. Racine (Beauce). Ces six parfaits « silencieux » furent défaits en 1962.

127. Dans cette classe, on peut ranger : J.-E. Bissonnette (Québec-Ouest) ; Vincent Brassard (Chicoutimi) ; Gérard Bruchési (Beauharnois-Salaberry) ; Noël Drouin (Dorchester) ; Florent Dubois (Richmond-Wolfe) ; Paul Lahaye (Champlain) ; J.-E. Létourneau (Stanstead) ; Roger Parizeau (Lac-Saint-Jean) ; Charles Richard (Kamouraska) ; Aristide Rompré (Portneuf) et l'ingénieur Yvon Tassé, député de Québec-Est, et nommé secrétaire parlementaire du ministre des Travaux publics. Ces onze peu loquaces furent également battus en 1962 ou bien disparurent de la scène politique.

particulière. En plus d'être sérieux et travailleurs, ils possèdent le don de faire parler d'eux, quoique pour des raisons différentes. Ce sont Maurice Allard (Sherbrooke), Jean-Noël Tremblay (Roberval), Louis-Joseph Pigeon (Joliette-L'Assomption-Montcalm) et Théogène Ricard (Saint-Hyacinthe-Bagot).

Maurice Allard, professeur de droit à l'Université de Sherbrooke, fréquente quotidiennement la bibliothèque du Parlement. Il prépare sa participation aux travaux législatifs et ses discours reposent sur une documentation solide tout en témoignant d'un jugement sûr. Son intérêt va des Nations Unies à l'arrêt des essais nucléaires, des questions économiques aux relations du gouvernement central avec les provinces [128]. On reconnaît son talent et l'on prévoit qu'il deviendra ministre [129], mais le fait qu'il se soit un jour joint à l'opposition pour réclamer du gouvernement la production de certains documents a révélé une indépendance d'esprit qui a pu lui nuire [130].

Par certains traits, Jean-Noël Tremblay peut être comparé à Maurice Allard. On ne peut cependant, en toute décence, aller jusqu'à prétendre que le député de Roberval soit un « universitaire de marque, (un) écrivain distingué [131] » : le caractère modeste de son enseignement et l'anémie de ses publications répugneraient à une telle consécration. Mais personne ne lui disputerait une érudition certaine, une richesse de vocabulaire et une facilité d'expression proprement remarquables. Jusqu'en 1961, Tremblay ne se distingue pas idéologiquement de ses collègues. Sa distinction vient d'ailleurs.

Il prononce des discours vigoureux, et combien soignés, pour célébrer la politique économique des conservateurs [132]

128. Voir ses discours des 23 mars et 13 avril 1959 ; 26 janvier 1960 ; 12 et 26 septembre 1961 ; 2 avril 1962.

129. *Le Devoir*, 13 juillet 1960.

130. SÉVIGNY, *op. cit.*, p. 133.

131. *Idem*, p. 138.

132. Jean-Noël Tremblay, 27 janvier 1959. *Débats... 1959*, pp. 390–396.

et pour accroître l'assistance aux pays en voie de développement[133]. Il chante les louanges de Diefenbaker[134] et se fait constamment entendre aux Communes; il multiplie les interpellations saugrenues, interrompt les discours des députés libéraux qu'il attaque sans répit[135]. Dans son langage châtié, il qualifie Lionel Chevrier « d'article d'exportation... [de] lion devenu vieux et qu'on montre maintenant dans la province de Québec à défaut de faune indigène[136] ». D'un discours d'Alexis Caron il dit que c'est « un chef-d'œuvre d'ignorance[137] ». Il se surpasse, un jour, en se retournant vers les députés libéraux qui le harcèlent. « Permettez-moi de mépriser les remarques intempestives, mesquines, étroites des primates qui s'expriment de ce côté-ci de la chambre ; et si le mot ne leur plaît pas, je pourrais lui substituer celui de prognathes, qui a à peu près ici la même signification[138]. » Mais ces derniers ne s'en laissent pas toujours imposer par les raffinements stylistiques de Tremblay. Par dérision, Yvon Dupuis l'appelle le « petit méchant » ou « la petite Rébecca de la circonscription de Roberval[139] » pendant qu'Alexis Caron voit en lui « le nombril du monde et le sel de la mer[140] ». Alors qu'on discute du chemin de fer du lac Mattagami, Dupuis découvre que le préfixe « Dief » est précurseur de marasme : « difficulté, différent, diffamant, diffamation, différemment, difforme et difficile de vous faire réélire la prochaine fois ».

---

133. Jean-Noël Tremblay, 9 septembre 1959. *Ibid.*, pp. 6018-6020.

134. « Est-il un premier ministre du Canada, avant le premier ministre actuel, qui ait osé donner au pays un gouverneur général canadien-français et catholique ? Est-il un premier ministre du Canada qui ait eu le courage d'actualiser cet article de notre Constitution canadienne qui permet aux députés de cette chambre de s'exprimer dans leur langue maternelle ? Est-il un premier ministre... qui ait su se faire, mieux que l'honorable premier ministre actuel, l'ambassadeur, à travers tout le pays, de la bonne entente et de l'unité nationale ? » Jean-Noël Tremblay, 20 janvier 1961. *Débats... 1960-1961*, p. 1338.

135. À titre d'exemples, voir *Débats... 1959*, pp. 136s., 140, 385s.

136. Jean-Noël Tremblay, 27 janvier 1959, *Ibid.*, p. 396.

137. Jean-Noël Tremblay, 22 janvier 1959. *Ibid.*, p. 140.

138. Jean-Noël Tremblay, 14 février 1961. *Débats... 1960-1961*, p. 2130.

139. Yvon Dupuis, 16 avril et 9 juin 1959. *Débats... 1959*, pp. 2879, 4681.

140. Alexis Caron, 8 juillet 1960. *Débats... 1960*, p. 6263.

Goguenard, Tremblay parle alors de « théâtre de boulevard au temps de l'homme des cavernes[141] ».

C'est cependant à la Société Radio-Canada que Jean-Noël Tremblay consacre la plus grande part de son énergie. Convaincu qu'un climat amoral prévaut au sein de la Société d'État, il veut se renseigner de plus près et savoir comment est dépensé l'argent des contribuables[142]. Sous le prétexte de vouloir connaître les buts et les responsabilités véritables de l'organisme, il s'interroge insidieusement sur le rôle de certains « initiés » qui façonnent l'opinion publique, genre André Laurendeau, Jean-Louis Gagnon, Gérard Pelletier[143]. Dans *le Devoir*, Laurendeau défend systématiquement Radio-Canada — et pour cause ! Il targue Tremblay d'« aboyeur », et un journal anglophone le qualifie de « plus bel esprit moyenâgeux des Communes[144] » ; mais il demeure que le travail du député de Roberval était empreint de logique et présenté de façon fort digne.

Profondément autonomiste, suivant de près l'évolution du Québec — il est en ce domaine plus perspicace qu'aucun des ministres de Diefenbaker —, sans doute déçu de ne pas jouer un rôle plus considérable sur la scène fédérale, Tremblay commence de se sentir à l'étroit en 1961. Après avoir prononcé un enthousiaste éloge de Duplessis — il fallait du courage pour le faire à cette époque —, il s'élève aux Communes contre la Confédération, « régime de compromis dont le fonctionnement cahoteux n'a été assuré qu'à coup de compromis, dont malheureusement la minorité a dû souvent faire les frais[145] ». Deux semaines plus tard, il reprend le même thème devant les membres de la Société Saint-Jean-Baptiste de Québec, disant que la « Confédération est un

141. 20 janvier 1960. *Débats... 1960-1961*, p. 1337.

142. Jean-Noël Tremblay, 18 juillet 1959. *Débats... 1959*, pp. 6615–6619.

143. Jean-Noël Tremblay, 8 avril et 8 juillet 1960. *Débats... 1960-1961*, pp. 3180–3185 ; 6224–6227.

144. *Le Devoir*, 6 juin 1960 ; NEWMAN, *op. cit.*, p. 289.

145. Jean-Noël Tremblay, 26 et 27 septembre 1961. *Débats... 1960-1961*, pp. 9305–9306 ; 9324–9327.

« Couac ! Couac !... Couac ! »

Le Nouveau Journal, 19 octobre 1961.

compromis où les Canadiens français doivent se résigner à être d'éternels perdants,... [que c'est] un marché de dupes». Quant à l'unité nationale, c'est «le faux prétexte qui nous empêche de prendre en main notre propre destin et de marcher vers une réalité qui n'aura pas besoin de s'appeler bonne entente ou unité nationale parce qu'elle sera beaucoup plus que cela, étant la liberté[146]». Voilà qui frise singulièrement le séparatisme. On vient près d'exiger l'expulsion de Tremblay du parti conservateur[147], mais c'est néanmoins sous cette bannière qu'il subit la défaite en 1962, tout comme Maurice Allard d'ailleurs. Tremblay et Allard possédaient sans doute l'étoffe dont on fait des ministres. Mais ce n'était certainement pas le cas de Pigeon et encore moins celui de Ricard, considérés ici à cause de leur esprit de travail et de l'attention qu'ils ont attirée sur eux.

Un député libéral, en badinant, disait que Louis-Joseph Pigeon était muni de 27 ou 28 discours qu'il pouvait prononcer à un instant d'avis[148]. On est porté à le croire d'emblée, tellement sont nombreuses et variées les interventions aux Communes du député de Joliette-L'Assomption-Montcalm. Agriculture, problèmes ferroviaires et bancaires, immigration et aide à la recherche, commerce international et douanes, affaires extérieures et pensions de vieillesse, chômage et pollution, Société centrale d'hypothèques et Organisation des États américains, rien ne rebute cet autodidacte qui fut secrétaire d'Antonio Barrette. Ses discours sont généralement convenables. S'ils dénotent une certaine naïveté, ils témoignent d'une information sérieuse. Il n'arrive pas souvent à Pigeon de commettre des impairs, si l'on excepte les félicitations qu'il offre au gouvernement d'avoir mis sur pied «un comité consultatif composé des cerveaux agricoles du pays[149]». Malgré son évident éclectisme, il

146. *Le Devoir*, 16 octobre 1961.
147. *Idem*, 21 et 26 février 1962.
148. Guy Rouleau, 4 mai 1959. *Débats... 1959*, p. 3478.
149. Louis-Joseph Pigeon, 29 juin 1959. *Ibid.*, p. 5513.

possède ses sujets de prédilection : la littérature obscène qu'il faut enrayer, le système métrique qu'il faut adopter, une loterie nationale qu'il faut créer. Comme si le tout ne suffisait pas, il surveille Radio-Canada qui diffuse trop d'émissions « gauchistes » et où logent des « parasites dangereux » comme Pierre Elliott Trudeau, Jean-Louis Gagnon et Gérard Pelletier. « Le peuple de la province de Québec, dit-il, est dégoûté de voir et d'entendre ces sépulcres blanchis qui dénoncent l'entreprise privée mais qui vivent et se nourrissent à même les impôts prélevés dans le peuple [150]. » Agressif, bruyant, sensible aux problèmes nationalistes, dévoué aux intérêts de sa circonscription, partisan qui sait demeurer lucide, Pigeon est un député actif qui représente efficacement ses électeurs.

Théogène Ricard, représentant de Saint-Hyacinthe–Bagot, possède certaines des qualités de Pigeon, celles d'être assidu au travail et de veiller aux intérêts de ses commettants. Mais il ajoute une forte note d'obséquiosité et de servilité partisane. Tout ce qui est pensé, dit ou fait par les conservateurs est automatiquement bon et les maux de l'univers, tout aussi automatiquement, doivent être imputés aux libéraux. « Nous sommes dans un monde où tout est à refaire, par suite de l'intransigeance et de l'imprévision des rouges. Nous devons refaire le Canada. Nous sommes en train de le refaire [151]. » Ses discours, brefs mais nombreux, suivent un plan uniforme : il vilipende les libéraux, louange à outrance les conservateurs et les remercie d'apporter un si grand nombre de bienfaits à sa province et à sa circonscription. De qualité médiocre, ils ne suscitent généralement pas de réactions de la part de l'opposition [152]. Mais leur auteur peut

150. Louis-Joseph Pigeon, 14 juillet 1958. *Débats... 1958*, p. 2345.

151. Théogène Ricard, 1er mars 1960. *Débats... 1960*, pp. 1691s.

152. Quand Ricard traite de questions agricoles, il se justifie de le faire car il représente une circonscription dont la population est à 50 pour cent occupée aux travaux de la terre ; il se justifie d'aborder les problèmes du monde du travail car la population de sa circonscription est composée d'ouvriers dans une autre proportion de 50 pour cent. En 1960, il louange le gouvernement Diefenbaker qui fait tellement pour

provoquer l'ire des libéraux en les interrompant de façon systématique par des ricanements et des remarques intempestives[153]. Sa présence régulière et bruyante produit un certain effet sur le premier ministre qui fait de Ricard son secrétaire parlementaire et qui, au cours de la campagne électorale de 1963, le nomme ministre d'État.

Parmi les autres députés, il en est qui ne manquent pas de valeur même s'ils n'attirent pas autant sur eux les feux de la rampe[154]. On pense à Martial Asselin, qui n'est pas trop dépaysé quand il discute d'affaires extérieures ; à Alfred Belzile, qui prononce des discours documentés et bien construits sur les problèmes agricoles ; à Rodrigue Bourdages et Marcel Bourbonnais, bien au fait des problèmes de construction et de canalisation ; à Roland English, secrétaire parlementaire du ministre des Pêcheries, qui travaille d'arrache-pied pour obtenir un chemin fer reliant Matane à Sainte-Anne-des-Monts ; à Louis Fortin et Robert Lafrenière, intéressés surtout aux problèmes nationalistes ; à Russell Keays, un industriel, compétent dans les questions de transport ; à Émilien Morissette, un économiste, qui présente des analyses nuancées de l'économie canadienne ; et à Georges Valade, qui confine cependant ses activités à des problèmes d'ordre mineur. Ces députés n'étaient nullement dépourvus de valeur personnelle et ils désiraient jouer un rôle dans l'administration du pays. Ils n'ont vraiment pas eu l'occasion de faire leurs preuves et, d'une façon ou de l'autre, ils sont retournés à leurs occupations, ou ont orienté ailleurs leurs

lutter contre le chômage et qui a permis l'implantation d'une nouvelle industrie à Saint-Hyacinthe. Yvon Dupuis lui cloue le bec et le pourfend en démontrant que cette « nouvelle » industrie existe depuis 22 ans. *Débats... 1960*, pp. 1690-1694 ; 1788-1792.

153. À titre d'exemples, voir *Débats... 1959*, pp. 2693-2697 ; *Débats... 1960*, pp. 1314-1316 ; 1489.

154. C'est de façon délibérée que nous avons laissé de côté les conservateurs anglophones du Québec. William Hamilton, ministre des Postes, avait la réputation de mal s'entendre avec ses collègues francophones. Quant à Hewart Grafftey, la qualité de son travail parlementaire, durant les années considérées ici, était amoindrie par le caractère enfantin des nombreuses interpellations qu'il lançait à tout propos à la Chambre des Communes.

activités. On pourrait dire la même chose de Maurice Johnson et de Rémi Paul, mais ils ont eu le temps, eux, de se faire remarquer par leurs attaques aux Communes contre Radio-Canada, André Laurendeau et René Lévesque. Et de Charles Campeau, ancien directeur du service d'urbanisme de la ville de Montréal, et tellement lié à l'équipe Croteau-Fournier du «Ralliement du Grand Montréal» qu'il est discrédité dès son arrivée à Ottawa. Ce qui ne l'empêche pas de prononcer la profession de foi la plus emphatique qui ait émané d'un conservateur francophone[155].

> ... nos bras, nos cerveaux, nos cœurs, nous voulons les mettre activement au service de notre pays, afin que les situations difficiles passent et fassent place à une expansion sans cesse intensifiée et que nos réalisations fassent l'orgueil de nos enfants.
>
> Nous avons foi en la grandeur du Canada, et, sur les traces des Macdonald et des Cartier, c'est une «vision» illimitée sur l'avenir du pays que nous voulons figer dans la pierre, la brique et le béton, pour toutes les générations qui nous suivront.

Le matériel humain dépêché à Ottawa par le Québec en 1958 pouvait soutenir la comparaison, souvent même avantageusement, avec celui des autres régions du pays. Ces conservateurs francophones ne le cédaient pas non plus, en qualité, aux contingents libéraux régulièrement envoyés aux Communes depuis 1891. L'utilisation qu'en a faite le premier ministre — aux prises, paradoxalement, avec une surabondance de ressources humaines — peut être discutable et même condamnable. Diefenbaker ne voulait pas que ses députés francophones s'unissent pour faire front commun. C'est pourquoi il voyait d'un fort mauvais œil, s'il n'allait pas jusqu'à l'interdire expressément, l'existence d'un caucus séparé des députés du Québec[156]. L'influence collective de ces députés se révéla à peu près nulle mais, en ce sens, elle ne contrastait pas avec celle de leurs collègues venant de l'Ontario ou des Maritimes. Diefenbaker, solitaire, entêté,

155. C.-E. Campeau, 27 janvier 1959. *Débats... 1959*, p. 426.

156. SÉVIGNY, *op. cit.*, p. 214.

n'était pas homme à partager un pouvoir qu'il avait si longtemps convoité, ni à écouter des conseils qu'il était peu enclin à solliciter et encore moins porté à suivre.

* * *

Sans poids à Ottawa, ces députés furent incapables de convaincre la population québécoise du travail effectué par leur gouvernement. Les conservateurs arrivent au pouvoir au milieu d'une récession économique dont ils ne sont pas responsables et leur cas rappelle étrangement celui de l'administration de R. B. Bennett. Le chômage est d'une envergure moindre qu'en 1930, mais il atteint quand même un niveau qu'on n'avait pas connu depuis la guerre. Diefenbaker consacre une attention spéciale à ce problème, inaugure diverses formes d'assistance aux chômeurs pour les empêcher de sombrer dans la misère. Mais ce mal ne se résorbe qu'en 1961 de sorte que le mot conservateur a, encore une fois, été accolé à celui de misère. Préoccupé jusqu'à la hantise par le sort du « Canadien moyen », le premier ministre n'hésite pas à augmenter les allocations aux personnes âgées, aux déshérités, aux nécessiteux. La Société centrale d'hypothèques et de logement augmente les sommes d'argent consacrées à la construction domiciliaire et l'administration libéralise la politique de prêts aux petites entreprises. Le gouvernement fédéral, durant ces années, montre beaucoup de souplesse dans ses relations avec les provinces et ces dernières gagnent du terrain en matière de partage des impôts. Le ministre des Affaires extérieures, Howard Green, surprend chacun en accomplissant un travail discret mais efficace. Deux ministres imaginatifs et énergiques, George Hees et Alvin Hamilton, l'un au Commerce et l'autre à l'Agriculture, trouvent des débouchés nouveaux et importants pour les surplus de produits agricoles ou manufacturés. Il peut sembler étrange que les députés conservateurs du Québec, bénéficiant certes de loisirs à Ottawa, n'aient pu faire connaître les « bonnes actions » de leur gouvernement.

L'explication nous semble résider dans le fait qu'ils ne jouissaient d'aucune organisation efficace dans leur province. En 1958, l'organisation conservatrice québécoise se confondait, en pratique, avec celle de l'Union Nationale. Mais la défaite de 1960, les divisions internes et les répercussions de l'enquête Salvas ont annihilé cette machine puissante, de sorte que les conservateurs ont été réduits à leurs seules ressources. Dès 1959, ils ont constaté la baisse de leur popularité et, pour empêcher la résurrection d'un solide bloc libéral, ils ont fondé l'Association progressiste-conservatrice fédérale du Québec trois mois après la mort de Maurice Duplessis. Mais l'année 1960 n'apporte que déboires : le chômage atteint des sommets, Lesage vainc l'Union Nationale[157] et les conservateurs perdent la circonscription de Labelle au cours d'une élection partielle. On parle de campagne de propagande et un caucus des députés conservateurs du Québec décide que le parti ne constituera plus « une succursale de l'Union Nationale[158] ». Diefenbaker lui-même assiste à un banquet donné à Québec en l'honneur des quatre ministres francophones. Devant mille convives, il célèbre les mérites de son gouvernement, mais admet que l'on ne proclame pas suffisamment ses hauts faits. « Nous allons maintenant porter notre message à travers le pays... Je dirige un parti national... [qui doit] unir tous les Canadiens sous une même bannière patriotique[159]. » Il semble que ses partisans aient alors connu un sursaut d'enthousiasme, malgré les résultats des sondages Gallup qui, en janvier et mars 1961, leur accordent 26 pour cent et 29 pour cent des suffrages dans la belle province. En mars, ils tiennent un congrès à Québec

157. Lors de cette élection, les libéraux provinciaux présentent sept anciens députés fédéraux. L'Union Nationale tonnant contre cette pratique, les conservateurs seraient mal venus de participer à la campagne. Néanmoins, Martial Asselin prononce un discours à la télévision, le 1er juin, en faveur du candidat unioniste Arthur Leclerc et Louis-Joseph Pigeon travaille dans Joliette. *Le Devoir*, 26 mai 1960.

158. *Le Devoir*, 28 juin 1960.

159. *Idem*, 12 décembre 1960.

et élisent unanimement madame Paul Sauvé, au nom prestigieux, à la présidence de leur association. Du même coup, en trois quarts d'heure, ils entérinent 76 résolutions, dont l'une préconisant l'adoption d'un drapeau national [160]. Tout cela ne masque pas une réalité déprimante qu'un futur candidat, Clément Brown, décrit ainsi [161] :

> Manque de personnalités vigoureuses qui puissent donner aux conservateurs du Québec une allure conquérante, manque d'organes prestigieux qui puissent transmettre leur message à un public déjà traditionnellement préjugé contre eux, manque de réformes radicales pour satisfaire aux légitimes aspirations à l'égalité réelle des Canadiens français, suspicions (injustifiées peut-être, mais réelles) à l'égard du chef national du parti chez bon nombre de Québécois d'expression française, manque d'une explication franche et complète de la part de M. John Diefenbaker sur le sens qu'il donne à ses aspirations « canadiennes », refus d'un désaveu public de la part des conservateurs des pratiques électorales de leurs associés de l'Union Nationale, tout cela crée, aux ministériels québécois, bien des problèmes à résoudre. Il est plus que temps que se clarifie l'atmosphère...

L'efficacité de l'organisation ne dépasse malheureusement jamais l'euphorie des congrès et, quand arrivent les élections de 1962, madame Paul Sauvé quitte son poste. C'est le ministre Jacques Flynn qui va diriger les forces conservatrices au Québec.

Il est d'un optimisme déconcertant, clamant à tout venant que les conservateurs vont remporter « au moins » 50 sièges au Québec [162]. Le député Bourdages s'écrie, quand le gouvernement augmente les pensions de vieillesse : « Le Canada, sous le régime conservateur, vit des heures de liberté incomparables... Le parti conservateur est l'ami du déshérité, du pauvre, qu'il veut aider et combler si possible. Le bonheur de tout le monde est la clef de son succès [163]. » Louis Fortin va encore plus loin. À la dissolution des Chambres, il demande

160. *Idem*, 7 avril 1961.

161. *Idem*, 24 juillet 1961.

162. *Idem*, 18 janvier et 16 avril 1962.

163. Rodrigue Bourdages, 19 janvier 1962. *Débats... 1962*, pp. 22-23.

« que quelques sièges, quatre ou cinq peut-être, [soient] réservés à la gauche de l'Orateur, juste au cas où quelques députés libéraux reviendraient après les prochaines élections[164] ». Ces « prochaines élections », annonce Diefenbaker, auront lieu le 18 juin. Il n'avait évidemment pas pensé que c'était un 18 juin que Napoléon avait été vaincu à Waterloo !

Les libéraux, qu'on avait crus anéantis en 1958, ont rapidement repris une vigueur insoupçonnée et ont fourni une opposition énergique et efficace au Parlement. D'autre part, il se sont entourés d'experts et de « penseurs » et ont sérieusement élaboré un programme complet de gouvernement[165]. Cependant, ils font peu état de ce programme durant la campagne electorale ; ils s'emploient surtout à attaquer le gouvernement Diefenbaker sur trois aspects précis : le taux élevé du chômage, la mauvaise administration des affaires publiques et la perte de prestige sur la scène internationale. Au Québec, les libéraux ne peuvent compter sur le secours de Jean Lesage[166]. Ils omettent, ou presque, de parler de Pearson, mais ils se présentent comme une équipe — « les 75 » — capable d'être l'égale des anglophones dans un éventuel gouvernement libéral. Ces candidats ne suscitent pas l'enthousiasme d'André Laurendeau qui les compare à un « régiment de nouilles qu'on voudrait nous faire prendre pour des grands hommes[167] ». Mais ils possèdent plus de cohésion que les conservateurs et leur organisation s'avère plus efficace.

Ces derniers procèdent à l'aveuglette. L'horaire des visites du premier ministre en sol québécois n'est pas respecté et de petites foules attendent en piétinant l'arrivée du grand homme qu'on a du mal à comprendre. Un pique-nique qui

164. Louis Fortin, 17 avril 1962. *Ibid*, p. 3195.

165. On retrouve ce programme dans D. Owen CARRIGAN, *Canadian Party Platforms, 1867-1968*, pp. 261-270.

166. À notre connaissance, un seul ministre du Cabinet Lesage fait ouvertement campagne pour les libéraux. Il s'agit de Lionel Bertrand, ancien député fédéral. Les députés Glen Brown et Laurent Lizotte assistent aussi les libéraux fédéraux.

167. *Le Devoir*, 22 mai 1962.

Le Devoir, 30 octobre 1960.

réunit 5,000 enfants au stade Delorimier de Montréal tourne au fiasco, coûte très cher et, de toute façon, les enfants n'ont pas droit de suffrage! Diefenbaker se rend surtout dans les petites villes, comme Granby, Sorel, Saint-Hyacinthe, Nicolet, Rimouski, Mont-Joli; il y attire peu de monde et, à Québec et Montréal, moins de 1,000 personnes vont l'entendre. Il n'est pas à l'aise en français et ne peut recourir à l'éloquence qui le sert si bien au Canada anglais; il n'est pas ici question de poser au martyr, de recourir à l'indignation ou aux attaques contre les bureaucrates. Durant une élection d'où aucun thème majeur ne ressort, sans programme, Diefenbaker en est réduit à présenter au Québec le dossier de son gouvernement.

Il énumère les mesures sociales encouragées par les conservateurs, il rappelle l'effort qu'on a fait pour placer des inscriptions bilingues sur les édifices gouvernementaux, l'instauration de la traduction simultanée, l'octroi de chèques bilingues, la nomination d'un gouverneur général de langue française. Il va proposer que l'on tienne une conférence fédérale-provinciale sur les structures de la fiscalité, sur le choix d'un drapeau et d'un hymne distinctifs, sur le rapatriement de la constitution, mais sans préciser la position que prendrait son gouvernement. La publicité est entièrement axée sur la prospérité économique du pays au moment même — le 2 mai — où l'on dévalue le dollar; le slogan des conservateurs suscite les sourires: «Y'a pas d'erreur avec Diefenbaker». Un placard publicitaire largement diffusé porte à faux: on voit un père de famille dépeçant une dinde — image de prospérité au sortir d'une sérieuse récession économique — sous les yeux béats d'admiration de son épouse et de ses enfants. On parle uniquement de prospérité, comme en font foi ces messages dans les journaux. «On vit beaucoup mieux avec Diefenbaker... Notre standard de vie est le plus élevé au monde après les États-Unis... ... Diefenbaker a donné à l'économie du Québec un essor prodigieux et sans précédent... Chaque foyer, chaque famille jouit de plus de bien-être. Nos vieillards, nos infirmes, nos aveugles et nos anciens combattants sont mieux protégés. L'avenir favorise notre jeunesse[168]. »

Mais il existe un fort groupe d'électeurs qui ne sont aucunement sensibles à ces affirmations redondantes de prospérité. Ils croient beaucoup plus en la réalité qu'ils voient sous leurs yeux et que Réal Caouette leur dépeint en termes saisissants qu'ils comprennent parfaitement. Ils tournent leurs espoirs vers cet homme qui leur affirme qu'ils « n'ont rien à perdre » en rejetant conservateurs et libéraux et qui traduit si bien leur ressentiment profond. Caouette fait élire 26 députés — le plus fort contingent d'un tiers-parti que le Québec ait dépêché à Ottawa — et la représentation conservatrice est réduite à 14, de 51 qu'elle était en 1959. Trois ministres sont au nombre des vaincus : William Hamilton, Noël Dorion défait par un créditiste, et l'optimiste Jacques Flynn qui cède son siège à un libéral. Les résultats sont à l'avenant dans le reste du pays. Les conservateurs, avec leurs 116 députés, vont former un gouvernement minoritaire. Diefenbaker, le surhomme de 1958, est réduit à la stature d'un éclopé.

Le réveil est brutal en ce lendemain d'élection et les succès créditistes défraient les manchettes des journaux. Pendant ce temps — six jours après le scrutin, pour être précis — le premier ministre annonce l'instauration de mesures d'austérité qui contrastent singulièrement avec les affirmations euphoriques gouvernementales que la population canadienne vient juste d'entendre. Pour comble de malheur, Diefenbaker se brise une cheville ; confiné à sa chambre, il broie constamment du noir. Quant aux conservateurs du Québec, ils se réunissent en juillet. Candidats vainqueurs et vaincus font l'autopsie de la défaite. Ils l'attribuent à leur manque d'organisation, mais surtout à cette publicité qui émanait du quartier général d'Ottawa et qui était conçue dans l'ignorance la plus complète de la situation québécoise.

---

168. Placard publicitaire dans *le Devoir*, 12 juin 1962.

Le « support » du Québec

Le Devoir, 1er juin 1962.

Pour y remédier, ils exigent donc qu'un publiciste canadien-français du Québec soit « attaché en permanence au bureau du premier ministre, afin de fournir aux journaux, à la radio et à la télévision, des articles, informations et illustrations pouvant intéresser tout particulièrement les contribuables du Québec[169] ». Malgré tout, les organisateurs nationaux proclament leur optimisme face à une nouvelle élection qui peut survenir à brève échéance[170]. Diefenbaker confie le portefeuille des Mines à Paul Martineau, tandis que Ricard et Pigeon reçoivent l'assurance d'être secrétaires parlementaires. Il crée la commission d'enquête sur la fiscalité puis, en septembre, il se rend à Londres où il assiste à une conférence du Commonwealth et combat l'entrée de la Grande-Bretagne dans le Marché commun. Encore une fois, c'est à l'extérieur du pays qu'il essaie de redorer son blason politique. Mais il ne peut temporiser indéfiniment. Il faut faire face à la musique, en l'occurrence l'opposition à la Chambre des Communes lors de la session qui s'ouvre le 27 septembre.

Le discours du trône se révèle alors très faible pour ce qui touche les deux problèmes économiques majeurs du pays, soit le chômage et la balance commerciale défavorable des échanges internationaux. Le gouvernement donne l'assurance qu'il va créer un million d'emplois, mais il ne dit pas comment il va s'y prendre pour y arriver. On affirme qu'on va stimuler encore plus activement le commerce, mais sans dire de quelle façon. Le reste n'est guère plus précis : on va instituer un Office national de développement économique et on va convoquer « une conférence fédérale-provinciale sur le choix d'un drapeau national et d'autres symboles nationaux ». Aussi étrange que cela puisse apparaître dans un climat économique aussi précaire, il n'est nullement question de discours du budget. Mais là ne sont pas les pôles d'attraction sur la colline parlementaire. Ils résident dans la lutte pour sa survie que doit mener un gouvernement acculé au mur et

169. *Idem*, 12 juillet 1962.

170. *Idem*, 27 août 1962.

dans le succès de curiosité que remportent les créditistes québécois. Dans le premier cas, le dénouement ne surviendra qu'à l'hiver 1963 avec la crise des armes nucléaires ; dans le second, on n'eut pas à attendre plus longtemps que l'ouverture de la session.

Les créditistes, Gilles Grégoire et Bernard Dumont en tête, sont toujours debout. Ils recherchent, avec une foi de néophytes, les accrocs au bilinguisme sur les menus du café du Parlement, dans les aéroports d'Air Canada[171] et sur les chèques émis par le gouvernement. C'est à cor et à cri qu'ils réclament la traduction du manuel de procédure parlementaire de Beauchesne. Le chef national, Robert Thompson, s'esclaffe devant Diefenbaker et Pearson qui continuent aux Communes la campagne électorale et donnent le « spectacle de deux chiens de garde qui se disputent pour savoir lequel va protéger la maison, pendant que cette maison est en flammes[172] ». Mais Thompson, qui n'a fait élire que trois candidats, ne brille pas de l'éclat de Réal Caouette qui, fort de ses vingt-cinq députés, prêche la doctrine orthodoxe et fondamentale du Crédit Social[173].

> Quand avons-nous vu ou entendu dire, au Canada, qu'un ver était mort de faim dans une grosse pomme parce que la pomme était trop grosse ? Quand avons-nous entendu dire qu'un singe, dans les pays tropicaux, crevait de faim parce qu'il y avait trop de bananes dans les bananiers ?
>
> Pourtant, au Canada, ici, où tout est en abondance... nous comptons 500,000 chômeurs...

Les créditistes, à ce stade, présentent un divertissement. Ils seront cependant partie intégrante du dénouement de la crise provoquée par les armes nucléaires.

À la fin des années 50, les gouvernements canadien et américain se sont entendus pour coopérer à un plan de défense commune aérienne du continent nord-américain. Le Canada fait l'acquisition des appareils nécessaires pour

171. Qui s'appelait à l'époque *Trans Canada Airlines*.

172. Robert Thompson, 2 octobre 1962, *Débats... 1962-1963*, p. 121.

173. Réal Caouette, 2 octobre 1962. *Ibid.*, p. 144.

remplir ses engagements, mais ne les équipe pas d'engins nucléaires, ce qui les rend inefficaces en cas d'attaque. Le problème est de taille. Comment le Canada peut-il poser au médiateur de désarmement aux Nations Unies s'il est lui-même une puissance nucléaire ? Comment, d'autre part, peut-il remplir ses engagements s'il ne possède pas ces engins ? Howard Green, Secrétaire d'État aux Affaires extérieures, est un pacifiste, un partisan du désarmement, tandis que Douglas Harkness, ministre de la Défense, veut que les appareils de défense soient munis d'engins qui leur permettent d'assumer leur rôle. Diefenbaker ne peut se décider et la rumeur veut qu'il s'aligne avec Green les lundi et mercredi, avec Harkness les mardi et jeudi [174].

C'est l'intervention du général américain Lauris Norstad, ancien commandant des forces de l'OTAN, qui précipite les événements. Au cours d'une conférence de presse à Ottawa, au début de janvier 1963, il déclare que le Canada n'a pas rempli ses engagements. Huit jours plus tard, Lester Pearson, au mépris de ses promesses antérieures, annonce qu'un gouvernement libéral accepterait les têtes d'ogives nucléaires tout en s'efforçant de négocier à nouveau le rôle du Canada au sein de l'OTAN. Les 25 et 28 janvier, aux Communes, Diefenbaker et Harkness font des déclarations contradictoires sur le sujet. Et, le 30 janvier, un porte-parole du gouvernement américain affirme que le Canada n'a encore apporté aucune contribution efficace à la défense de l'Amérique du Nord. Diefenbaker voit là une intrusion américaine proprement injustifiable. Des ministres conservateurs — parmi lesquels on retrouve Balcer, Sévigny, Martineau — pensent à déloger Diefenbaker, mais leur complot est celui d'amateurs. Le 4 février, Harkness démissionne et, le lendemain, les Communes renversent le gouvernement sur la question des armes nucléaires.

Diefenbaker ne pouvait plus s'agripper au pouvoir. Il devait venir s'expliquer devant le peuple et lui donner sa

---

174. J. Murray BECK, *Pendulum of Power*, p. 352.

version des événements. George Hees et Pierre Sévigny ont démissionné, craignant une campagne électorale où l'anti-américanisme serait le cheval de bataille des conservateurs ; Davie Fulton s'est dirigé vers la politique provinciale de la Colombie britannique ; Donald Fleming a pris sa retraite. Le Québec ne compte plus pour le premier ministre en déroute. Les nominations au Cabinet de Théogène Ricard et de Martial Asselin n'ont aucune signification. Les francophones sont laissés à eux-mêmes, pendant que Diefenbaker se cantonne dans les milieux ruraux, luttant avec une énergie qu'on ne peut qu'admirer dans sa témérité, dénonçant tous ses ennemis réels ou imaginaires, Américains et financiers, bureaucrates et journalistes. Homme du peuple qui veut défendre l'opprimé, c'est à cause de cela qu'on veut l'abattre. Il réussit le tour de force d'empêcher les libéraux de former un gouvernement majoritaire. Au Québec, huit conservateurs sont élus. On est donc revenu à la situation de 1957. Il faudra encore tout recommencer.

CONCLUSION

On a vu que, depuis les années 20 surtout, les résultats électoraux n'ont jamais tellement favorisé le parti conservateur dans la province de Québec ; il convient maintenant de les considérer d'un œil plus scrutateur. Nous pourrons ainsi établir de façon précise quels ont été les succès réels de ce parti au Québec et il s'agira, alors, d'expliquer les raisons fondamentales de ces résultats.

Le tableau que nous produisons en appendice « A » nous apparaît significatif. De 1925 à 1963, c'est-à-dire au cours de 12 élections générales, le parti conservateur a remporté 127 sièges au Québec sur une possibilité d'environ 850 ; mais il faut noter que près de 60 pour cent de ces sièges, soit 74, sont acquis au cours de deux élections, celles de 1930 et de 1958. Ces 127 victoires, de toute façon, représentent à peu près 15 pour cent de la totalité des sièges disputés durant les années considérées.

D'autre part, le pourcentage du vote est plus révélateur. La moyenne générale du vote dévolu au parti conservateur, au cours de ces 12 élections, est de 32.9 pour cent, et il ne descend jamais à moins de 18.4 pour cent (en 1945). Ceci indique, hors de tout doute, qu'il y a un noyau conservateur dans la province de Québec, que des électeurs y restent fidèles à leur parti d'adoption, quels que soient les chefs, les thèmes et les circonstances.

Cependant, un problème se pose : ce noyau conservateur québécois est-il anglophone ou francophone ? En appendice

« B », nous présentons un tableau de la composition ethnique des circonscriptions électorales du Québec. Aucune conclusion définitive ne s'en peut dégager, mais certains indices ne manquent quand même pas d'intérêt. Argenteuil, qui a une proportion de 22.2 pour cent d'anglophones, élit un conservateur six fois sur douze ; Brome-Missisquoi, avec 26.5 pour cent d'anglophones, élit quatre conservateurs. Par contre, Gatineau possède 23.2 pour cent d'anglophones mais ne se donne jamais un député qui ne soit pas libéral ; Jacques-Cartier–Lasalle, où les anglophones représentent 44.7 pour cent de la population, n'élit que trois conservateurs, tandis que Saint-Antoine–Westmount, avec ses 41 pour cent d'anglophones, en élit cinq, et que Verdun, avec ses 35.1 pour cent n'en élit qu'un seul. Par ailleurs, des circonscriptions comme Trois-Rivières, Dorchester et Gaspé, très nettement francophones, manifestent une tendance conservatrice. En outre, il est intéressant de remarquer qu'à première vue les Canadiens français ruraux votent plus aisément conservateur que leurs compatriotes urbains ; ceci est particulièrement vrai en 1930 et 1958, années où différents facteurs économiques ou émotifs désavantagent clairement les libéraux.

De ces tableaux et de ces chiffres, il faut retenir que le parti conservateur, au Québec, n'a connu que des succès électoraux très relatifs, même s'il y possède un noyau fidèle, et persévérant surtout, de partisans. Mais serait-il possible d'expliquer pourquoi ce parti n'obtient pas une mesure plus forte et plus soutenue de gains ?

Notons tout de suite qu'il n'a guère été plus heureux dans le reste du pays. Au cours de ces années — de 1925 à 1963 —, les libéraux remportent sept des douze élections générales et c'est à deux reprises seulement, en 1930 et en 1958, que les conservateurs remportent la majorité absolue des sièges ; de fait, les libéraux occupent le pouvoir pendant vingt-sept des trente-huit années considérées, ne laissant que onze ans de gouvernement aux conservateurs. Mais, au Québec, les conservateurs ont effectué encore moins de gains que dans l'ensemble du pays ; plusieurs facteurs peuvent expliquer ce fait.

Durant ces années, ils éprouvent d'indicibles difficultés à attirer chez eux des Québécois de premier plan. Bennett aura quelques bons hommes, non des politiciens de très grande envergure sans doute, mais capables de faire œuvre honnête et utile. Mentionnons Maurice Dupré, Arthur Sauvé et Onésime Gagnon. Manion pourra se faire assister par Frédéric Dorion, jeune à l'époque, mais qui aurait pu se tailler une honorable carrière politique. Bracken et Drew ne pourront même pas amener à eux des hommes du calibre de ceux que nous venons de citer. Quant à Diefenbaker, il est flanqué de Noël Dorion et de Léon Balcer qui possédaient l'étoffe de bons ministres et qui pouvaient figurer avantageusement dans un gouvernement. Remarquons qu'aucun de ces politiciens n'a réussi, au sein du parti conservateur, à démontrer qu'il avait la stature d'un homme d'État, ni même d'un porte-parole écouté du Canada français. Nous tenterons plus loin d'expliquer ce phénomène mais retenons, pour l'instant, que le parti conservateur n'a pu se doter de Québécois d'envergure à qui il aurait permis de s'épanouir et de s'élever, progressivement, à la taille d'un Cartier ou d'un Chapleau.

Lorsque, par ailleurs, le parti se trouve en possession de l'un de ces oiseaux rares, un politicien acceptable venant du Québec, il s'ingénie, dirait-on, à ne pas le garder. Onésime Gagnon ne pouvait plus demeurer au sein du parti conservateur fédéral dans les années 30, car il savait sa carrière irrémédiablement compromise par des rivalités internes imputables, en grande partie, à la députation francophone. Frédéric Dorion ne pouvait conserver quelque affiliation à un parti qui préconisait une politique complètement inconciliable avec ses principes d'un nationalisme fort modéré. Léon Balcer quittera les conservateurs après avoir essuyé bien des rebuffades et après de longues années d'un silence patient. Quant à Noël Dorion, un nationaliste fort clairvoyant, il a constaté que la politique gouvernementale des années 1961 et 1962 ne tenait aucun compte sérieux des désirs ou réactions du Québec. Ainsi, le parti conservateur recrute très malaisément de bons politiciens venant du Québec et, le fait-il, qu'il les conserve encore plus malaisément. Ceci n'engendre pas d'éclatants succès électoraux, les gens concluant que des politiciens à leurs yeux modérés, au sein de ce parti, ne peuvent faire entendre leurs vues sur la politique nationale au niveau des aspirations du Québec.

Un troisième facteur qui rende compte des insuccès du parti conservateur au Québec pourrait alors être son incompréhension des désirs profonds de «la belle province». Il a favorisé d'étroites relations avec la Grande-Bretagne, il a prêché la conscription en temps de guerre, il a longtemps penché vers l'octroi de pouvoirs accrus au gouvernement fédéral: rien, là, qui soit susceptible de plaire au Québec. Mais il ne faudrait pas oublier que Manion, et surtout George Drew, ont singulièrement édulcoré cette doctrine, qu'ils ont présenté à l'électorat québécois des programmes acceptables, indiquant ainsi qu'ils voulaient faire place à ses désirs. Les résultats n'ont pas répondu à leurs espoirs. Le Québec ne croyait pas en leur sincérité et leurs partisans anglophones, férus de la doctrine traditionnelle, s'éloignaient d'eux. Tenter de retrouver pourquoi ce parti, alors, ne peut faire admettre sa bonne volonté nous amène à rechercher d'autres raisons qui expliquent ses échecs aux urnes.

Au cours des années que nous avons étudiées, le parti n'a jamais pu projeter l'image de son chef au Québec. Meighen et Bennett, d'ailleurs, n'étaient pas facilement «projetables». Froids, autoritaires, lourds de leur passé conscriptionniste, ils ne pouvaient gagner la sympathie francophone. Manion et Drew avaient, eux aussi, un passé conscriptionniste comme, à un moindre degré, Bracken et Diefenbaker. Aucun de ces leaders n'est en soi populaire au Québec et la publicité conservatrice n'a jamais pu surmonter ce handicap.

Les politiciens libéraux, en effet, n'ont jamais permis à l'électorat québécois d'oublier qu'il y avait eu conscription en 1917, mais ils ont réussi à faire sombrer dans le plus complet oubli l'enthousiaste participation des disciples anglophones de Laurier. Ces mêmes politiciens ont fait oublier au même électorat qu'un gouvernement libéral, au cours de la seconde guerre, avait appliqué le service militaire obligatoire et n'ont fait retenir que les extrêmes prises de positions de certains conservateurs de l'époque. De plus, ils ont entretenu les vieux préjugés de l'orangisme et de la franc-maçonnerie. Quand on a à l'esprit les arrière-pensées que renferment ces allusions, on comprend facilement que le parti auquel on accole, si longtemps, ces qualificatifs ne puisse jouir d'une immense popularité.

Si les conservateurs n'ont pu projeter l'image de leurs chefs, et si cela est dû, en grande part, à leur incapacité de contrecarrer la propagande libérale, on en déduit aisément une sixième explication de leurs insuccès électoraux : l'absence d'une presse partisane assez dynamique pour populariser leurs chefs et leurs programmes. Il faut cependant, ici, distinguer entre presse francophone et presse anglophone. Cette dernière a régulièrement appuyé le parti conservateur ; c'est bien rarement que le *Quebec Chronicle Telegraph*, le *Montreal Star* et la *Gazette* faillissent à leur tâche. Mais cette presse conservatrice n'était pas bien disposée à l'endroit des Canadiens français ; elle demeurait l'organe d'une certaine oligarchie financière anglo-saxonne et, comme telle, elle n'influençait aucunement la pensée de l'électorat canadien-français. Du côté francophone, c'est le néant ou presque. Du temps de Macdonald, et même jusqu'en 1912, les conservateurs pouvaient compter, au Québec, sur une presse qui véhiculait leurs idées, diffusait leur programme, louangeait leurs chefs et dépréciait systématiquement les libéraux. Bref, ils possédaient une presse de parti. Après 1912, cette presse vivote. Durant les années 30, on a *le Journal* à Québec, qui s'amalgame avec *l'Événement* en 1938. Mais, au début des années 1940, même cet organe boude les conservateurs.

Quant au *Montréal-Matin*, il est avant tout le porte-parole de l'Union Nationale.

Une dernière raison de ces vicissitudes électorales — et non la moindre, on le devine — demeure la faiblesse chronique de l'organisation conservatrice au Québec. Aussitôt terminée l'élection de 1930, l'organisation se démantèle et, en pratique, disparaît. Sous la direction de Manion, elle est axée sur l'Union Nationale et ne peut donc résister à la débâcle de l'automne de 1939. Un travail gigantesque est entrepris sous Bracken et Drew, mais les rivalités régionales, ethniques et personnelles empêchent tout fonctionnement efficace et donnent peu de résultats tangibles. De plus, le « flirt » avec l'Union Nationale incite les conservateurs à trop se reposer sur cette puissance. Une constante semble bien se dégager de l'étude de cette organisation vacillante : l'absence d'un penseur canadien-français, suffisamment au fait des aspirations québécoises et suffisamment écouté par son parti pour faire transposer ses idées dans la réalité. Le seul qui nous semble s'être approché de ce rôle est Frédéric Dorion, mais il ne pouvait remplir la seconde condition énoncée, ses idées n'étant pas toujours considérées comme orthodoxes en haut lieu.

En résumant ce qui précède, nous pouvons avancer ceci : en une période dominée par les libéraux, sans politiciens québécois représentatifs et écoutés, sans programme qui tienne vraiment compte des aspirations des Canadiens français, sans presse ni organisation adéquates, aux prises avec la savante publicité adverse, les conservateurs fédéraux étaient fatalement destinés à échouer dans leur quête du vote québécois. On peut même s'étonner qu'ils aient pu conserver un aussi fort noyau de partisans. Néanmoins, ils ont deux fois pris le pouvoir à Ottawa et, à ces deux occasions, ils auraient pu tenter de s'attacher le Québec. Or il semble que le fait de gouverner n'ait marqué qu'une pause dans la série de leurs insuccès électoraux qui se précipitent après ces répits.

Les conservateurs forment-ils un gouvernement qu'ils évitent de donner à aucun Canadien français, au sein du Cabinet, toute prééminence qui, l'élevant au-dessus de ses collègues, le désigne comme leur chef et en fasse le porte-parole autorisé de ses compatriotes. La responsabilité en incombe certes au premier ministre, mais elle est imputable aussi à la province qui ne délègue pas à Ottawa ses meilleurs représentants, ses personnalités de premier plan dont la valeur s'imposerait d'emblée au parti qui forme le gouvernement. Mais, alors, qui empêche le premier ministre de faire appel, hors de la députation, à des hommes clés triés sur le volet : la doctrine conservatrice les rebuterait-elle ou bien le Québec les retiendrait-il jalousement chez lui ? N'empêche qu'il arrive aux libéraux d'attirer de ces perles rares dans la capitale du pays !

L'étude que nous achevons le démontre, le Québec a pourtant fourni de forts contingents aux gouvernements conservateurs, particulièrement en 1930, en 1957 et en 1958. Si les choix de Bennett et de Diefenbaker n'ont pas toujours été heureux, il faut rappeler qu'au sein d'un gouvernement conservateur les ministres canadiens-français ont accoutumé de se battre constamment entre eux : Langevin et Chapleau pendant l'administration de Macdonald ; Casgrain, Monk et Pelletier du temps de Borden ; Monty et Patenaude durant le règne de Meighen ; Duranleau et Sauvé sous Bennett ; et il serait bien étonnant que, sous la direction de Diefenbaker, le Québec « qui se souvient » ait rompu avec la tradition ! Au sein d'un parti qui a si peu souvent gagné le cœur de la belle province, les représentants québécois auraient pourtant tout gagné à s'entendre entre eux pour préconiser des politiques communes. Loin de là : chaque ministre canadien-français entretient sa faction, ses protégés, sa coterie et mine le prestige de son collègue. Aux yeux de la population, s'étale le manque de sérieux de ces hommes alors que leur inutilité ressort aux yeux des partenaires de l'autre langue. Si la renommée des Canadiens français s'en trouve altérée et l'efficacité de leurs représentants paralysée, que dire des tribulations du parti politique qui, le premier, doit en porter le fardeau et faire les frais?

APPENDICE « A »

Pourcentage du vote conservateur par circonscription, au Québec de 1925 à 1963

Pourcentage du vote conservateur par circonscription, au Québec, de 1925 à 1963 *

Circonscription	1925	1926	1930	1935	1940	1945	1949	1953	1957	1958	1962	1963	Pourcentage
Argenteuil–	*51.3*	*51.5*	*54.4*	*49.8*	40.1	*49.3*	46.8	29.7	37.0	*56.6*	37.5	35.6	44.9
Deux-Montagnes [1]				(2.3)									+ 12.0
Bagot [2]	43.9	45.9	48.8										46.2
													+ 13.3
Beauce	22.4	18.6	35.2	—	20.1	—	—	—	—	17.1	3.4	4.5	17.3
				(11.0)									− 15.6
Beauharnois–	40.6	33.0	41.1	28.2	23.6	7.8	27.4	24.0	14.5	*51.6*	35.83	17.4	28.8
Salaberry [3]													− 4.1
Bellechasse	29.4	28.0	36.9	18.7	26.4	—	0.3	40.6	16.4	*52.3*	22.57	10.5	25.6
													− 7.3
Berthier–	39.0	41.2	*51.3*	32.5	24.7	3.2	41.2	2.3	46.5	*59.2*	*45.0*	*41.2*	35.6
Maskinongé													+ 2.7
Bonaventure	46.8	45.5	49.8	41.1	37.8	6.7	39.8	41.3	*50.8*	*54.1*	36.9	17.1	38.1
													+ 5.2
Brome–	—	45.7	*55.1*	46.7	24.2	27.0	39.7	28.8	48.2	*61.6*	*41.0*	*44.8*	42.0
Missisquoi													+ 9.1
Chambly–	42.9	44.6	*53.6*	35.1	31.5	—	33.9	33.8	31.9	*49.9*	38.4	13.8	37.2
Rouville [4]				(12.3)									+ 4.3
Champlain	34.9	35.0	*47.4*	47.3	34.8	12.0	36.6	36.6	42.0	*50.3*	28.3	26.0	35.9
													+ 3.0
Chapleau [5]				27.3	24.6	—	9.4	29.8	49.2	*59.5*	19.3	16.7	29.5
				(4.1)									− 3.4
Charlevoix [6]	26.5	25.4	42.8	30.2	29.3	—	9.6	40.3	41.4	*60.9*	30.8	33.9	33.7
				(4.4)									+ .8

Châteauguay-Huntingdon-Laprairie[7]	43.5	46.6	*52.1*	44.8	26.2	24.6	41.3	38.7	35.8	*56.6*	41.6	29.7	43.8 + 10.9
Chicoutimi	8.4	19.8	47.8	37.7 (3.4)	37.2	—	—	—	—	*50.6*	17.5	11.6	28.8 − 4.1
Compton-Frontenac[8]	39.6	41.1	*51.2*	46.3	16.8	23.9	30.2	38.1	46.1	*51.9*	26.9	21.8	36.1 + 3.2
Dorchester	41.5	39.3	*51.5*	48.8 (1.5)	—	—	45.8	*50.3*	48.9	*55.2*	23.3	25.1	43.0 + 10.1
Drummond-Arthabaska	27.3	28.4	40.9	32.8 (4.7)	—	—	7.9	45.6	*32.0*	47.0	18.4	9.2	28.9 − 4.0
Gaspé	31.7	35.5	39.6	18.1 (15.1)	*39.9*	—	43.4	46.9	*49.0*	*58.6*	*44.1*	36.9	40.3 + 7.4
Gatineau[9]							29.6	30.2	30.1	43.5	32.8	23.4	31.6 − 1.3

* Un pourcentage souligné indique que les conservateurs ont remporté le siège. Dans la colonne de 1935, le chiffre entre parenthèses indique le pourcentage des votes reçus par le « Reconstruction Party ». Dans la colonne « Pourcentage », le chiffre précédé d'un signe (+ ou −) indique la différence entre le résultat d'une élection donnée et la moyenne générale, 32.9%, des votes reçus par les conservateurs dans le Québec de 1925 à 1963.

1. Argenteuil–Deux-Montagnes : créé en 1947 ; auparavant : « Argenteuil ».
2. Bagot : disparaît en 1933.
3. Beauharnois-Salaberry : créé en 1952 ; jusqu'en 1933 : Beauharnois ; de 1935 à 1945 : Beauharnois-Laprairie ; de 1945 à 1952 : Beauharnois.
4. Chambly-Rouville : créé en 1933 ; jusqu'à cette date : Chambly-Verchères.
5. Chapleau : créé en 1933.
6. Charlevoix : créé en 1947 ; auparavant : Charlevoix-Saguenay.
7. Châteauguay-Huntingdon-Laprairie : créé en 1947 ; auparavant : Châteauguay-Huntingdon.
8. Compton-Frontenac : créé en 1947, incluant Compton avec Frontenac, autrefois : partie de Mégantic-Frontenac.
9. Gatineau : créé en 1947 ; autrefois partie de « Wright » qui disparaît en 1947.

Pourcentage du vote conservateur par circonscription, au Québec, de 1925 à 1963 *

Circonscription	1925	1926	1930	1935	1940	1945	1949	1953	1957	1958	1962	1963	Pourcentage
Hull	30.8	16.7	32.0	13.8 (25.1)	—	—	25.1	21.5	14.1	35.9	17.6	7.9	21.5 − 11.4
Îles-de-la-Madeleine [10]							49.3	45.3	—	52.2	43.8	3.8	38.9 + 6.0
Joliette–L'Assomption	42.2	42.6	45.8	9.3	19.6	1.1	41.5	20.0	18.5	58.5	47.2	42.2	32.4 − .5
Kamouraska	39.7	37.2	47.5	32.1 (2.0)	23.2	—	13.2	1.9	—	52.9	29.8	5.9	28.3 − 4.7
Labelle	—	12.7	—	—	—	—	48.4	46.7	53.9	58.1	33.3	16.3	38.5 + 5.6
Lac-Saint-Jean [11]	42.1	41.5	50.5	46.5	32.3	—	1.1	43.7	38.6	46.6	17.4	7.4	33.4 + .5
Laprairie–Napierville [12]	37.9	40.4	47.9										42.6 + 3.5
Lapointe							—	7.4	—	34.0	8.34	12.2	15.5
L'Assomption–Montcalm [13]	28.4	23.9	41.5										− 17.4
Laval-Deux-Montagnes	35.9	26.6	54.0	43.2	31.2								39.9 + 7.0
Lévis	40.5	45.0	50.7	29.9 (2.5)	32.0	—	0.4	27.5	28.2	42.5	14.8	19.2	30.0 − 2.9
Longueuil								19.9	33.4	49.8	43.6	33.2	36.2 + 3.3
L'Islet	40.9	43.6	47.1										49.9 + 4.8

Lotbinière	21.3	—	43.3	35.5	—	—	0.5	43.2	*51.4*	*59.9*	*38.2*	34.0	36.4 + 3.5
Matane	33.6	29.6	*52.5*										38.5 + 5.6
Matapédia-Matane				*33.8*	36.8	—	42.7	45.9	48.3	*58.9*	*36.5*	25.0	41.0 + 8.1
Mégantic	32.0	33.3	43.1	9.0 (37.6)	37.5	—	29.9	37.6	35.1	48.7	20.3	16.4	31.2 – 1.7
Montmagny-L'Islet	43.9	47.8	*51.5*	39.4 (2.3)	32.3	—	18.1	32.5	—	47.8	21.9	20.5	33.6 + .7
Nicolet-Yamaska	30.0	36.4	44.7	41.2 (0.7)	2.7	6.1	48.7	12.4	51.3	*62.2*	*45.0*	*47.7*	35.7 + 2.8
Pontiac-Témiscamingue	30.4	35.4	*40.8*	24.1 (13.8)	16.9	19.1	28.7	41.3	47.7	*51.2*	*35.4*	*37.9*	34.1 + 1.2
Portneuf	27.8	—	48.2	33.0	14.4	—	32.7	30.1	41.7	*53.2*	20.3	2.2	30.4 – 2.5
Québec-Est	40.9	40.7	44.9	38.2	—	—	22.4	17.7	26.1	*49.5*	17.6	14.7	31.3 – 1.6
Québec-Montmorency	42.2	45.0	*49.6*	47.0	28.7	—	27.5	40.5	36.1	*55.1*	15.1	18.8	36.0 + 3.1

* **Un pourcentage souligné indique que les conservateurs ont remporté le siège. Dans la colonne de 1935, le chiffre entre parenthèses indique le pourcentage des votes reçus par le « Reconstruction Party ». Dans la colonne « Pourcentage », le chiffre précédé d'un signe (+ ou –) indique la différence entre le résultat d'une élection donnée et la moyenne générale, 32.9%, des votes reçus par les conservateurs dans le Québec de 1925 à 1963.**

10. **Îles-de-la-Madeleine : créé en 1947 ; autrefois : partie de Gaspé.**
11. **Lac-Saint-Jean : créé en 1947.**
12. **Laprairie-Napierville : disparaît en 1933 ; Laprairie fut uni à Châteauguay-Huntingdon et Napierville fut uni à Saint-Jean-Iberville.**
13. Joliette-L'Assomption-Montcalm : disparaît en 1933 ; L'Assomption-Montcalm fut uni à Joliette.

Pourcentage du vote conservateur par circonscription, au Québec, de 1925 à 1963 *

Circonscription	1925	1926	1930	1935	1940	1945	1949	1953	1957	1958	1962	1963	Pourcentage
Québec-Ouest	44.5	46.4	*51.1*	45.4	40.0	—	30.4	*36.8*	44.2	*51.5*	16.4	11.5	38.0 + 5.1
Québec-Sud	43.0	40.2	45.1	37.2	22.0	—	24.5	25.1	33.7	*50.4*	31.6	18.3	33.7 + .8
Richelieu- Verchères	36.0	37.4	36.4	23.6	17.0	—	2.2	17.3	3.8	44.9	36.2	6.7	23.8 – 9.1
Richmond- Wolfe	33.6	36.7	*53.4*	34.0 (6.4)	33.4	—	19.8	35.6	32.8	*50.3*	24.1	18.3	33.8 + .8
Rimouski	38.1	32.6	43.0	31.1 (5.1)	—	—	30.5	34.3	40.0	*57.7*	31.2	10.8	34.9 + 2.0
Roberval							—	49.5	40.0	*53.9*	20.0	8.3	34.3 + 1.3
Saint-Hyacinthe- Bagot [14]	26.7	20.2	46.4	20.5 (7.1)	—	1.6	6.6	—	*54.1*	*58.8*	*45.9*	*51.4*	33.2 + 5.7
Saint-Jean-Iberville- Napierville [15]	—	3.6	33.6	12.6	14.5	—	1.9	10.9	1.5	45.8	28.3	15.9	16.8 – 16.1
Saint-Maurice- Laflèche [16]				19.8	10.1	—	1.2	35.6	24.4	41.4	13.3	8.3	19.3 – 13.6
Saguenay [17]							43.9	48.9	41.8	*53.8*	18.7	9.8	36.1 + 3.2
Shefford	43.2	36.1	*56.3*	48.4	31.8	—	36.6	31.9	37.0	47.1	25.4	18.6	37.5 + 4.6
Sherbrooke	45.4	38.0	48.5	45.0	29.1	26.0	26.5	33.8	37.5	*51.0*	26.5	10.6	34.8 + 1.9

Stanstead	43.9	42.1	*51.4*	47.6 (3.7)	—	*36.8*	43.2	40.2	43.0	*56.0*	*40.8*	33.8	43.5 + 10.6
Témiscouata	41.9	43.6	49.7	30.2 (2.6)	15.6	8.3	13.5	35.9	41.2	*57.7*	24.9	5.5	30.6 + 1.7
Terrebonne	27.8	24.3	44.0	27.2 (7.7)	15.3	—	29.6	—	39.9	*51.4*	27.8	11.5	28.9 – 4.0
Trois-Rivières[18]	32.8	33.5	42.9	28.3 (5.2)	—	20.2	*39.0*	*52.8*	*50.6*	*59.7*	*48.2*	*44.3*	41.2 + 8.3
Vaudreuil-Soulanges	23.3	25.5	28.7	28.7 (3.2)	24.3	18.9	32.4	21.0	31.5	*52.9*	*47.1*	34.4	30.7 – 2.1
Villeneuve[19]							3.7	30.5	23.2	34.0	7.7	7.42	28.8 – 4.1
Wright[20]	45.9	46.2	45.1	23.9 (12.2)	21.5	22.5							34.2 + 1.3
Montréal :													
- Cartier[21]		22.9	16.1	4.6 (6.3)	—	—	11.6	6.6	11.6	42.3	26.7	20.1	18.0 – 14.9

* Un pourcentage souligné indique que les conservateurs ont remporté le siège. Dans la colonne de 1935, le chiffre entre parenthèses indique le pourcentage des votes reçus par le « Reconstruction Party ». Dans la colonne « Pourcentage », le chiffre précédé d'un signe (+ ou –) indique la différence entre le résultat d'une élection donnée et la moyenne générale, 32.9%, des votes reçus par les conservateurs dans le Québec de 1925 à 1963.

14. Saint-Hyacinthe–Bagot : créé en 1933 ; auparavant : Saint-Hyacinthe–Rouville.
15. Saint-Jean–Iberville–Napierville : créé en 1933.
16. Saint-Maurice–Laflèche : créé en 1933.
17. Saguenay : créé en 1947 ; auparavant : partie de Charlevoix.
18. Trois-Rivières : créé en 1933 ; auparavant : uni à Saint-Maurice.
19. Villeneuve : créé en 1947.
20. Wright : devient Gatineau en 1947.
21. Cartier : créé en 1952.

Pourcentage du vote conservateur par circonscription, au Québec, de 1925 à 1963 *

Circonscription	1925	1926	1930	1935	1940	1945	1949	1953	1957	1958	1962	1963	Pourcentage
-Dollard								31.5	24.5	43.6	25.6	11.22	27.3
													– 5.6
-Hochelaga	24.3	13.1	31.6	11.7	12.9	6.1	26.5	15.4	15.0	40.5	29.2	13.5	20.0
				(23.7)									– 12.9
-Jacques-Cartier-	47.1	47.0	51.7	42.5	25.5	32.3	31.1	27.8	48.2	52.8	39.2	26.6	39.3
-LaSalle				(11.7)									+ 6.4
-Lafontaine [22]							1.3	16.8	21.7	43.4	29.7	13.4	21.0
													– 11.9
-Laurier [23]	43.9	39.6	28.3	17.9	16.2	6.1	8.3	25.7	29.6	45.1	32.6	17.8	26.0
				(11.0)									– 6.9
-Laval [24]							35.2	26.8	12.8	47.5	30.7	13.4	27.7
													– 5.2
-Maisonneuve- [25]	34.9	24.4	40.0	29.3	26.8	17.9	28.8	19.4	21.8	45.0	29.8	18.0	28.00
Rosemont				(23.9)									– 4.9
-Mercier [26]				10.3	19.4	7.1	29.5	33.1	25.2	50.4	28.0	18.7	24.6
				(15.4)									– 7.7
-Mont-Royal	69.7	76.0	75.5	49.4	37.9	39.8	34.0	33.9	35.9	47.3	22.2	10.5	44.5
				(8.5)									+ 11.6
-Notre-Dame-							33.4	49.9	56.9	60.5	39.4	18.3	43.1
de-Grâce [27]													+ 10.2
-Outremont-				34.9	20.8	—	23.7	25.1	20.5	38.9	29.6	19.6	28.9
Saint-Jean [28]				(9.2)									– 4.0
-Papineau [29]							2.2	18.5	13.4	41.5	52.4	14.2	27.0
													– 5.9

- Sainte-Anne	47.6	45.8	50.8	13.7	17.3	15.1	2.2	9.5	17.8	37.4	33.1	15.1	25.4
				(4.6)									− 7.5
- Saint-Antoine-Westmount[30]	52.0	51.7	58.1	58.9	37.6	46.2	34.6	39.0	44.9	53.5	39.7	26.0	45.2
				(8.2)									+ 12.3
- Saint-Denis	25.9	18.4	32.1	5.0	17.1	—	32.6	25.2	18.4	42.4	33.1	17.3	24.3
				(26.3)									− 8.6
- Saint-Henri	—	—	33.9	16.6	6.8	6.0	29.4	19.7	10.9	34.7	33.4	10.1	20.2
				(9.8)									− 12.7
- Saint-Jacques	—	14.7	31.8	8.0	16.5	—	32.5	22.5	27.7	51.9	37.7	28.3	27.2
				(27.8)									− 5.7
- Saint-Laurent-Saint-Georges	53.8	59.9	64.6	49.0	36.2	30.5	26.7	31.8	42.1	55.0	35.0	25.5	42.5
				(10.4)									9.6
- Sainte-Marie	—	16.1	26.9	—	16.3	—	32.1	22.8	34.6	52.0	45.0	41.7	32.0
				(39.8)									− .9

* Un pourcentage souligné indique que les conservateurs ont remporté le siège. Dans la colonne de 1935, le chiffre entre parenthèses indique le pourcentage des votes reçus par le « Reconstruction Party ». Dans la colonne « Pourcentage », le chiffre précédé d'un signe (+ ou −) indique la différence entre le résultat d'une élection donnée et la moyenne générale, 32.9%, des votes reçus par les conservateurs dans le Québec de 1925 à 1963.

22. Lafontaine : créé en 1947.
23. Laurier : créé en 1933 ; auparavant : Laurier-Outremont.
24. Laval : créé en 1947 ; autrefois : partie de Laval–Deux-Montagnes.
25. Maisonneuve-Rosemont : créé en 1938 ; auparavant : Maisonneuve.
26. Mercier : créé en 1933.
27. Notre-Dame-de-Grâce : créé en 1947.
28. Outremont-Saint-Jean : créé en 1947 ; jusqu'en 1933 : Laurier-Outremont ; de 1933 à 1947 : Outremont.
29. Papineau : créé en 1947.
30. Saint-Antoine–Westmount : créé en 1933 ; auparavant : Saint-Antoine.

Pourcentage du vote conservateur par circonscription, au Québec, de 1925 à 1963 *

CIRCONSCRIPTION	1925	1926	1930	1935	1940	1945	1949	1953	1957	1958	1962	1963	POURCENTAGE
– Verdun [31]				22.4 (5.1)	13.4	20.4	21.7	24.5	30.1	<u>46.3</u>	33.4	21.1	25.9 – 7.0
Yamaska	44.5	46.8	50.0										47.1 + 14.2
Moyenne générale du vote conservateur													**32.9**
Nombre de sièges gagnés	4	4	24	5	1	2	2	4	9	50	14	8	
Nombre de sièges disputés	58	62	64	62	53	29	69	71	69	75	75	75	
Pourcentage des sièges gagnés	7.1	6.5	37.5	8.1	1.9	6.9	13.0	5.6	13.0	66.7	18.6	10.6	
Pourcentage de l'ensemble du vote	33.7	34.3	44.7	28.2	19.8	8.4	24.6	29.4	31.1	49.6	29.2	19.3	
Pourcentage des votes reçus par rapport au vote total possible	37.9	35.7	44.7 **	29.8	24.0	18.4	25.9	30.3	33.4	49.6 **	29.2 **	19.3 **	

*** Un pourcentage souligné indique que les conservateurs ont remporté le siège. Dans la colonne de 1935, le chiffre entre parenthèses indique le pourcentage des votes reçus par le « Reconstruction Party ». Dans la colonne « Pourcentage », le chiffre précédé d'un signe (+ ou –) indique la différence entre le résultat d'une élection donnée et la moyenne générale, 32.9%, des votes reçus par les conservateurs dans le Québec de 1925 à 1963.**

**** Les conservateurs ont présenté des candidats dans chaque circonscription au Québec. Il faut noter qu'à certaines élections (v.g. 1945, 1949), les conservateurs ne présentent pas de candidat officiel, mais appuient plutôt un indépendant dans une circonscription donnée. Si l'on pouvait tenir compte de ce facteur, le vote conservateur dépasserait 32.9%.**

31. Verdun : créé en 1953 ; de 1935 à 1947 : Verdun ; de 1947 à 1953 : Verdun-LaSalle.

APPENDICE «B»

Composition ethnique des circonscriptions électorales du Québec

Composition ethnique des circonscriptions électorales du Québec *

CIRCONSCRIPTION	BRITANNIQUES	CANADIENS FRANÇAIS	ITALIENS	JUIFS
	%	%	%	%
Argenteuil-Deux-Montagnes	22.2	73.3		
Beauce	0.5	99.0		
Beauharnois-Salaberry	13.0	83.5		
Bellechasse	0.4	99.4		
Berthier-Maskinongé	1.1	97.4		
Bonaventure	13.7	83.2		
Brome-Missisquoi	26.5	67.4		
Chambly-Rouville	21.2	72.8		
Champlain	1.4	97.9		
Chapleau	3.5	89.7		
Charlevoix	2.0	97.1		
Châteauguay-Huntingdon	16.6	72.9		
Chicoutimi	2.6	96.1		
Compton-Frontenac	11.3	87.4		
Dorchester	1.7	97.9		
Drummond-Arthabaska	2.1	97.0		
Gaspé	11.8	87.2		
Gatineau	23.2	72.2		
Hull	8.4	88.7		
Îles-de-la-Madeleine	7.4	92.4		
Joliette-L'Assomption-Montcalm	3.3	95.0		
Kamouraska	0.3	99.3		
Labelle	2.9	95.5		
Lac-Saint-Jean	1.8	97.6		
Lapointe	3.8	94.6		
Lévis	1.4	97.9		
Longueuil	19.6	74.3	1.1	
Lotbinière	2.2	97.0		

* Dans ce tableau, établi d'après le recensement de 1961, nous présentons la composition ethnique de chaque circonscription fédérale du Québec. Nous n'en conservons que les groupes suivants : Britanniques, Canadiens français, Italiens et Juifs. Nous avons éliminé les autres groupes jugeant que, pour les fins de notre travail, leur importance n'était pas essentielle.

Composition ethnique des circonscriptions électorales du Québec *

CIRCONSCRIPTION	BRITANNIQUES	CANADIENS FRANÇAIS	ITALIENS	JUIFS
	%	%	%	%
Matapédia-Matane	1.6	97.9		
Mégantic	2.5	96.6		
Montmagny-L'Islet	0.4	99.3		
Nicolet-Yamaska	0.5	98.6		
Pontiac-Témiscamingue	23.2	71.0		
Portneuf	2.7	96.7		
Québec-Est	2.3	96.4		
Québec-Sud	10.4	86.1		
Québec-Ouest	2.1	96.9		
Québec-Montmorency	4.6	93.3		
Richelieu-Verchères	2.6	95.8		
Richmond-Wolfe	10.8	88.0		
Rimouski	1.2	98.2		
Rivière-du-Loup-Témiscouata	0.9	98.8		
Roberval	1.3	96.3		
Saint-Hyacinthe-Bagot	0.8	98.3		
Saint-Jean-Iberville-Napierville	5.3	91.1		
Saint-Maurice-Laflèche	3.4	95.3		
Saguenay	10.6	77.7		
Shefford	6.7	91.7		
Sherbrooke	9.6	87.9		
Stanstead	25.3	72.4		
Terrebonne	7.1	89.1		
Trois-Rivières	3.3	95.4		
Vaudreuil-Soulanges	16.7	79.4		
Villeneuve	6.6	85.4	1.2	
Montréal :				
- Cartier	7.6	36.6	9.6	15.0
- Dollard	14.5	62.5	8.5	5.1
- Hochelaga	4.8	88.9	2.2	

* **Dans ce tableau, établi d'après le recensement de 1961, nous présentons la composition ethnique de chaque circonscription fédérale du Québec. Nous n'en conservons que les groupes suivants : Britanniques, Canadiens français, Italiens et Juifs. Nous avons éliminé les autres groupes jugeant que, pour les fins de notre travail, leur importance n'était pas essentielle.**

Composition ethnique des circonscriptions électorales du Québec *

CIRCONSCRIPTION	BRITANNIQUES	CANADIENS FRANÇAIS	ITALIENS	JUIFS
	%	%	%	%
- Jacques-Cartier–LaSalle	44.7	42.5	1.7	
- Lafontaine	4.2	92.0	1.6	
- Laurier	3.2	89.0	2.7	
- Laval	10.8	78.3	2.2	1.9
- Maisonneuve-Rosemont	11.0	76.8	3.7	
- Mercier	9.9	77.8	6.5	
- Mont-Royal	24.6	22.1	3.5	26.9
- Notre-Dame-de-Grâce	47.5	21.1	5.9	7.6
- Outremont–Saint-Jean	9.3	46.3	11.6	15.3
- Papineau	4.5	71.8	19.3	
- Sainte-Anne	25.0	60.6	7.0	
- Saint-Antoine–Westmount	41.0	38.3	2.3	2.7
- Saint-Denis	2.9	84.2	10.3	
- Saint-Henri	8.8	78.3	8.8	
- Saint-Jacques	3.1	82.8	2.1	
- Saint-Laurent–Saint-Georges	31.2	33.6	1.9	2.0
- Sainte-Marie	2.4	92.7	1.2	
- Verdun	35.1	58.0	0.9	

* Dans ce tableau, établi d'après le recensement de 1961, nous présentons la composition ethnique de chaque circonscription fédérale du Québec. Nous n'en conservons que les groupes suivants : Britanniques, Canadiens français, Italiens et Juifs. Nous avons éliminé les autres groupes jugeant que, pour les fins de notre travail, leur importance n'était pas essentielle.

BIBLIOGRAPHIE

I. SOURCES

A) Sources manuscrites

1. Archives publiques du Canada

   a) *Fonds R. A. Bell*, M. G. 27.
   L'honorable Richard A. Bell, ancien directeur national du parti conservateur et ancien ministre dans le gouvernement Diefenbaker, nous a donné la permission de consulter l'unique source de documentation que constituent les 15 volumes de correspondance, notes, etc. amassés durant la période où il a été mêlé de très près à l'organisation de son parti.

   b) *Fonds Robert Laird Borden*, M. G. 26.
   Nous avons inventorié le fonds Borden mais ne l'avons pas utilisé de façon expresse dans cette étude ; cependant, nous avons utilisé certaines des connaissances que nous y avons puisées pour établir des comparaisons avec la période étudiée ici et pour élargir nos conclusions.

   c) *Fonds Maurice Dupré*, M. G. 27.

   d) *Fonds John A. Macdonald*, M. G. 26.
   Nous avons consulté les volumes 102, 123, 202, 203 afin de tenter d'établir le niveau des relations politiques entre John A. Macdonald et George-Étienne Cartier.

   e) *Fonds R. J. Manion*, M. G. 27.
   Volumes 1 à 15.

   f) *Fonds F. D. Monk*, M. G. 27.

2. Archives publiques du Québec

   Fonds Armand Lavergne, 2 volumes.

3. Archives de l'Université du Nouveau-Brunswick (Fredericton)

   Fonds R. B. Bennett.
   Le fonds Bennett est conservé à l'Université du Nouveau-Brunswick, mais nous l'avons néanmoins consulté aux Archives publiques du

Canada, où l'on était à faire le travail de classification. Sans dépouiller systématiquement ce fonds gigantesque, nous sommes allé à chaque volume susceptible de livrer quelque information relative à notre étude, notamment :

Vol. 94-95. Banking. Central Bank.
Vol. 98. Bilingualism.
Vol. 101. Cabinet representation.
Vol. 194. Elections. 1930.
Vol. 197. Elections. 1930.
Vol. 441. Department of Marine. Quebec - N.S. - N.B. - P.E.I.
Vol. 442. Department of Marine. Quebec.
Vol. 475-476. Conservative Party. Organization. The Press.
Vol. 480. Conservative Party. Que. Con. Clubs.
Vol. 481. Conservative Party. Quebec. Org. General.
Vol. 482. Conservative Party. Quebec.
Vol. 483-484-485. Conservative Party. Quebec. Org. Constituencies.
Vol. 493. Conservative Party. Saskatchewan.
Vol. 544. Department of Postmaster General.
Vol. 547. Department of Postmaster General. N.B. - Quebec.
Vol. 548-549. Department of Postmaster General. Quebec.
Vol. 564. Provincial Governments. Quebec.
Vol. 566. Provincial Governments. Manitoba. Saskatchewan.
Vol. 567. Provincial Governments. Saskatchewan.
Vol. 668 et 670. Department of Secretary of State.
Vol. 698. Board of Soldiers Settlement. Dept. of Solicitor General. Quebec.
Vol. 699. Department of Solicitor General. Quebec - Ontario - Saskatchewan - Alberta - British-Columbia.
Vol. 805. Unemployment - Staff - War - Armistice Day.
Vol. 806. War.
Vol. 981-982-983-984-985-986-987-989-990-991-992-993. Notable Persons File.

4. Archives privées

a) *Archives du Chanoine Lionel Groulx* (Montréal).
Correspondance entre l'abbé Groulx et Armand Lavergne.

b) *Archives du quartier général du parti conservateur* (Ottawa).
Au moment de notre consultation, on était à classifier ces archives considérables et disparates : nous ne pouvons donc, ici, les décrire par sigle ou par cote.

B) Sources imprimées

a) PUBLICATIONS GOUVERNEMENTALES

Débats de la Chambre des Communes du Canada, 1930–1965.

b) JOURNAUX

La Presse (Montréal). Août-novembre 1927.
Le Devoir (Montréal). 1910–1965.
L'Événement-Journal (Québec). 1940–1949 ; 1953 ; 1956.
Le Journal (Québec). 1930–1936.
Le Soleil (Québec). 1896–1936.
The Gazette (Montréal). 1930–1953.
The Ottawa Journal. Mars 1938.
The Quebec Chronicle-Telegraph (avant 1934, il s'appelle *The Chronicle-Telegraph*. 1930–1935 ; juin-août 1938 ; janvier-mars 1940 ; novembre-décembre 1942 ; avril-juin 1945 ; août-novembre 1948 ; mai-juin 1949 ; juin-septembre 1953.
The Toronto Star. Août-octobre 1948 ; mai-juin 1949 ; juin-septembre 1953.
The Winnipeg Free Press. Avril-juin 1945.

c) REVUES

L'Action canadienne-française, 1925–1929.
L'Action Nationale, 1933–1965.
(The) Canadian Annual Review of Public Affairs, 1925–1938.
Canadian Business, 1963.
Canadian Commentator, 1957, 1958, 1960.
Canadian Forum, 1930–1965.
(The) Canadian Historical Review, 1920–1970.
(The) Canadian Journal of Economics and Political Science, 1951.
Cité Libre, 1950–1965.
Financial Post, 1949, 1965.
Maclean's Magazine, 1930–1965.
Monetary Times, 1956.
Queen's Quarterly, 1956, 1962.
Saturday Night, 1930–1965.
University of Toronto Quarterly, 1943.
University of Toronto Studies, 1933.

II. OUVRAGES GÉNÉRAUX

BEAULIEU, André et Jean HAMELIN. *Les Journaux du Québec de 1764 à 1964*. Québec et Paris, Les Presses de l'université Laval et Librairie Armand Colin, 1965, XXVI-329p. (Coll. « Les Cahiers de l'Institut d'Histoire »).

Canadian Parliamentary Guide (The), 1920–1966.

SCARROW, Howard A. *Canada Votes. A Handbook of Federal and Provincial Election Data.* New Orleans, Hanser, 1962, 238p.

III. ÉTUDES

A. Thèses et mémoires

ANGELL, Harold M. *Quebec Provincial Politics in the 1920's.* M.A., McGill, 1960.

BELL, Ruth M. *Conservative Party National Conventions, 1927–1956: Organization and Procedure.* M.A., Carleton University, 1965.

HUOT, John. *R. J. Manion and the Conservative Party, 1938–1940.* Manuscrit dactylographié, 55p.

OLIVER, Michael K. *The Social and Political Ideas of French Canadian Nationalists, 1920–1945.* Ph. D., McGill, 1956.

B. *Ouvrages et articles de périodiques*

ACTION NATIONALE, « Pour la monnaie bilingue », *l'Action Nationale*, vol. I, nº 2 (février 1933), p. 65.

ANONYME, « The Front Page: Behind the Convention and Thickening the Plot », *Saturday Night*, vol. 53, nº 38 (July 23, 1938), pp. 1–3.

— — « Front Page: Hepburn-Duplessis », *Saturday Night*, vol. 53, nº 41 (Aug. 13, 1938), pp. 1–3.

— — « The Exit of Mr. Bracken », *Saturday Night*, vol. 63, nº 43 (July 31, 1948), pp. 1; 5.

— — « Conservative Leader », *Saturday Night*, vol. 63, nº 50 (Sept. 18, 1948), pp. 1; 5.

— — « Obvious Choice for Conservatives », *Saturday Night*, vol. 71, nº 18 (Nov. 10, 1956), pp. 5-6.

— — « Conservatives Prepare for E-Day », *Canadian Forum*, vol. 41, nº 483 (April, 1961), p. 1.

BANKS, Rideau. « The New Leader from Quebec? » *Saturday Night*, vol. 53, nº 20 (March 19, 1938), p. 5.

BARRETTE, Antonio. *Mémoires.* Montréal, Beauchemin, 1966. 448p.

BECK, J. Murray. *Pendulum of Power: Canada's Federal Elections.* Scarborough, Prentice-Hall of Canada, 1968, 442p.

BENNETT, R. B. « The Election Issues as I See Them », *Maclean's Magazine*, vol. XLIII, nº 13 (July 15, 1930), pp. 8; 36-37.

BIRD, John. « The Conservative Convention », *Canadian Commentator*, vol. 1, nº 1 (January, 1957), pp. 1-2.

BIRD, John, « The Diefenbaker Flair », *Canadian Commentator*, vol. I, n° 10 (October, 1957), p. 3.

—— « Quebec : the Key Province », *Canadian Commentator*, vol. II, n° 3 (March, 1958), p. 2.

—— « Which Conservative Will Bell the Cat ? » *Financial Post*, January 23, 1965.

—— « How Long Can Diefenbaker Ride Hard on his Powerful Mavericks ? » *Financial Post*, February 2, 1965.

BORDEN, Henry, éd. *Robert Laird Borden : His Memoirs*. Toronto, Macmillan, 1938, 2 vol.

BOYD, John. *Sir George Étienne Cartier, Baronnet, Sa vie et son temps. Histoire politique du Canada de 1814 à 1873*. Traduit par Sylva Clapin. Montréal, Beauchemin, 1918, XXVIII-485p.

BRACKEN, John. « What do the Progressive Conservatives Stand for ? » *Maclean's Magazine*, vol. 57, n° 9 (May 1, 1944), pp. 10-11 ; 50-51 ; 53-56.

BRASSIER, Jacques [Lionel GROULX]. « Pour qu'on vive », *l'Action nationale*, vol. 1, n° 4 (avril 1933), pp. 238-247.

CARRIGAN, D. Owen. *Canadian Party Platforms, 1867-1968*. Toronto, Copp Clark Publishing Company, 1968, 363p.

CARTERWOOD, Robert. « A New Year's Tale About a Man Who Understood Biculturalism », *Saturday Night*, vol. 79, n° 1 (Jan. 1964), pp. 29-30.

CASGRAIN, Thérèse F. *Une femme chez les hommes*. Montréal, Éditions du Jour, 1971, 296p.

CHAPIN, Miriam. « Quebec Politics in Basic English », *Saturday Night*, vol. 74, n° 8 (April 11, 1959), pp. 12-13 ; 64 ; 66.

—— « Quebec : Where Are the Goldarn Tories ? » *Saturday Night*, vol. 76, n° 22 (Oct. 28, 1961), p. 54.

COOK, Ramsay. *The Politics of John W. Dafoe and the « Free Press »*. Toronto, University of Toronto Press, 1963, 305p.

COOPS, Edwin. « The Tories Are in Good Heart », *Saturday Night*, vol. 74, n° 26 (Dec. 19, 1959), pp. 11-15.

CREIGHTON, Donald. *John A. Macdonald*. Vol. I : *The Young Politician*. Toronto, Macmillan, 1952, 532p. ; vol. II : *The Old Chieftain*. Toronto, Macmillan, 1955, 636p.

—— *Canada's First Century, 1867-1967*. Toronto, Macmillan of Canada, 1970, 372p.

CROSS, Austin. « Weighing the Entries Into the Tory Leadership Race », *Monetary Times*, vol. 124, n° 12 (Dec. 1956), pp. 25-27.

DAWSON, R. MacGregor. *The Conscription Crisis of 1944*. Toronto, University of Toronto Press, 1961, 136p.

DE BRISAY, Richard. « Nationalism Wins », *Canadian Forum*, vol. X, nº 120 (September, 1930), pp. 431-432.

DEXTER, Grant. « And They Welcome Mr. Bracken », 4 articles publiés à l'origine dans la *Winnipeg Free Press*, reproduits par *The Toronto Star*, le 29 avril 1944, et réunis en brochure par la « National Liberal Federation of Canada », s. l., 1944 [?].

DULAC, Paul [Georges PELLETIER]. *Silhouettes d'aujourd'hui*. Montréal, *le Devoir*, 1926, 166p.

DUMONT, Jacques [Esdras MINVILLE]. « Méditation pour jeunes politiques », *l'Action canadienne-française*, vol. XVII (1927), pp. 28–40 ; 100–111 ; 170–178 ; 217–227.

EAYRS, James. *In Defence of Canada: From the Great War to the Great Depression*. Toronto, University of Toronto Press, 1964, 382p.

— — *In Defence of Canada: Appeasement and Rearmament*. Toronto, University of Toronto Press, 1965, 261p.

EGGLESTON, Wilfrid. « Mr. Bracken Steps Down », *Saturday Night*, vol. 63, nº 43 (July 31, 1948), p. 4.

— — « Long or Short P. C. Plan ? » *Saturday Night*, vol. 63, nº 51 (Sept. 25, 1948), p. 4.

FILLEY, Walter. « The Conservative Impasse », *Canadian Forum*, vol. 35, nº 411 (April, 1955), pp. 1 ; 9-10.

— — « Conservative Quandry », *Canadian Forum*, vol. 36, nº 430 (Nov. 1956), p. 170.

FLAHERTY, Francis. « A Conservative Philosophy », *Saturday Night*, vol. 58, nº 2 (Sept. 19, 1942), pp. 10-11.

— — « Diefenbaker to Be Confronted With Decision on Leadership Before Party Meeting », *Canadian Business*. vol. 36, nº 7 (July, 1963), pp. 4-5.

FRANCIS, Anne. « Conservatives Prove They Can Govern », *Canadian Commentator*, vol. 11, nº 1 (Jan. 1958), pp. 5-6.

FRASER, Blair. « Tory Dilemma: Who Can Replace Drew ? » *Maclean's Magazine*, vol. 69, nº 22 (Oct. 27, 1956), pp. 8 ; 101-102.

— — « Why the Conservatives Are Swinging to Diefenbaker ? » *Maclean's Magazine*, vol. 69, nº 24 (Nov. 24, 1956), pp. 30 ; 74–77.

— — « Backstage at Ottawa : Why Both Liberals and Tories Are Ignoring Quebec... ? » *Maclean's Magazine*, vol. 70, nº 11 (May 25, 1957), p. 2.

— — « Backstage at Ottawa : Quebec's Political Dilemma : Is Diefenbaker Outdrawing Duplessis ? » *Maclean's Magazine*, vol. 72, nº 10 (May 9, 1959), p. 2.

— — « Backstage at Ottawa : Now Who's Keeping Lester Pearson in Power ? » *Maclean's Magazine*, vol. 78, nº 2 (Jan. 23, 1965), p. 1.

GAMBLE, Howard. «Federal Voting in Quebec Tests Duplessis' Strength», *Financial Post*, May 28, 1949, p. 1.

GAUTHIER, Charles. «Canadiens français et services fédéraux», *l'Action nationale*, vol. 1 (1933), pp. 343–347.

GOBEIL, Samuel. «Conservatives and the Province of Quebec», *Saturday Night*, vol. 57, n° 18 (January 10, 1942), p. 6.

GRAHAM, Roger. *Arthur Meighen: A Biography*, vol. I: *The Door of Opportunity*, Toronto, Clarke, Irwin and Company, 1960, 341p.; vol. II: *And Fortune Fled*, Toronto, Clarke, Irwin, 1963, 535p.; vol. III: *No Surrender*, Toronto, Clarke, Irwin, 1965, 202p.

— — «Arthur Meighen and The Conservative Party in Quebec: The Election of 1925», *Canadian Historical Review*, vol. XXXVI, n° 1, (March, 1955), pp. 17–35.

— — «Can the Conservatives Come Back?» *Queen's Quarterly*, vol. LXII, n° 4 (Winter, 1956), pp. 473–486.

GRANATSTEIN, John L. *The Politics of Survival: The Conservative Party of Canada, 1939–1945*, Toronto, University of Toronto Press, 1967, 231p.

— — «The York South By-Election of February 9, 1942: A Turning Point in Canadian Politics», *Canadian Historical Review*, vol. XLVIII, n° 2 (June, 1967), pp. 142–158.

GRAY, John. «Quebec: Diefenbaker's Problem», *Canadian Commentator*, vol. I, n° 7 (July, 1957), pp. 1-2.

GZOWSKI, Peter. «Quebec Report: Neither Party Can Win here, but the Tories Can Lose», *Maclean's Magazine*, vol. 75, n° 6 (March 24, 1962), p. 66.

HARBRON, John D. «The Conservative Party and National Unity», *Queen's Quarterly*, vol. LXIX (Autumn, 1962), pp. 347–360.

HOGAN, George. *The Conservative in Canada*, Toronto, McClelland and Stewart, 1963, 139p.

KEATE, Stuart. «Maurice the Magnificent», *Maclean's Magazine*, vol. 61, n° 17 (September 1, 1948), pp. 7; 71–73; 75.

KING, W. L. Mackenzie. «The Election Issues as I See them», *Maclean's Magazine*, vol. XLIII, n° 14 (July 15, 1930), pp. 9; 37–39; 41.

KNOX, W. «Now the Progressive Conservatives Choose a Leader», *Saturday Night*, vol. 63, n° 50 (Sept. 18, 1948), pp. 2-3.

LAPALME, Georges-Émile. *Mémoires*. Vol. 1: *le Bruit des choses réveillées*; vol. 2: *le Vent de l'oubli*. Montréal, Leméac, 1969 et 1970, 356 et 295p. (Collection «Vies et Mémoires»).

LA TERREUR, Marc. «Quand les bleus se donnent un chef», *le Magazine Maclean*, vol. 7, n° 9 (sept. 1967), pp. 16; 30; 35-36; 38; 40.

LA TERREUR, Marc. « R. B. Bennett et le Québec : un cas d'incompréhension réciproque », *Rapport de la Société historique du Canada*, 1969, pp. 94–103.

LAURENDEAU, André. *La Crise de la conscription*, 1942. Montréal, Les Éditions du jour, 1962, 158p.

LAVERGNE, Armand. *Trente ans de vie nationale*. Montréal, Les Éditions du Zodiaque, 1934, 228p. (Coll. du Zodiaque '35).

— — « La dégringolade continue », *le Devoir*, 21 juillet 1932, p. 2.

— — « À propos de Russell », *le Devoir*, 16 juin 1933, p. 2.

— — « Ce qui s'est passé », *le Devoir*, 25 septembre 1933, pp. 1-2.

— — « Ils nous ont eus », *le Devoir*, 21 juillet 1934, pp. 1-2.

LEVITT, Mortimer. « Drew-Duplessis Alliance », *Canadian Forum*, vol. XXVIII, n° 337 (Feb., 1949), pp. 251-252.

LONG, Marcus. « Advice to the Conservatives », *Canadian Commentator*, vol. I, n° 1 (Jan. 1957), p. 11.

— — « And Was Goliath Surprised ! » *Canadian Commentator*, vol. I, n° 6 (June, 1957), pp. 1-2.

LOWER, A. R. M. « Lohengrin and the Conservative Party », *Canadian Forum*, vol. XXII, n° 265 (Feb., 1963), pp. 327-328.

MACDONNELL, J. M. « The Progressive Conservative Party : A Stocktaking », *Canadian Forum*, vol. XXII, n° 378 (July, 1952), pp. 81–83.

MCNAUGHT, Kenneth. *A Prophet in Politics : A Biography of J. S. Woodsworth*. Toronto, University of Toronto Press, 1959, 339p.

— — « What the Tories Still Don't Know About Running Canada », *Saturday Night*, vol. 80, n° 4 (April, 1965), pp. 25-26.

MACQUARRIE, Heath. *The Conservative Party*. Toronto, McClelland and Stewart, 1965, 166p.

MAN WITH A NOTEBOOK (The), « Backstage at Ottawa : Exit Bracken, Head High », *Maclean's Magazine*, vol. 61, n° 17 (September 1, 1948), p. 15.

MANION, R. J. « The Issue as I See it », *Maclean's Magazine*, vol. 53, n° 6 (March 15, 1940), pp. 12 ; 53.

MARSHALL, Henry Lynn. « Sunshine or Shadow for Conservative Party », *Saturday Night*, vol. 58, n° 8 (Oct. 31, 1942), pp. 17a-17b.

MEIGHEN, Arthur. *Unrevised and Unrepented. Debating Speeches and Others*. Toronto, Clarke and Irwin, 1949, 470p.

MEISEL, John. *The Canadian General Election of 1957*. Toronto, University of Toronto Press, 1962, 327p.

— — *Papers on the 1962 Election*. Toronto, University of Toronto Press, 1965, 295p.

NEATBY, H. Blair. *William Lyon Mackenzie King*. Vol. II : *1924–1932 : The Lonely Heights*. Toronto, University of Toronto Press, 1963, 464p.

NEWMAN, Peter C. *Renegade in Power: the Diefenbaker Years*. Toronto, McClelland and Stewart, 1963, 430p.

— — « Backstage in Ottawa: Tories Think that the Decisive Votes Are in Suburbia », *Maclean's Magazine*, vol. 75, n° 4 (Feb. 24, 1962), p. 58.

— — « How to Tell the Grits From the Tories », *Maclean's Magazine*, vol. 75, n° 9 (May 5, 1962), pp. 14-15 ; 56–59.

— — « Backstage in Ottawa : the Third-Force Tories : They're Aiming at '67 — without Diefenbaker », *Maclean's Magazine*, vol. 75, n° 25 (Dec. 15, 1962), pp. 1-2.

— — « Backstage With Peter C. Newman : Trouble at the Top ; Four Shaky Ministers », *Maclean's Magazine*, vol. 76, n° 5 (March 9, 1963), p. 1.

NICHOLSON, Patrick. *Vision and Indecision*. [Don Mills], Longmans Canada, 1968, 387p.

O'HEARN, D. P. « Has Premier Drew the Capacity to Lead a Party Nationally ? » *Saturday Night*, vol. 63, n° 34 (May 29, 1948), pp. 6-7.

O'LEARY, M. Grattan. « The Rivals Chiefs of Staff », *Maclean's Magazine*, vol. XLIII, n° 13 (July 1, 1930), pp. 8-9 ; 46-47.

PICKERSGILL, J. W. *The Mackenzie King Record*. Vol. I : *1939-1944*. Toronto, University of Toronto Press, 1960, 737p.

PICKERSGILL, J. W. et D. F. FORSTER, *The Mackenzie King Record*. Vol. II : *1944-1945*. Toronto, University of Toronto Press, 1968, 495p.

POLITICIAN WITH A NOTEBOOK [A]. « An Election in July », *Maclean's Magazine*, vol. XLIII, n° 8 (April 15, 1930), p. 32.

— — « Inside Stuff », *Maclean's Magazine*, vol. XLIII, n° 9 (May 1, 1930), p. 16.

— — « Now It Can Be Told », *Maclean's Magazine*, vol. XLIII, n° 15 (Aug. 1, 1930), pp. 9 ; 42 ; 48.

— — « Backstage at Ottawa », *Maclean's Magazine*, vol. XLIV, n° 8 (April 15, 1931), pp. 6 ; 78-79.

— — « Backstage at Ottawa », *Maclean's Magazine*, vol. XLVIII, n° 5 (March 1, 1935), p. 15.

POLITICUS [L. L. GOLDEN]. « Can the Conservative Party Be Revived ? » *Saturday Night*, vol. 56, n° 4 (Oct. 5, 1940), p. 8.

POPE, Maurice A. *Soldiers and Politicians : the Memoirs of Lt.-Gen. Maurice A. Pope, C.B., M.C.* Toronto, University of Toronto Press, 1962, 462p.

PORTER, Dana. « Reconstruction of the Conservative Party », *Saturday Night*, vol. 56, n° 46 (July 26, 1941), p. 7 ; vol. 56, n° 47 (August 2, 1941), p. 14 ; vol. 56, n° 48 (August 9, 1941), p. 7.

— — « The Future of the Conservative Party », *University of Toronto Quarterly*, vol. XII, n° 2 (Jan. 1943), pp. 191-199.

QUINN, Herbert F. *The Union Nationale: A Study in Quebec Nationalism.* Toronto, University of Toronto Press, 1963, 258p.

REGENSTREIF, Peter. *The Diefenbaker Interlude: Parties and Voting in Canada.* Toronto, Longmans Canada, 1965, 194p.

REID, Escott M. «Canadian Political Parties: A Study of the Economic and Racial Bases of Conservatism and Liberalism in 1930», *University of Toronto Studies*, vol. VI (1933), pp. 7–40.

RICHER, Léopold. *Nos chefs à Ottawa.* Montréal, Albert Lévesque, 1935, 182p. (Coll. «Figures canadiennes»).

ROBERTS, Leslie. *The Chief: A Political Biography of Maurice Duplessis.* Toronto, Clarke, Irwin, 1963, 205p.

RODGERS, Raymond. «Pro-Cons and Pro-Canadians», *Saturday Night*, vol. 76, nº 6 (March 18, 1961), p. 33.

ROY, Lionel. «Pour comprendre le Québec», *Canadian Forum*, vol. XX, nº 231 (April, 1940), pp. 10-11.

RUMILLY, Robert. *Chefs de file.* Montréal, Éditions du Zodiaque, 1934, 262p. (Coll. «Zodiaque»).

— — *Histoire de la province de Québec.* Montréal, Fides, 1940–1969, 41 vol.

SANDWELL, B. K. «Conservative Party», *Saturday Night*, vol. 55, nº 23 (April 6, 1940), p. 3.

SÉVIGNY, Pierre. *Le Grand Jeu de la politique.* Montréal, Éditions du Jour, 1965, 347p.

SMITH, Denis. «The Conservatives Are Confused», *Canadian Commentator*, vol. I, nº 5 (May, 1957), pp. 3-4.

STEVENSON, J. A. «Tories in Trouble», *Canadian Commentator*, vol. 4, nº 10 (October, 1960), pp. 8–10.

STUBBS, Roy St. George. *Prairie Portraits.* Toronto, McClelland & Stewart, 1954, 156p.

STURSBERT, Peter. «A Look at the Government Record», *Saturday Night*, vol. 77, nº 10 (May 12, 1962), pp. 11-12.

SWEEZY, R. O. «Conservative Party Must Strengthen its Ranks», *Saturday Night*, vol. 56, nº 28 (March, 22, 1941), p. 11.

THORBURN, Hugh G., éd. *Party Politics in Canada.* Toronto, Prentice-Hall of Canada, 1963, 172p.

TRUDEAU, Pierre Elliott. «L'élection fédérale du 10 août 1953: prodromes et conjectures», *Cité libre*, vol. 3, nº 8 (nov. 1953), pp. 1–10.

TUPPER, Sir Charles, Bart. *Recollections of Sixty Years in Canada.* London, Cassell, 1914, 414p.

TURCOTTE, Edmond. «Where Is Jean-Baptiste Going Today and Why?» *Saturday Night*, vol. 54, nº 7 (Dec. 10, 1938), p. 2.

UNDERHILL, Frank H. *In Search of Canadian Liberalism.* Toronto, Macmillan, 1961, 282p.

— — « The Development of National Political Parties in Canada », *Canadian Historical Review*, vol. XVI, nº 4 (December, 1935), pp. 367–387.

VAN DUSEN, Thomas. *The Chief.* Toronto, McGraw-Hill, [1968], 278p.

VIXEN, A. « New Conservative Leader », *Canadian Forum*, vol. XXXVI, nº 432 (Jan., 1957), p. 218.

WADE, Mason, éd. *Canadian Dualism / la Dualité canadienne.* Toronto et Québec, University of Toronto Press et Presses Universitaires Laval, 1960, 427p.

WARD, Norman, éd. *A Party Politician: The Memoirs of Chubby Power.* Toronto, Macmillan of Canada, 1966, 419p.

WATKINS, Ernest. *R. B. Bennett.* Toronto, Kingwood House, 1963, 271p.

— — « Love Feast With a Deeper Meaning », *Saturday Night*, vol. 76, nº 28 (April 15, 1961), pp. 12–14.

WILBUR, J. R. H., éd. *The Bennett New Deal: Fraud or Portent.* Toronto, The Copp Clark Publishing Company, 1968, 248p. (Coll. « Issues in Canadian History »).

— — « H. H. Stevens and R. B. Bennett 1930–34 », *Canadian Historical Review*, vol. XLIII, nº 1 (March, 1962), pp. 1–17.

WILLIAMS, John R. *The Conservative Party of Canada: 1920–1949.* Durham, Duke University Press, 1956, 252p.

— — « Selection of Arthur Meighen as Conservative Party Leader in 1941 », *Canadian Journal of Economics and Political Science*, vol. XVII, nº 2 (May, 1951), pp. 234–237.

INDEX ONOMASTIQUE

TABLE DES MATIÈRES

ACHEVÉ D'IMPRIMER
LE VINGT-DEUX OCTOBRE
MIL NEUF CENT SOIXANTE-TREIZE
PAR
LA COMPAGNIE DE L'ÉCLAIREUR LTÉE
BEAUCEVILLE
POUR LE COMPTE DES
PRESSES DE L'UNIVERSITÉ LAVAL
QUÉBEC (10e)